シュタイナー教育思想の再構築

その学問としての妥当性を問う

衛藤吉則 著
ETO Yoshinori

ナカニシヤ出版

第一ゲーテアーヌムの模型とシュタイナー（1914）
（出所）Rudolf Steiner: his Life and work, p. 45.

1919年に作られた最初のゲーテアーヌム
（出所）Rororo, p. 99.

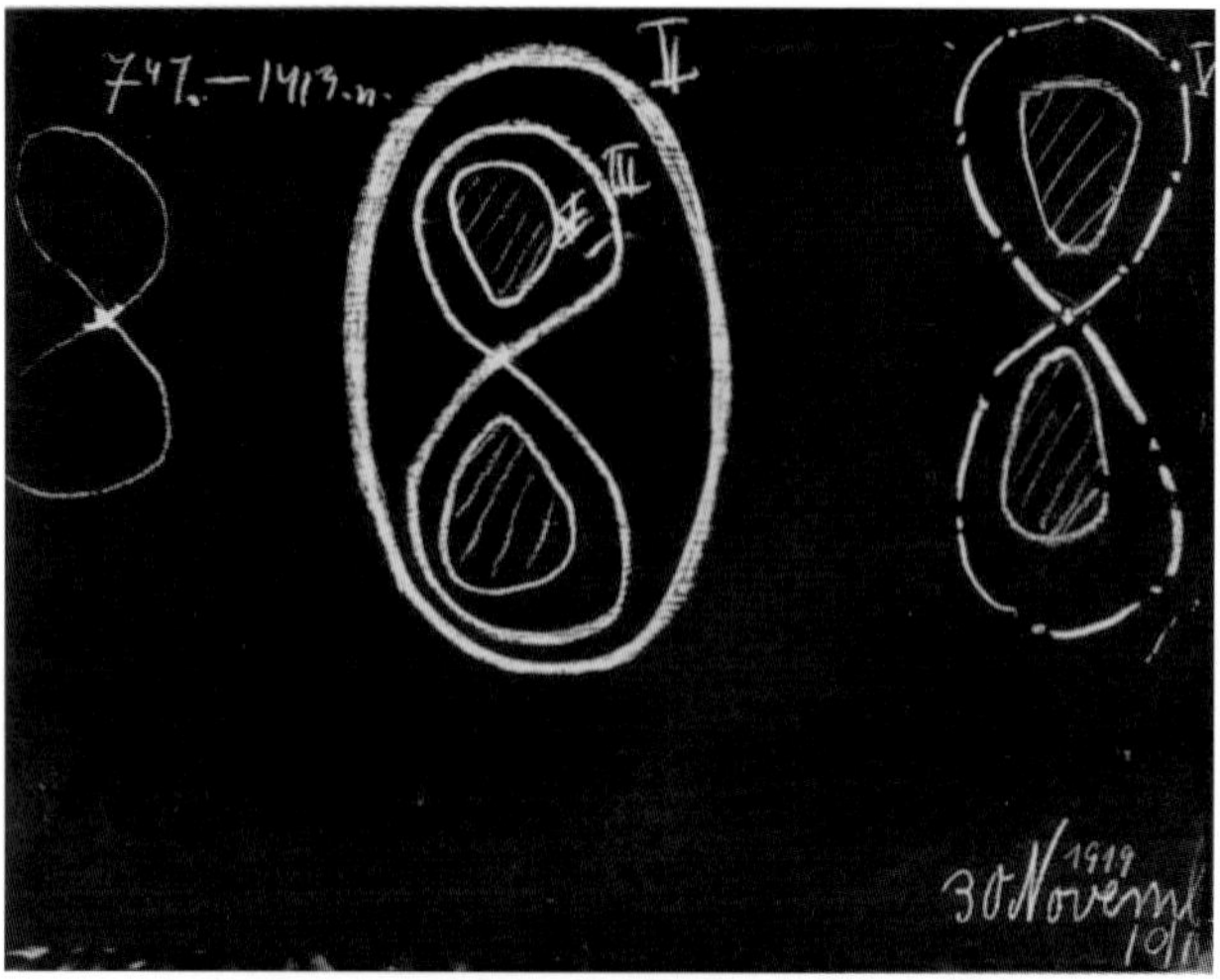

シュタイナーの黒板絵①：宇宙思考と人間意志　「本当のことを知ろうと思ったら、次のように考えてみてください――外から内の宇宙的な経過が生じると、内部の意識の深層の魂的経過がそれを受け止めるのです。そしてこの両経過がここで８の字に交差します。外からは宇宙思考が私たちの中へ働きかけ、内からは人間意志が外へ作用し、このように交わるのです。」(1919年８月30日)

（出所）ワタリウム美術館監修、高橋巌・竹腰郁子訳『ルドルフ・シュタイナーの黒板絵』(日東書院、2014年) 37頁。

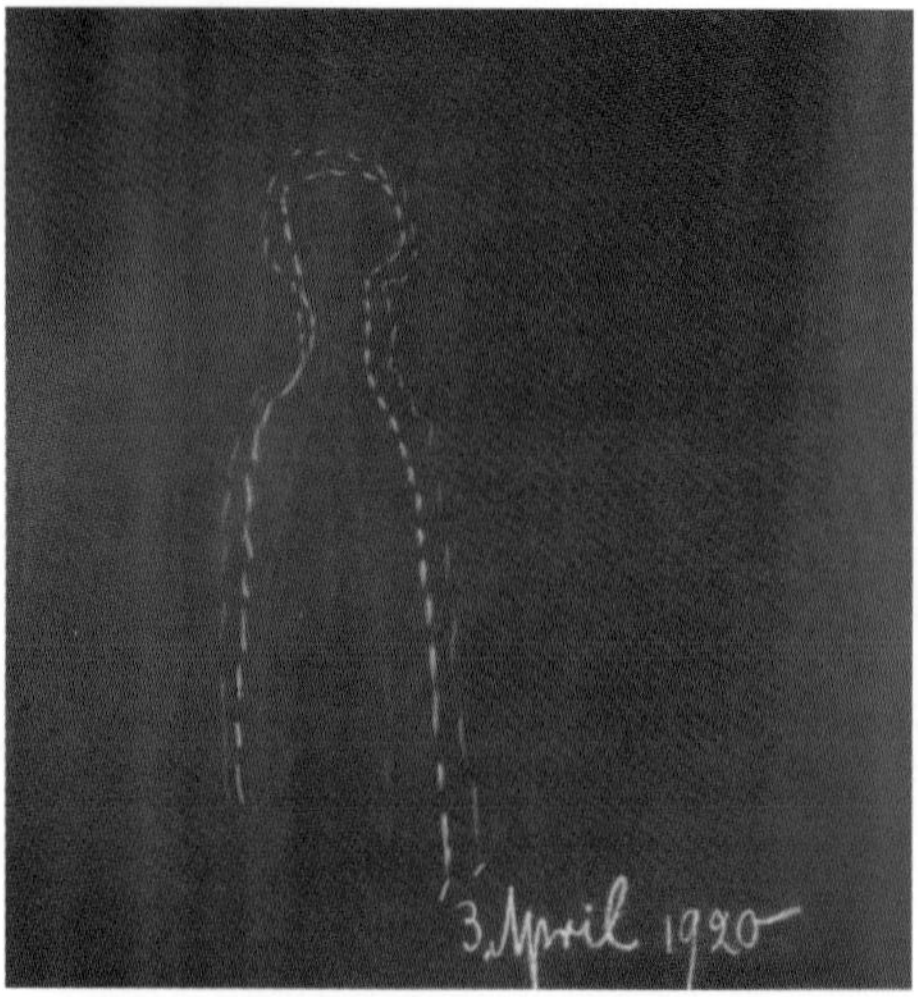

シュタイナーの黒板絵②：想像力と知性　「想像力を力強く発達させている人の自我はエーテル的な力（生命力）の育成に大きな影響を与えています。知性を非常に発達させている人の自我は肉体には大きな影響を与えていますが、エーテル的な力にはあまり影響を与えません。」(1920年４月３日)

（出所）同前、40頁。

シュタイナーの黒板絵③：教育という芸術作品 「人体が形成される過程はすべて、魂と霊の働きによるものです。だからこそ教育と授業は、魂と霊の最も自由な働きである芸術活動でなければならないのです。」（1922年９月17日）
（出所）同前、75頁。

シュタイナーの黒板絵④：科学と術（芸術）「第１の像は「私は認識であるが、私の存在は実現しない」と語り、第２の像は「私は想像力であるが、私の存在は真実ではない」と語りました。」（1923年12月７日）
（出所）同前、109頁。

ドイツ・シュトゥットガルトの自由ヴァルドルフ学校でシュテファン・レーバー氏と

ドイツ・ボッフムのシュタイナー幼稚園（Waldorfkindergarten Bochum）

はじめに

シュタイナー（Rudolf Steiner: 1861–1925）による学校は、ドイツを越えて広がった学校運動の出発点といわれ、ナチスによる閉鎖期間を除いて世界的な拡張をつづけている。とりわけ、一九八〇年代以降、シュタイナー学校による積極的な情報公開にともない、「教育芸術（Erziehungskunst）」という独自な教育方法の有効性や学力面での高い評価が周知され、ドイツにおいては倍以上、世界的には三倍以上といったように爆発的な増加を見せている。(1) しかも、その勢いは（旧）社会主義諸国にも広がり、またアメリカにおいては、シュタイナー学校は荒廃する学校を立て直す「救い主」と見られ、世界のいくつかの自治体ではその公立化が実現している。(2) *Waldorf Word List*（2015）によれば、現在、シュタイナー学校は世界六十か国に拡大し、総学校数は一〇六三校を数えるに至る。(3) 今日、公立学校の閉塞性が指摘されるなか、その学校は、日本を含め、(4) オルタナティブスクールとして世界的な注目を集めている。

しかし、こうしたシュタイナー教育への世界的な関心の高まりとは別に、国内外の学術界におけるこの教育への理論的な位置づけはいまだ定まっていない。もっぱら、「実践は受け入れられ、理論は敬遠される」というのがこの教育をめぐる現状といえる。

「シュタイナーの著作にはじめて触れたものの多くがそうであるように、その用語使いが独特であるだけでなく、その用語の意味をそのテクストの文脈内で把握することも、あるいは特別な訓練なしに体感することも困難なこともあり、シュタイナー学校の実践には興味があるがシュタイナーの思想はどうもよく理解できない」と、述べ

る矢野智司の言葉は、まさにこの教育における理論・実践をめぐる評価の分裂とシュタイナー的用語の理解困難性を物語る。(5)

それゆえ、理論理解への接近をはばむ特殊な概念で構成されたシュタイナー教育思想を、一般に解釈可能なパラダイムのもとに構造化し直すことが、今日、シュタイナー教育の理論・実践を含めた全体理解や学理論的な位置づけにとって重要な課題といえる。(6)

本書では、とりわけ、共通理解に向けたシュタイナー教育思想解明の切り口として、その思想の基盤に置かれ科学論争の的とされる、かれの認識論に焦点を当てる。なぜならば、シュタイナー自身、当時の危機的な教育・文化状況の原因を、欠陥のある唯物的・功利的な認識の在り方に見、精神を含めた深い人間認識に基礎を置く新たな認識論（人智学 Anthroposophie）(7)を基礎に自らの教育理論を形成したからである。

これらのことをふまえ、本書では、人智学的認識論を考察の軸として、シュタイナー教育思想の全体構造と学理論的妥当性を明らかにしていく。具体的には、まず、教育実践の根幹に位置づく認識論的関心の形式を浮き彫りにし（第一章）、つづいて、人智学的認識論を核に置くシュタイナー教育思想の教育学上の位置づけについて、シュタイナーの理論・実践と、その構造上の類似点ならびに相違点が指摘されるドイツ改革教育運動・精神科学的教育学との関係分析を通して解明する（第二章）。さらに、シュタイナー教育思想の認否をめぐる科学論争を整理するなかで争点とされる人智学的認識論について、構造理解の鍵となる中心概念やパラダイムの方向性を示唆する（第三章）。そして、これらの教育・科学上の論点をふまえ、人智学的認識論について、その形成過程と理論構造をシュタイナーによる哲学的格闘のうちに描出し、最後にその構造と読み解きのパラダイム、ならびに新たなる Wissenschaft（科学・学問）論としての可能性を提示する（第四章、第五章、第六章）。

以上の考察を通して、シュタイナー教育思想の賛否につながる人智学的認識論を中心に、この思想の理論的妥当性と教育上の意義を示す予定である（おわりに）。その結果、シュタイナー教育（思想）との理論的な対話が可能となり、分断された理論と実践を理論面から架橋する糸口が示されうるものと思われる。

最後に「補論」として、わが国へのシュタイナー教育思想の受容の実態を解明する。加えて、精神・文化領域の重視からシュタイナー教育思想との親和性が指摘されるナショナリズムとの関係性ならびに理論上の分岐点を明らかにする予定である。

目次

シュタイナー教育思想の再構築

——その学問としての妥当性を問う——

第一章　シュタイナー教育思想の成立背景と実践的特徴

一　成立の背景

ここでは、第二章以下で検討されるシュタイナー（教育）思想をめぐる「教育学」「科学」「哲学」の各議論に先立ち、シュタイナー教育思想の成立とその萌芽的原理について自伝的経緯を含めて示しておきたい。(1)

1　科学・哲学そして教育への関心――根底にある「可視の事物と不可視な本質との総合」という認識衝動

シュタイナーは、一八六一年に、当時ハンガリー領であったクロアチアの小さな村クラリエヴェック（旧ユーゴスラビア領）に鉄道官吏の長男として生を受ける。幼いシュタイナーにとって、父親が駅長を務めるオーストリア南鉄道のポットシャッハの環境そのものが学びの場であり、かれはそこでの体験を通して、とりわけメカニカルなシステムに興味を抱いたとされる。

ポットシャッハ駅

さらに、シュタイナーが八歳のとき、一家はハンガリーのノイデルフル村に移ることになる。かれは当地で、地元の小学校の補助教員からスケッチや音楽を通して、芸術としての教育の効果を学んだり、借用した幾何学の本を通して、ピタゴラスの定理をはじめとするさまざまな幾何学原理を自ら体験したりしている。とりわけ、幾何学との出会いは、かれの記述によれば、それ以前に感じていた「可視の事物（Dinge, die man sieht）」（感覚世界 die sinnliche Welt）と「不可視な本質（Wesenheiten, die man nicht sieht）」（精神世界 die geistige Welt）の現実性や関係性を、萌芽的ではあるが内的に感じとることを可能にしたとされる。

そのときのことを、シュタイナーは自伝において回顧的にこう語っている。「外的感覚の影響を受けずに、純粋に内面的に直観された形態を心の中で形成することができるという実感は、わたしに非常な満足をもたらした。……幾何学に接することによって初めて幸福というものを知った[2]」「感官の知覚する物体や事象は空間中に存在している。しかし、……同様に、人間の内部にも、精神的な存在や精神的な事象の舞台となる一種の心的な空間が存在する……人間は精神世界の知識も幾何学と同様に、自己の内部に所有しているに違いないと感じていた[3]」、と。こうした見方において、まだおぼろげであるが、当時、シュタイナーは、普遍的叡智が、主体の側の作為的な思考操作によって形成・獲得されるのではなく、普遍と特殊の即応関係において自己の内部に立ち現われると感じとっていたことが理解される。

加えて、この時期、シュタイナーは、通っていた村のカトリック教会の神父から、コペルニクスの宇宙論（地球の公転・自転、地軸の傾き）や、日食・月食等の現象について学び、さらに教会の礼拝儀式を通じて、感覚世界と超感覚世界を仲介する「深遠な体験（tiefgehendes Erlebnis）」をし、「存在の神秘的な問い（die Rätselfragen des Daseins）」が心に喚起されたという[4]。

その後、息子が鉄道技師となることを願う父の勧めで、一八七二年に、シュタイナーはウィーン・ノイシュタットにある実科学校へ進学した。当時、シュタイナーは、精神世界が直観のうちに現前するという体験を自明なものと実感しており、心的作用（とりわけ思考）が自然現象の本質に到達できるよう形成されるならば精神的体験を獲得することができると考えていた。それゆえ、かれは、まずは深遠な自然の仕組みを理解するため、自然科学・幾何学・物理学・化学等の科学研究に向かった。さらに、かれは、この時期、こうした科学的なアプローチに加え、自身の体験に起因する、可視の事物と不可視な本質との総合という認識衝動を満たし解説しうる哲学モデルを求め始めることになる。そうした哲学研究での最初の対象が、人間理性の認識上の可能性を追究したカント（Kant, Immanuel）の哲学であった。シュタイナーは、そこにおいて、「人間精神はいかにして認識活動を通して超感覚的なものへの通路を見いだしうるのか」「人間の思考能力の及ぶ範囲はどこまでか」という問いを考究していった[5]。

18歳卒業試験時のシュタイナー

以上の科学・哲学への強い興味ゆえ、シュタイナーは、結局、父親の期待に反して就職に向かうことなく、一八七九年に、将来、実科学校の教員になるという新たな目標のもと、ウィーン工業高等専門学校（現ウィーン工科大学）に進学（数学・自然史・化学を専攻）することになる。

この工業高等専門学校時代において、かれは、自らの科学的・認識論的な見方の形成にとって、ライトリンガー（Reitlinger,

シュタイナーの父
ヨハン・シュタイナー（1829-1910）

Edmund）による物理学研究、ヘッケル（Haeckel, Ernst）の有機体に関する一般形態学研究、総合幾何学、そして、とりわけ、シュレーア（Schröer, Karl Julius）教授によるゲーテ的認識論を通して多大な影響を受けたとされる。これらは、すべて、かれが構想する「可視の事物と不可視な本質との総合」という認識衝動に根ざした学的探究の一環に位置づけられる。シュタイナーは、そうした取り組みで得つつある認識実感について、この時期、ひとりの友人に宛てでつぎのような書簡を送っている。

一八八一年一月十三日

「わたしたちはみな目に見えない驚くべき能力をもちあわせている。それは、外から来るすべてを脱ぎ捨てた内奥の自我へ立ち返り、不変さ（Unwandelbarkeit）の形式のもとに内なる永遠を直観する能力である」。このシェリングの言葉が真実を物語っているか否かを探究することが昨年のわたしの課題であった。わたしは、その心の奥底の能力を自分のなかにまったくはっきりと見いだすことができたと確信したし、今も信じている。いや、もっとずっと昔から、わたしはそのことを予感していた。観念論哲学の全体がいまや根本的に修正された形でわたしの目の前にあるのだ。(6)

以上のことから分かるように、シュタイナーは、当時、可視の事物と不可視な本質の総合という自らの認識・科学衝動を満たすべく、ゲーテ（Goethe, Johann Wolfgang）の認識論に向かい、その後、哲学上の考察を通して新たな観念論的立場を見いだすに至るのである。その観念論的考察の主たる対象は、カント的認識論の克服をはかるフィヒテ（Fichte, Johann Gottlieb）、ヘーゲル（Hegel, Georg Wilhelm Friedrich）そしてエドゥアルト・フォン・ハルトマン（Hartmann, Karl Robert Eduard von）の哲学であった。理論の詳細な検討は第四章・第五章に譲るが、ここではシュタイナーの教育思想の形成にかかわる視点を中心に略述してみたい。

科学論や認識論哲学の構築に向けたシュタイナーによる探究は、まず、シュレーア教授による導きのもとゲーテの自然認識へと向かう。シュタイナーは、ゲーテ的認識とそこでの形態学的手法を、有機体（無機物と異なり単線的因果記述へと還元できない）を理解する最善の見方ととらえた。そのゲーテ的認識論に特有なのは、自然認識に際して、主観的な感情を排した上でなされる徹底した観察のもと、現象を、生成過程に配慮しつつ全体を全体として理解することにある。そして、そうした見方こそが、のちに展開される思考・感情・意志・モラルの総合的変容を構想するシュタイナー教育（思想）を支えることになる。また、この生成という視点を介したホリスティックな見方は、シュタイナーが、「思考・感情・意志といった人間の心的活動を観察することによって、「精神的人間（der geistige Mensch）」がわたしにとって具体的に生き生きと観照できるまでになった。……精神としての人間がわたしの精神の前に立ち現れる[7]」と述べるように、自らの精神科学的認識の深化のうちに獲得していったことが判明する。

シュレーア教授

つぎに、シュタイナーとフィヒテ哲学との出会いについてふれておこう。シュタイナーは、実科学校時代にカントの認識論に出会って以降、観念論哲学のうちに、自らの課題である「可視の事物と不可視な本質の総合」を求めていく。そして、工業高等専門学校入学を控えた一八七九年の夏以降、フィヒテの知識学から多く学ぶことになる。フィヒテの自我論に注目したシュタイナーは、そこに、自己認識を通じた精神のメタモルフォーゼの構想を確かなものとしていく。そして、その成果は、一八九一年に博士論文『認識論の根本問題――主にフィヒテの知識学を顧慮して（*Die Grundfrage der Erkenntnistheorie mit besonderer Rücksicht auf Fichtes Wissenschaftslehre*）』（翌一八九二年に『真理と科学（*Wahrheit und Wissenschaft*）』）として結実する。さらに、シュタイナーは、ヘーゲル哲学にも注目する。

かれは、その立場が、思考を現実の経験と分断せず、生きた具体的な経験として精神の次元まで歩みゆく点に、「思考の現実性を表現する仕方はわたしの立場と近い[8]」と共感を示す。こうした思考を軸とする自己認識や精神的変容を説く視点もまた、のちにシュタイナー教育論を支える独自の精神科学に組み込まれることになる（シュタイナー教育では教育目的を、個々人における主体変容を通した自由な精神の実現に置く）。

他に、シュタイナーによる認識論哲学の構築に際して重要であったのは、このウィーン滞在期後半（一八八四‐一八九〇）からワイマール滞在時代（一八九〇‐一八九六）にかけて交流をもったハルトマンであった。シュタイナーは、ハルトマンの哲学のうちに、人間の内奥に位置づき普遍へとつながる無意識や意志の哲学的意義を見いだすが、そこでの普遍認識の営みが現実の経験から切り離されている点に疑義を呈することになる[9]。シュタイナーにとって、無意識の深みに位置づく不可視の本質を意識化する体験的プロセスにこそ、自由や教育上の意義が見いだされた。

つづいて、シュタイナーはウィーン工業高等専門学校時代（一八七九‐一八八三）に、ヘルバルト（Herbart, Johann Friedrich）、シラー（Schiller, Johann Christoph Friedrich）、ブレンターノ（Brentano, Franz Clemens Honoratus Hermann）の思想と格闘している。とりわけ、かれは、シラーによる『人間の美的教育に関する書簡（*Briefen über die ästhetische Erziehung des Menschen*）』について、そこで描かれる心の内的な作用と活動がかれ自身のイメージと共有できる部分が多いとし、強い関心を寄せている。この著作においてシラーは、人間と世界とがかかわる二種類の意識状態、つまり、感覚・衝動が生を外から規定する「自然の強制（die Nötigung der Natur)」と呼ばれる状態と、理性の論理的法則に服して生きる「精神の必然性（eine geistigen Notwendigkeit)」と称される状態とを区別する。(10) その上でシラーは、人間が、そうした外からの規定に支配されず高みに至る「中間的な意識の状態（ein mittlerer Bewußtseinszustand)」(11)を自己のうちに開発できると考えている。それが、かれのいう「美的気分（ästhetische Stimmung)」(12)である。しかも、そうした高みと重なりをもつ中庸的な意識状態としての美的気分を醸成するためには、欲求・衝動の浄化と「思考そのものとしての体験（als Gedanken selbst erleben)」(13)が必要とされる。こうした知情意の純化体験を経た美的気分において、「理性は感性との内的な結合に到達する」(14)と考えられた。しかも、こうした状態において、本能は精神性を帯びるため、「善が本能となる」(15)という。シラーは、この意識状態を、「人間が美的作品を体験したり生み出したりすることのできる心的状態」(16)と考え、シュタイナーは、その美的な意識状態を、教育を通して開発することが、「人間のうちに真の人間性を蘇生させる道」(17)であると考えた。そして、このシラー的な美的体験の教育化こそが、シュタイナーの「教育術」といえる

21歳のシュタイナー

ウィーン時代のシュタイナー

のである。

さらに、以上見てきた工業高等専門学校時代におけるシュタイナーの取り組みのうち、研究活動の面で特筆しておくべきことがある。それは、かれのゲーテ自然科学研究であり、この研究は当時、学術的に高く評価されることになる。

シュタイナーは若干二十一歳のとき（一八八二年）、キュルシュナー（Kürschner, Joseph）によってその才能を見いだされ、かれの編集となる叢書版『ドイツ国民文学（*Deutsche Nationalliteratur*）』の「ゲーテ自然科学論文集（Goethes naturwissenschaftliche Schriften）」の序文執筆と著作の校訂を依頼された。さらに、一八九〇年にはワイマールに移り、当地にあるゲーテ・シラー文庫（Goetheund Schiller-Archiv）に勤めつつ、ゾフィー版『ゲーテ全集（*Goethes Werke*）』の編集にあたる。こうした十五年にわたる研究の功績によってシュタイナーは、この時期、ゲーテの自然科学や認識論に精通する「ゲーテ研究者」としての地位を確かなものとしていった。

しかし、その一方で、このような科学・認識論研究とは別に、ウィーン工業高等専門学校入学時に抱いていた教育への情熱は、この時期、対外的に顕著な事績として形をとどめることなく、めざしていた教職資格も取得さ

薬草売りのコグツキー

ローザ・マイレーダー

れず、かれは一八八三年に大学を去っている。

　他に、この工業高等専門学校時代に、不可視な本質を自己のうちで確かなものとするできごととして、シュタイナーが「秘儀精通者（Eingeweihte）」と呼ぶ薬草売りのコグツキー（Koguzki Felix: 1833-1909）や、ふたりに連れ立つ「第三者（Dritter）」と称される精神界に通じた人物との出会いがあげられる。(18) このような他者との精神体験の共有は、ウィーン滞在期後半に、マリー・ラング（Lang, Marie）が主催するサークルでの神智学（Theosophie）メンバーとの出会いを通して新たに発展していく。また、このサークルにおいてシュタイナーは、神智学派とは別に、ラングの紹介で、最大の内的共感を抱いたとするローザ・マイレーダー（Mayreder, Rosa）と知り合い、彼女の作品に、「個人的な生の発展（individuelle Lebensentfaltung）」や「客観世界への専心的（無私）な没入（hingebende Vertiefung in die objective Welt）」という調和的人間形成の形とエッセンスを見てとることになる（ただし、認識射程を、科学的見方から純粋な精神世界の体験にまで拡張するシュタイナーの主張は、彼女には受け入れがたいものとされた(19)）。

　さらに、一八九六年、ワイマールでゲーテ全集の編纂を終えたシュタイナーは、翌一八九七年にベルリンに移

28 歳、ワイマール時代のシュタイナー

35 歳（1896 年）のシュタイナー

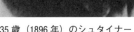

神智学協会創設者ブラバツキー
(Helena Petrowana Blavatsky: 1831-1891)

ブラバツキーと初代会長オルコット
(Henry Steele Olcott：1832-1907)

動し、一九〇〇年まで『文芸雑誌（*Magazin für Literatur*）』の編集にあたる。

その間、「自由文芸協会（Freie literarische Gesellschaft）」「自由演劇協会（Freie dramatische Gesellschaft）」「ジョルダーノ・ブルーノ同盟（Giordano Bruno-Bund）」等の文化的サークルにかかわる一方、一九〇〇年には後にシュタイナーの社会運動を支える団体「来るべき人々（Die Kommenden）」とも関係をもつようになる。さらに、この時期には、以前出会った神智学派と実質的なかかわりをもつに至り、一九〇二年には神智学協会（Theosophische Gesellschaft）のドイツ支部事務局長の任に就いた。この神智学を通して、シュタイナーは自らの世界観を、古代から連綿とつづく神秘学の叡智で補強していくことになる。ただし、かれの精神科学は、形而上的見霊的な神秘主義とは一線を画す。かれの立場においては、一貫して、「現代の公認された科学から出発して精神的なものの体験へと上昇する方法[20]」が支持され、理論はその視点から構成されていった（一九一三年の神智学協会との決別と独自の人智学協会の設立もまたこの立場の徹底に由来する）。

2　教育者としてのシュタイナー

以上見てきた科学・認識論哲学への強い興味に加え、シュタイナーは早期から教育への関心を抱き、獲得した自然・人間認識を基盤に、理論的実践的なかかわりを深めていくことになる。

とりわけ、教育実践の営みは、かれの自伝によれば、実科学校に通っていた十五歳の時から始まったとされる。シュタイナーは、当時、教師からの依頼を受け、学業が遅れている同学年や年下の生徒のために補習授業のアルバイトをおこなっていた。かれは、教える立場に立つことで、教育上のある理解に達したという。かれはその気づきを、「教材に対する目覚め」と称している[21]。そこでの教育は、これまで自分が受けてきた白昼夢的で味気のない受動的な授業と異なり、知識や学び自体を、自己の内部で活性化させ、生気のある覚醒した状態へと転換させる教育的営為を意味するものとされた。

さらに、シュタイナーは、ウィーン工業高等専門学校時代にも生徒たちの補習授業をつづけていく。なかでも、かれにとって重要であったのは、ギムナジウム（九年制の普通科進学コース）の生徒に対する補習であったとされる。シュタイナー自身は父親の希望で、アビトゥア（大学入学資格試験）受験のための幅広い教養を身につけることができるギムナジウムに進むことがかなわず、就職後の出世を視野に実科学校への進学を余儀なくされた。それゆえ、ギリシア語やラテン語をはじめとする教養科目を深く体系的に学ぶことができていなかった。したがって、この期間に自身がおこなったギムナジウムの生徒への個人授業は、かれにとって、その全課程を教授的な側面から追体験するよい機会になったという。しかも、ここでの補習授業もまた、無味乾燥な事実の説明に終始するものではなく、「人間の思考のなかに現実にわたしたちがかかわる精神（realer Geist）が働いているということを、どの程度まで証明できるか[22]」という生きた知への関心に基づき、これまでの科学・哲学研究をふまえ綿密に構想された。

第２代会長ベサント（Annie Besant: 1847–1933）とシュタイナー。1907年にミュンヘンにて

ウィーン工業高等専門学校をやめた後も、シュタイナーはひきつ

シュペヒト家の母パウリーネ・シュペヒト（Pauline Specht: 1846–1916）

づきウィーンにとどまり、ライトリンガー教授の紹介等で家庭教師の職を得て個人授業をつづけていく。

とりわけ、将来、教育思想や教育実践を展開するシュタイナーにとって重要な体験となったのは、一八八四年から一八九〇年にかけておこなわれたウィーンのシュペヒト家での家庭教師の仕事であったとされる。そこでシュタイナーは、四人の子どもたちを教えるが、そのうち年長の三人については小学校の授業の予習や中学校の授業の補習をおこなったが、四番目の重い障害（水頭症）を患う子どもに対しては、一切の教育がシュタイナーに任されることになる。なぜならば、かれは十歳前後であったが、疾患のためわずかな学業の負荷にも耐えられず、学校教育で、読み・書き・計算の初歩さえ身につけることができなかったからである（信頼のもとシュタイナーに家庭教師を依頼した両親ではあったが、子どものこうした状況から、当初は、この子への教育は不可能ではないかとさえ考えていたという）。

シュタイナーは、その子との初見で、かれの心に、「睡眠にも似た状態（ein schlafähnlicher Zustand）[23]」を感じとっている。そこで、シュタイナーは、少年の心身の状態にふさわしい教育を施すにあたり、かれのうちに眠りまどろんでいる能力を覚醒させる「特別の方法（besondere Methoden）[24]」を見いだすことに努めていく。それは、精神的身体的な力の緊張を最小限に抑えた上で最大限の能力を引き出す教材や教育方法の開発、そして時間割の設定として形をなしていくことになる。シュタイナーはこうした心身の深みを配慮した教育実践のプロセスを通じて、生理学と心理学の知見を深め、この時期、人間における精神的心的なものと身体的なものとの関連に開眼したという[25]。そして、このような深い洞察に基づく継続的な試みの結果、シュタイナーは、「教育と授業は、現実の人間認識に基礎を置く、ひとつの術（Kunst）とならねばならない[26]」という確信に至ることになる。
シュタイナーによって教育されたその少年は、シュタイナーの教育力を裏づけるかのように、その後、ギムナジウムへの進学を果たし、自立のめどが立つ第八学年までの教育サポートを経て、卒業後医学部に進学し医者となった。

シュタイナーは、このシュペヒト家とそこでの生活について、自らにとって「唯一望ましい環境[27]」と述べ、ここでの愛情に満ちた「美しい共同生活（eine shöne Lebensgemeinschaft）[28]」の形成が、自らの多年の思想形成を強く支え、自身の理念を強め広げてくれたと、処女作『真理と科学（*Wahrheit und Wissenschaft*）』の序文（一八九一年十二月初旬）において感謝の念でもって強調的に語っている[29]。

シュタイナーは、この家庭教師の後、ワイマールでのゲーテ全集の仕事（一八九〇年－一八九七年）をはさみ、さらに、ベルリンに移って、ふたたび教育の仕事に携わることになる。それは、リープクネヒト（Liebknecht, Wilhelm）によって創設された労働者教養学校（Arbeiterbildungsschule）での教育の仕事であった。シュタイナーは、この学校の幹部によって、教師になることを依頼され、六年間、その学校の歴史・朗唱術（Redeübungen）の講座の教師として労働者の教育にあたった。ここでの教育体験を通して、シュタイナーは、プロレタリアートの精神的欲求を感じとり、それによってかれのうちで教育と労働運動とが一本の線として結ばれていったとされる。

40歳ごろ、ベルリンの労働者教養学校時代のシュタイナー

加えて、こうした活動と並行して、シュタイナーは、この時期、ニーチェ（Nietzsche, Friedrich Wilhelm）や

44歳のシュタイナー

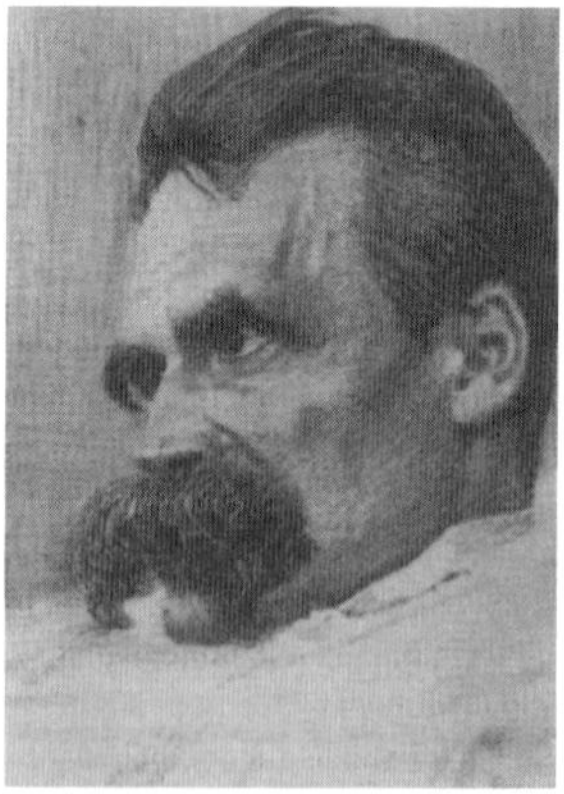
Johannes Wilhelm（Hans）Olde（1855–1917）によって1899年に描かれたニーチェ（Friedrich Wilhelm Nietzsche: 1844–1900）のエッチング（銅版画）

ヘッケル（Haeckel, Ernst Heinrich Philipp August）をはじめ、ブレンターノ（Brentano, Franz）、シェーラー（Scheler, Max）、カンディンスキー（Kandinsky, Wassily）、シュバイツァー（Shweitzer, Albert）との豊かな交流関係をもち、思索探究にも努めていく。

3　シュタイナー教育思想の表明と社会三層化運動の展開

ここでは、シュタイナーが自らの教育思想を表明し実践へと踏み出す過程と、それを後押しした社会運動について見ていきたい。

科学・哲学への理論的関心や教育実践を経て、シュタイナーが自己の教育思想について具体的に言及を始めるのは、一九〇六年におこなわれたケルンでの「精神科学の観点から見た子どもの教育（Die Erziehug des Kindes vom Standpukt der Geisteswissenschaft）」（一九〇六年十二月一日）やベルリンでの「精神科学の観点から見た学校問題（Schulfragen vom Standpunkt der Geistsewissenschaft）」（一九〇七年一月二十四日）等の公開講演からである。これらの速記録は、「わたしたちの時代における超感覚的なものの認識（Die Erkenntnis des Übersinnlichen in unserer Zeit）」と題して他の講演録といっしょに『ルドルフ・シュタイナー全集（*Rudolf Steiner Gesamtausgabe*）』（Bibliographie-Nr. 55）に収められており、とりわけ、前者の講演録は現在においてもシュタイナーによる最初の体系的な教育論としての位置づけがなされている。この「精神科学の観点から見た子どもの教育」に関しては、講演録とは別に、シュタイナー自身がその内容を加筆・修正した論文が雑誌『ルシファー・グノーシス（*Lucifer-Gnosis*）』（一九〇七）に転載されている。さらに、この雑誌に書き下ろした論文版は、神智学協会の機関誌『セオソフィスト（*Theosophist*）』にも掲載され、一九一一年には単著として英訳版が出されている。

このように、一九〇〇年代初頭にかけて表明されたシュタイナーの教育論は、第一次世界大戦を経て、かれの壮大な社会改革理念のもと具体化していくこととなる。かれは、当時のドイツ社会の疲弊や混迷の原因を、この時代に趨勢を占めていた唯物論的・功利主義的認識や問題のある社会制度に見ていた。そのうち社会システムについて、かれは、いびつな形で干渉し合っていた生活領域と原理に問題を見（たとえば、道徳を配慮しない経済の競争主義原理が法・政治領域や教育などの精神・文化領域に干渉してしまったこと）、「精神生活にとっての自由（die Freiheit dem Geistesleben）」、「法生活にとっての平等（die Gleichheit dem Rechtsleben）」、「経済生活にとっての友愛（die Brüderlichkeit dem Wirtschaftsleben）」という三原則のもと有機的に再構成する「社会有機体の三層化（Die Dreigliederung des sozialen Organismus）」論を一九一七年に定式化することで、新たな理想の範型を示そうとした。

47歳のシュタイナーと妻マリー

こうした社会有機体の三層化に関する見方は、ハインツ・クロス（Kloss, Heinz）によれば、シュタイナー以前では、国家生活の平等原理や精神生活の自由原理（神と人を結びつける創造的自由）を説くE・デューリング（Dühring, Eügen）やサンティーブ・ダルヴェードル（d'Alveydre, St. Yves）[30]、社会的行為の三部門（「経済・支配・教育行為」）を区別し、とりわけ教育行為の意義に「他律から自律に導くこと」を見るP・ナトルプ（Natorp, Paul Gerhard）[31]、そして、自然の三層化（下位 Nieders、同等 Gleiches、上位 Höheres）のもとに国家の有機体的結合を説くロシアの思想家W・ソロヴィヨフ（Solovyeff, Wladimir Sergeyevich）のうちに見られるとされる[32]。

なかでも、筆者の調査[33]によれば、ロシアを代表する思想家であると同時に神智学徒でもあったソロヴィヨフの思想に関しては、シュタイナーの社会三層化運動を支え現実化すべく創設された経済事業体「来たるべき日（der Kommende Tag AG）」の出版活動と直接的な重なりをもち、シュタイナー派の関心と受容が確認される。具体的に、その関係は、『善の基礎づけ（*Die Rechtfertigung des Guten*）』（Der Kommende Tag AG Verlag, Stuttgart, 1898）をはじめとするかれの主要著作への注目やドイツ語版選集（一九二一年）の出版として形をなし、それらはシュタイナー派の哲学・人智学叢書のうちに位置づけられている。実際、シュタイナー自身、これらの思想や社会理論に共鳴し、そのドイツ語版『ソロヴィヨフ選集』第三巻『神人性についての十二講（*Twölf Vorlesungen über das Gottmenschentum*）』（Köhler（Hrsg.）, *Wladimir Solovyeff Ausgewählte Werke, Band III*, Der Kommende Tag AG Verlag, Stuttgart, 1921）中に、編者のケーラーとならんで序文を寄せている。ただし、そうしたソロヴィヨフ思想への接近にもかかわらず、ソ

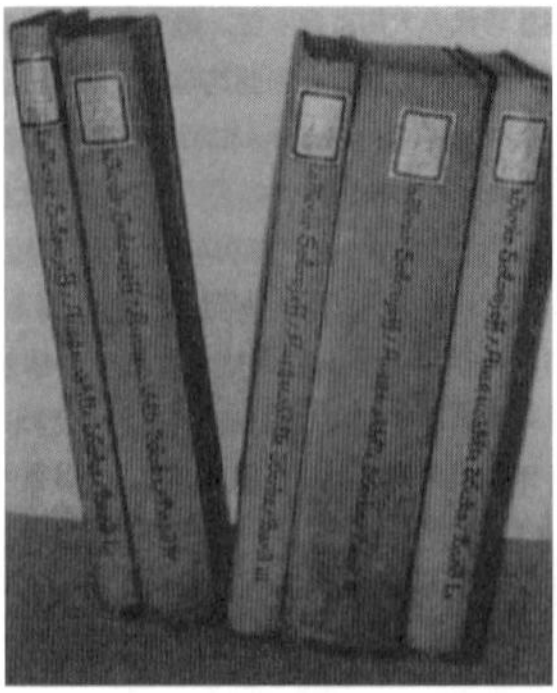

ドイツ語版ソロヴィヨフ全集（大川周明蔵書：酒田市立光丘文庫）とソロヴィヨフ（Wladimir Solovjeff: 1853-1900）

ソロヴィヨフ選集第３巻に記されたシュタイナーの序文

ロヴィヨフによる自然の三区分（下位：地、同等：人、上位：天）や国民経済連合の構想とシュタイナーの区分（精神文化＝自由、法政治＝平等、経済＝友愛）との間に厳密な理論上の一致を見いだすことはむずかしく、社会三層化に至る具体的な方法論を含め、シュタイナー独自の見方がそこに表われているものと考えられる（ソロヴィヨフが功利的な物質信仰を否定し、「羞恥 Scham の感情（欲望・下位）」に基づく節制を道徳的本務としている点は理論的な親和性をもつものといえる）。

さらに、シュタイナーによるこの社会三層化構想は、一九一九年に至り、著書『現在および将来の生活にとって急務の社会問題の核心（*Die Kernpunkte der sozialen Frage in den Lebensnotwendigkeiten der Gegenwart und Zukunft*）』（一九一九年）の公刊、フィヒテの「ドイツ国民に告ぐ（Reden an die Deutsche Nation）」を彷彿させる「ドイツ国民と文化世界へ！（An das deutsche Volk und an die Kulturwelt!）」というメッセージの発信、社会三層化同盟の設立（作家のヘルマン・ヘッセ［Hesse, Hermann］やハイデルベルク大学のハンス・ドリーシュ［Driesch, Hans：吉田熊次の思想に影響］らの支援）を経て、本格的な社会三層化運動として展開されていく[34]。

そして、その運動のうち、精神生活の自由（教育はこの精神文化領域に含まれる）を実現する一環として、その年の四月二十三日に、シュタイナーは、シュトゥットガルトにあるヴァルドルフ・アストリアたばこ工場の労働者や一般の職員の前で、プロレタリアートへの教育の必要性を説くことになる。この工場の経営者にして、シュタイナー思想に共鳴する人智学徒（元神智学徒）で商業顧問官（Kommerzienrat：商工業功労者に与えられた称号）でも

エミール・モルト（Emile Molt: 1876-1936）

あるエミール・モルト（Molt, Emil）は、自社の労働者のために混迷する時代を乗り越えるにふさわしい教育を切望し、それをシュタイナーに委ねたのである。

早速、モルトの意向を受け、そのプロジェクトを実現するため同社の経営協議委員会が開催された。しかし、委員会が出した方針は、年をとりすぎた労働者たち自身の教育よりも、将来を担う自分たちの子どもの教育を期待する、といった子弟教育の実現を要望するものであった。この合意を受け、四月二十五日には、シュタイナーを含めた関係者による第一回の話し合いが開かれ、労働者の子弟のための新たな学校作りが着手されることになった。モルトは五月初旬に、シュトゥットガルトの町を見下ろすウーラントの丘にあるカフェ・ウーラントホーエを買い取り、その地を学校建設予定地とした。そして、五月十三日には、ヘイマン文部大臣によって、ヴュルテンベルク州の学校法に基づき、暫定的ではあるがシュタイナー学校（ヴァルドルフスクール）は統一学校（Einheitsschule）としての設立を認可されたのである。

シュタイナーは、この学校の実際の指導に当たる教員を任命し、八月二十一日から九月五日までの二週間、教員養成のための集中講習（午前「普遍人間学」の講義、午後「教授学と教授法」の講義、夜間「演習とカリキュラム論」についてゼミナール形式の実践的演習を各十四回分）をおこない、実戦に向けた準備を整えていった。これらの講義録は、それぞれ、『教育の基礎としての普遍人間学（*Allgemeine Menschenkunde als Grundlage der Pädgogik*）』（1919, GA293）、『教育術——方法論的・教授法的観点（*Erziehungskunst, Methodisch-Didaktisches*）』（1919, GA294）、『教育術——演習協議とカリキュラム講演（*Erziehungskunst, Seminarbesprechungen und Lehrplan-*

vortrage)』(1919, GA295)として著わされ、一九一七年に自己の人間学を詳説した『心の謎について（*Von Seelenrätseln*)』とあわせて、シュタイナー教育の理論と実践を基礎づけることになる。さらに、この集中講習では、人間学や教育方法に加え、シュタイナーが教育においてもっとも重視すべきと考えた、「全人格をかけて教育へ没入する態度」や、「教育を新たな視点で捉え直す洞察力」、つまり「子どもの生と学びとの関係（たとえば、休むこと、注意深くなること、努力すること、忘れること、思い出すこと、睡眠、健康・病気等の諸側面と学習との関係など）を見る目」の獲得などが教師教育の核として伝授された[35]。

以上の準備期間を経て、シュタイナーによる社会三層化運動の一環として、「精神生活の自由」を教育において実現する場として、一九一九年九月にシュトゥットガルトの地に最初の「自由ヴァルドルフ学校（シュタイナーによる学校は支援したモルトの会社名にちなんでヴァルドルフ学校と呼ばれる）」が創設された。幼稚園も、

ウーラントの丘にある自由ヴァルドルフ学校創設当時からの建物（元カフェ）

1923年当時の自由ヴァルドルフ学校
（シュトゥットガルト）

当時の自由ヴァルドルフ学校
（シュトゥットガルト）

シュタイナーの生前にグルネリウス（Grunelius, Elisabeth）に託され、シュタイナーが亡くなった翌年に彼女の手で正式に実践が開始される[36]。創立当初の学校は、十二人の教師、八クラス二五六人の生徒で構成され、五年後の一九二四年には、二十三クラス、教師四十七人、生徒数七八四人と規模を拡大していった。さらに、シュタイナーによって蒔かれた教育の種は、この地を越えて広がりを見せていく。スイスにおいてはバーゼルでの長期講座（一九二〇年代以降開催）やベルンでの公立学校教師による自由教育連盟（シュタイナー学校を模範とする）の設立を通して、イギリスにおいてはオックスフォードの招待講演「教育における精神の価値」（一九二二–一九二四年の連続講演）での多大な反響を受け、オランダのハーグでも「自由学校」（一九二三年）としての支持を得て、それぞれこの派の学校が開設されていった。ナチスによって閉鎖に追い込まれる一九三八年の直前にはドイツ国内外を含め十六校にまで、その数は拡張していた[37]。

二　自由への教育・教育術としてのシュタイナー教育

1　自由への教育（die Erziehung zur Freiheit）

シュタイナーは、創設したヴァルドルフ学校の教育目標を「精神の自由」の実現に置き、そこでの教育を「自由への教育」と呼んだ。本節では、そうした「自由への教育」の内実を、シュタイナーが構想した人間学とのかかわりにおいて発達的視点から描出してみたい。

（1）　心身の理解

シュタイナーは、人間の本質上の基本構成を、「物質身体（Physischer Leib）」「心（Seele）」「精神（Geist）」

とし、それらの有機的連関を配慮する「人間有機体の三分節説」を唱えた[38]。そこにおいて心的作用は、思考・感情・意志の三つに分類され、それぞれ特有の身体的連関を有するものと考えられた。とりわけ、意志は、かれの生理学的洞察に基づけば、新陳代謝組織‐運動系（四肢）と関連し、行為に直接的にかかわるものとされた。感情は、共振する形であらゆるリズム的なものに結びつき、呼吸‐血液循環組織（胸）を介して、意志ほど直接的ではないが行為に影響を与えるという。思考は、シュタイナーにとって二つの方向性をもつものとして語られる。一つは、事物の対象化を可能にする抽象的で操作的な表象作用であり、それは、身体的には神経感覚組織（頭）とかかわり、感覚に制約された表象（似像としての世界内容）を手に入れる一方、付随する神経への過剰な刺激によって目に見えない反感を助長するものと考えられた。いま一つは、意志とイマジネーションをともなう内観に根ざした創造的共感的な思考である。この内発的な共感的思考によって、わたしたちは意志と感情をともなって事物に沈潜し、生き生きとした個別具体的な表象を描くことができるという。そして、この内発的な創造的思考は、徹底した観察に基づく客観的思考との総合をはかるメタ認知的な内観を通して、真の原像としての世界内容に近づきうるとされる。

しかし、現代の教育は、意志や感情を介さない抽象的な表象活動を配慮なく推し進める傾向があり、そうした学習は、自己と世界との生き生きとした密なる結びつきを弱めることになる、とシュタイナーは危惧する。しかも、この偏った対象思考を通して、反感は増長され、学びの動機そのものが低下していく。その結果、学びの対象としての世界と自己自身との密接な連関が失われ、利己的なエゴが助長され、自己の行為に対する誠実な責任は顧みられなくなるという。それゆえ、シュタイナー教育ではこのような弊害を回避するため、ホリスティックな心身理解のもと、対象思考は、自我の発達を配慮して、しかも、自己の内側から発せられるイマジネーションと情意をともなう（芸）術的営為でもって補われ浸されつつ発展させられることになる。

では、以下、各心的作用に注目して、より具体的に、シュタイナー教育が描く発達の観点から解説してみよう。[39]

(2) 思考の発達

シュタイナーによれば、思考は、対象から来る印象を意識にのぼらすことで表象像を獲得し、それら刻印された諸表象を過去の記憶表象も含めて比較・構成することで概念が形成されるという。具体的には、このプロセスは、表象(Vorstellung)→反感(Antipathie)→記憶(Gedächtnis)→概念(Begriff)という経緯をたどるとされる。この過程に「反感」がかかわることについて、かれはつぎのように解説している。

シュタイナーの説明によると、まず、このプロセスの最初に感覚を通して無自覚的な印象像としての表象が生じるとされる。つぎに、対象を自覚することで対象視的な思考が関与し始めることになる。そのとき、「反感」が心の根底に生じるという。この事態は、たとえば、抽象的で分析的な思考がわたしたちに与える影響を考えてみることで理解できる。疑わしいものを排除し、求めるものを選り分ける懐疑と捨象の営みを長時間つづけた場合、ひとはひどく疲れ消耗することになる。この現象は、シュタイナーによれば、抽象的な認知活動がもつ「反感作用」と「神経感覚組織」との連動に由来するとされる。[40]

さらに、感覚・神経を通じてそうした反感の力が十分に強くなると内面化した記憶像がもたらされるという。それらの像ならびにその像を生ぜしめる働きが一般に「記憶」といわれる。そして、その蓄積された諸記憶像を、悟性の力によって言葉に還元・構成したものが「概念」と呼ばれる。しかも、シュタイナーによれば、この記憶形成プロセスにともなう反感こそが、自我意識形成の表徴でもあるとされる。そのことを、かれは、「わたしたちが意識下に反感をもつことによって環境と自分を区別することができるという事情が、自己が他者と区別された存在であるという個的人格意識(Personlichkeitsbewußtsein)を生み出している」[41]と解説する。つまり、この個我の意識に始まる「自覚（Selbstbewußtsein）」に基づく対象（概念）化作用を通じて物理的な因果関係が解き明かされるだけでなく、「わたし」という個的な人格意識もまた明瞭となっていくと考えられたのである。

つづいて、こうした対象化と主客の分化を特徴とする感覚的認識の次元は、より高次の内観的な純粋思考体験（自我の純化と拡張）を経て、モラル実現に不可欠な主客合一の認識視点を漸次獲得していくことになる。具体的に、その思考形態は、シュタイナーがエーテル体（Ätherleib）と呼ぶ内的な「生命形成力体」にかかわる創造的認知としてのイマギナツィオン（Imagination）に始まり、自己省察を深めるなかで肉体的な制約から次第に解放されることで、より高次の内的直観であるインスピラツィオン（Inspiration）に至り、それを経て、さらに個的自我と宇宙的自我との同一体験を可能とする究極の思考様態であるイントゥイツィオン（Intuition）へと達するとされる。そして、この「直観的思考体験（intuitives Denkerlebnis）」のもとで実現される思考こそが「精神の自由」を真にもたらす、「感覚から自由な思考（sinnlichkeitsfreies Denken）」と称されるのである（Intuitionは、通常、推論を超えた本質直観をさす「直覚」という訳語が用いられるが、シュタイナーの場合、思考の連続的な質的深まりの先に達せられる高次の内観作用を意味するので、ここでは「直観」あるいはそのまま「イントゥイツィオン」と訳することにする）。ただし、注意すべき点は、その直観的な高次の思考作用は単独でその自由を獲得するのではなく、共感的で内発的・創造的な意志の作用や高次の感情作用と融合してはじめて自由を実にしていくと考えられている。これについては、意志と感情の発達の項で確認したい。

（3）意志の発達

思考が外なる所与とかかわって内在する本質を論理的あるいは創造的に描き出すのに対し、意志は内なる衝動に根拠をもつ。また、思考がその高次化に際し対象視的な分析・抽象作用の過程で神経組織とかかわり「反感」

をともなうのに対し、意志は自己の内発的な志向性・創造性に根ざし四肢の活動を含めた行為へとストレートにかかわるため「共感（Sympathie）」を本質とするという。このことは、わたしたちが生き生きと行為する状況を想像してみることで理解される。そうした状況ではわたしたちの内に興味・関心に貫かれた「意志」が働いていることがわかる。

意志は自己の内的な衝動（発展すると決意に至る）に根ざすため、それに基づく行為は生き生きとしたものとなっていく。反対に、意志に反していやいやおこなうことがつづくと、力動的な生の力（生きる力）は確実に弱まっていく。早期から抽象的な認知能力だけを指標に評価されつづけた青年たちが無気力・無関心・無感動となるゆえんもここにある。

そうした意志に付随する共感的な心性は、十分に強まると創造的想像力としての「ファンタジー（Phantasie）」を呼び起こし、それが自己の存在全体に浸透し、感覚に入り込むまで強くなると直観的思考との融合が始まりイマギナツィオンが生まれるという。そして、この内的な創造的認知を通じて外界の事象を知覚・観照する程度が深まるにつれて、高次の思想作用であるインスピラツィオン、さらにはイントゥイツィオンが働き始めるとされる。

しかも、シュタイナーは、この意志も思考と同様に、各人の人格的な変容にともない変化していくものと考えている。物質身体のなかでは、意志は「本能（Instinkt）」の形をとる。この様態は存在にとって外（環境やプログラムされた身体機能）から突き動かされるものであるという。そこではある種の志向性は見いだされるが、依然として無反省で、外なる刺激に対する直線的な刺激‐反応として表出される。つぎに、そうした原初的な意志を内側からエーテル体（生命形成力体）がとらえると、「衝動（Trieb）」と化していくとされる。これまで生のシステム維持として機能してきた意志に、生きんとするための内発的な諸衝動が加わってくる。さらに、シュタイナーが感覚・感情をつかさどると考える感覚体（アストラル体 Astralleib）がその衝動を浸すと、「欲望（Begierde）」となる。ただ、この欲望段階は、まだ、その人の性格・気質に色づけられた意志というよりも、動物に共通する次元とされる。つづいて、意志は、個人の気質や自我（Ich）に根ざし、志向性は意識のレベルを上げることになる。そうした意志の状態をシュタイナーは、「動機（Motiv）」と呼ぶ。ただし、ここでの区分は、現実には入り組んでおり、明瞭には判別しがたいとされる。さらに、そうした動機のうち、「あなたがいまおこなったことは実はもっとよりよくやれたはずだ」という道徳意識に根ざす意志が発動し始める。それを、シュタイナーは「希望・願い（Wunsh）」と規定している。これは、利己心に起因する後悔や、欲望へ移行する野心や、単なる動機の表象ではない、とされる。この「願い」は、モラルへの志向性が突き動かす「かすかな響き（leise Anklingende）」として内奥に表出する意志作用と解された。[42] この「願い」がもっと具体的な像を描くようになると、「決心（Vorsatz）」に達し、その向上の明確な像を自らに刻むことになる。そして、最後に、心的意志作用が自我の純化（利己的自己意識の否定）を通して身体的束縛から解き放たれるとき、「決心」はモラルの浸透した、より強固な使命感に根ざす「決意（Entschluß）」へと変容するという。ここに「肉体から自由な意志」が想定される。

このように、シュタイナーの描く「意志」は、本能（Instinkt）→衝動（Trieb）→欲望（Begierde）→動機（Motiv）→念願・希望（Wunsh）→意図・決心（Vorsatz）→決意（Entschluß）という変容過程をたどるものと考えられた。[43] そして、そうしたプロセスにおいて、意志は高次の思考作用（インスピラツィオン、イントゥイツィオン）やモラルの実現と結びついていく。ひとが倫理的理念や存在の本質を感じ始めたにもかかわらず、対象視や利己心にとどまって事象を見る際（あるいはそれを脱する際）、反感や不安や苦悩に襲われるのはこの克己プロセスに由来するものと理解される。

以上のように、シュタイナーの心身・発達論では、表象と意志の道徳的結合が現実の主体変容において構想されているといえる。

（4） 感情の発達

感情は、シュタイナーの場合、完全に認識にも意志にもなりきれていない、抑圧された「低次の意志作用・思考作用」として思考と意志との中間に位置づけられる[44]。それゆえ、感情はその心性に、「反感」と「共感」の双方をあわせもつことになる。ただ、そうした中間的な位置づけを与えられる感情ではあるが、その働きは、ホリスティックな主体変容にとって不可欠な要素とみなされ、その高まりにおいて、究極的な感情作用である「献身」や「博愛」に至ると考えられている。

シュタイナーは、感情作用の大きな役割は、わたしたちの思考や意志に働きかけ、「温かく生き生きとした力」を活性化させ、それぞれの上に刻むことにあるとする。たとえば、かれによれば、意志は、普通の生活のなかでは「意欲しつつもその弱さから行為に移せない」ように、多くはたんなる思いにとどまり、流れ去ることになるが、熱情（Enthusiasmus）や愛情（Liebe）から発せられた場合は、行為にまで高まっていくとされる[45]。こうした思いとその実行について、シュタイナーは、思考（判断）と感情の関係を論点として、ブレンターノ（Brentano, Franz）とジクワルト（Sigwart, Christoph）の解釈を引き合いに出し、自己の見解を提示している。

すなわち、ブレンターノが「判断作用と感情作用はまったく異なるものである」とし、ジクワルトが「判断にはつねに感情がともなう」と見るのに対して、シュタイナーは、「客観的内容はたしかに感情作用の外側に厳として存在する。しかし、判断の正しさに対しての確信が主観的な人間の心のなかに生じるためには、感情作用が発揮されなくてはならない[46]」と主張する。つまり、シュタイナーにとって感情は、独立した判断の客観内容の正しさに確信を与え、それを意識上に刻印し、現実の行為へと向かわせる働きをもつものと考えられたのである。

（5） 自由への教育の図式

ここまで見てきた思考と感情と意志との総合的な変容の過程は、シュタイナー教育（思想）においては、発達論と関係づけられる。具体的に、それぞれの心的発達は、歯牙交代期までの幼児期（〇‐七歳）と第二次性徴期までの児童期（七‐十四歳）と青年期（十四‐二十一歳）と成人期（二十一歳以降）といった成長区分に対応して、以下の図（Die Erziehung zur Freiheit）のように整理することができる。各発達段階期の特徴について概略述しておこう(47)。

まず、シュタイナーによれば、幼児期（〇‐七歳）は、身体的・意志的な存在ととらえられる。この段階では、思考や感情はまだ身体に付随して反応し、本来、自律性はなく、学びは、ファンタジーや対象への没入体験を通して、「精神的なものを内的に身体で模写」する仕方でおこなわれることがふさわしいとされる。加えて、この時期の子どもは、共感的な意志や感情に支えられた成長によって、世界に善を感じとり、存在への信頼を感じとることができるという。

つぎに、児童期（七‐十四歳）は、呼吸‐血液循環組織（リズム組織）が発達し、それと呼応するように外界に向けた共感・反感の心的活動も活発化する。また、この時期に特徴的なことは思考が解放され始めることである。ただし、まだ抽象的な思考をするには自我が発達しておらず、児童期における「思考の解放」とは具象的な思考が自律性をもつことを意味する。この時期の子どもたちには、豊かな感情に根ざした（芸）術的な教育が有効視され、こうした営みを通して子どもたちは「世界は美しい」という根本感情を醸成していく。

この児童期に感情が十分に成熟していくと、つぎの青年期（十四‐二〇歳）には、子どもたちは感情を律する

Die Erziehungzur Freiheit（自由への教育）

0 歳　［物質身体（physischer Leib/Körper）の育成］

思考・感情・意志

まだ記憶力をつかさどるエーテル体は包まれたまま
（Ätherleib）

【特　徴】
・摸倣（言葉×、周囲の環境）
・世界は倫理的（善）
・意志の教育（没入体験）
・創造的想像力の育成

7 歳　思考の解放
（芸術的思考）
［エーテル体の育成］
イメージ的記憶、気質
繰り返し、リズム、身体知の有効性

・権威（信頼と 畏敬 ）
・世界は美しい（美）
・感情の教育（芸術的方法）

比喩や象徴による伝達
ゲーテ的自然・生命認識

14 歳　感情の解放

［アストラル体の育成］
（Astralleib）

・ 自分自身の判断 によって
自己と世界との関係を決定
・世界は真実である（真）

（抽象的・論理的思考）

共感・反感
悟性による認識：7～14 歳までに記憶していた知識を改めて概念的にとらえ直し、それについて判断する。14 歳前の判断は本来、悟性の力が十分でない

畏敬 → 自分自身の判断
他の人の意見に耳を傾ける態度

主張する前に、まず十分に学ぼうとする姿勢を身につける

対立する見解に出会う→よりよい意見の可能性がある

21 歳　意志の解放

精神我（Geistesselbst）生命精神（Lebensgeist）精神人（Geistesmensch）
一元化
思考：感覚から自由な思考
感情：献身的普遍的な愛
意志：肉体から自由な意志（決意）

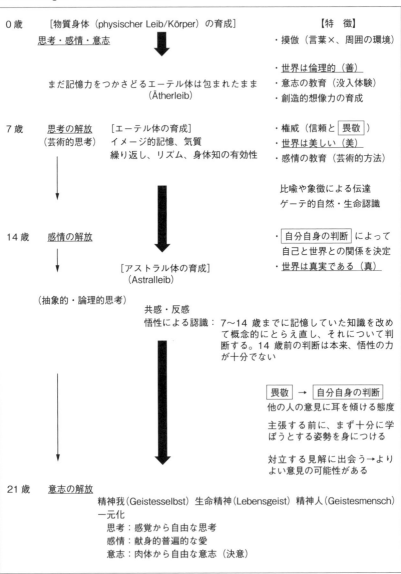

ことができるようになっていく（感情の解放）。加えて、この青年期には自我も外界への依存を超えて自律的な成長を深めていく。そうした感情や自我の変化は、自己顕示（優越感）やその反作用としての自己嫌悪（劣等感・自己否定感）、さらには強い異性愛という形で示される一方、献身的で普遍的な愛への目覚めという形で表われたりもする。さらに、自我の成長は思考面にもかかわり、この時期、従来の具体的な操作に加え、抽象的論理的な思考操作が自然な形で可能となり、世界の真理を予感しつつ知を熱望していくことになる（「世界は真理である」との自覚へ）。

さらに、青年期以降には、意志（リアリティ（真実在）と深層でつながる萌芽（Keim）的な心的作用）が自律的に機能し始めるとされる（意志の解放）。しかも、この自律的な意志は、この時期、発達を遂げてきた思考・感情と有機的に結びつき、道徳的な営みへと昇華されていくものと考えられた（善意志による道徳の行為化）[48]。ここに至るまでの土台作りこそが教育の任務であり、以後、青年は自己教育によって自律的に、それぞれの「体Leib」をより高い次元で総合していくことになる。そして、こうした主体変容の先に、かれが教育活動を通してめざす精神・文化領域の根本原理である「自由」（思考：感覚から自由な思考、感情：献身的普遍的な愛、意志：肉体から自由な意志＝決意）が据えられることになるのである。

以上がシュタイナーの説く「自由への教育」の見取り図となる。

これらのことから、シュタイナー教育（思想）においては、未来の教育や授業において、思考の意義のみでなく、意志と感情における陶冶上の意義をも見落とすことなく、それらに特別な価値を置き、発達論的に構想されねばならないと考えていることがわかる[49]。つまり、この教育では、そうした情意を含む不完全な感覚身体を精神的人格的存在へ向けてメタモルフォーゼさせることが目標とされているのである[50]。

2　教育術（Erziehungskunst）

一般に、シュタイナー教育の在り方は「教育術」と呼ばれる。Kunstとは、元来、ギリシア語のτεχνη（technê）やラテン語のarsに由来し、古来、中間世界において不可視な本質を象徴的・類比的に可視化し表現する「術」のことを意味し、それは、artes liberals, liberal artsという言葉に示されるように自由の獲得に向けられていた。それゆえ、この「術」的思考を支持する立場は、普遍内在論に立ち、普遍と特殊の即応関係や普遍へ向けた主体の変容を容認する。しかも、そうした見方の多くは、存在のリアリティそのものを語ることはできないが、類比的な形式（芸術を含む）によってそれを伝達し、追体験することが可能であると考えてきた。シュタイナーもこの立場をとり、混迷する時代を克服するための、自由獲得に向けた術として、その見方と方法を教育に適応したといえる。

それゆえ、かれの教育実践では、対象となる事象の不可視な本質を内観的に自己の生と結びつけ、可視的に表現する「術（Kunst）」の様式や美的態度が重視されることになる。シュタイナーが、「教育学は科学であってはいけない、術でなくてはならない。……教育学という偉大なる生の術を実践するためにわたしたちのうちで活性化しなければならない感情は、偉大な宇宙（Weltall）やその宇宙と人間との関係を観照することによってのみ、点火させられるのである[51]」と強調するのは、こうした見方に立つゆえんである。このような「術としての教育」によってはじめて、何にもとらわれたり依存したりすることなく、自らが生きている意味を自分でしっかりとらえ、一番深い内部の欲求から自覚的に行動する、というシュタイナー教育の目標が達せられると、かれは考えたのである。

では、この「術としての教育」は、先に示したシュタイナー的な心身観といかに関連づけられるのだろうか。シュタイナーによれば、「術」を通した美的・芸術的体験は、先に示した「分析的抽象的思考による破壊作用（反感作用）」と「内発的な意志・感情がもたらす創造的活性化作用（共感作用）」とのアンバランスを調和的に解決する唯一の方法と考えられた。なぜならば、この美的体験は、感情や意志から発露し、創造的想像力や直観としての思考を通して不可視の本質を洞察し、可視的に表現（＝表象）していくからである。つまり、わたしたちの内奥に位置づく意志（興味・関心等）に発し豊かな感情を介して思考さらには行為へと貫く力が、この美的体験にあるととらえられるのである。加えて、ここでなされる事物への沈潜・没入体験は、対象への共感と熱意を持続させ、世界とわたしたち自身との密なるつながりを実感させることになるという。今日希薄となったこのような存在への信頼感覚は、術を通した学びによって回復できるものとされた。

一方、自らが進める教育術とは別に、思考にのみ比重を置く主知主義的アプローチについて、シュタイナーはその弊害をつぎのように述べている。

主知主義的なアプローチでは、大人たちがつねに子どもに何かを教えようとし、子どもができごとの事実関係や社会的な意味をよく理解すればするほどよいと考えられている。しかしながら、このように一度教え込まれてそのままおぼえられるものは、感情や意志を深く耕すことはない[52]、と。そして、心に共感をもって受容され、内的な変容を引き起こし行為へと促すことができるのは、美的体験のような、喜びをともなって何度も繰り返しおこなわれるような行為なのだという[53]。

では、具体的に、かれの教育術はいかなるプロセスでもって「自由」を獲得していくと考えられるのだろうか。シュタイナー教育の実践において、この美的体験としての教育術の営みは、はじめは「権威（Autorität）」としての導きのもと、無意識的な反復としておこなわれる。それは、知的な伝達と異なり、「模倣（Nachahmung）」や導きを通して、子どもの内側から、存在の本質（真・善・美）に呼応する形でイメージを創出させる。同時に、その術的な本質体験は共感的な喜びの感情に貫かれ、その感情作用が存在の本質を深く意識上に刻印していくことになる。子どもは、そうした存在の深みに基づく持続的な反復・訓練によって、「世界は道徳的（moralisch）で善き（gut）もの、美しき（schön）もの、真なる（wahr）もの」という内的な衝動と確からしさを身体化する。[54]このような人間性の基盤育成を経て、術的な表徴活動は青年期には意識的な反復へと推移していく。そこでのたゆまぬ意識の創造的破壊作用を通して、高次の意志衝動である「決意する力（Entschlußkraft）」[55]が働き始め、それまでの要求としての愛が、献身を本質とする自己犠牲的な愛や道徳的義務へと高まっていくとされる。[56]ここに至り青年は自己の精神を拠り所とし、自由への道を歩みはじめ、そこにおいて大人は各々の描く理想を通して社会現実に取り組む仲間としてかかわっていくことになる。当然ながら、こうした図式では、導き、寄り添う教師や大人たち自身の自己教育がもっとも重要な課題となる。教育実践の成否について、シュタイナーが、人間認識と方法論の適切さに加え、究極的には、教師や大人自身による自己教育への取り組みいかんにかかっていると、述べるのはこのような意味からである。

ここまで見てきたシュタイナーの教育術を、心的・道徳的発達との関係で図式化するとつぎのようになる。以上、本論では、シュタイナー教育（思想）の成立背景と教育実践の構造的特徴を明らかにしていった。ここでの考察を通して、シュタイナー教育が、当時の唯物論的功利主義的見方の弊害を克服し人間精神の自由を取り戻すという壮大なビジョンのもと、その実践方法を構築している、ということが理解された。それゆえ、わたしたちは、シュタイナー教育思想の妥当性を問う際、かれが示す方法論・発達論・発達課題の有効性を吟味することとあわせて、それらの見方を根底で規定する独自の人間認識の在り方を考察することが必要となる。

第一章の終わりにあたり、次章以降進めていく、シュタイナー的認識論をめぐる教育学・科学・哲学上の議論分析に先立ち、シュタイナー教育（思想）と認識論との密接な関係を示唆するリンデンベルク（Lindenberg,

人智学的認識論における主体の変容と教育理論との関係

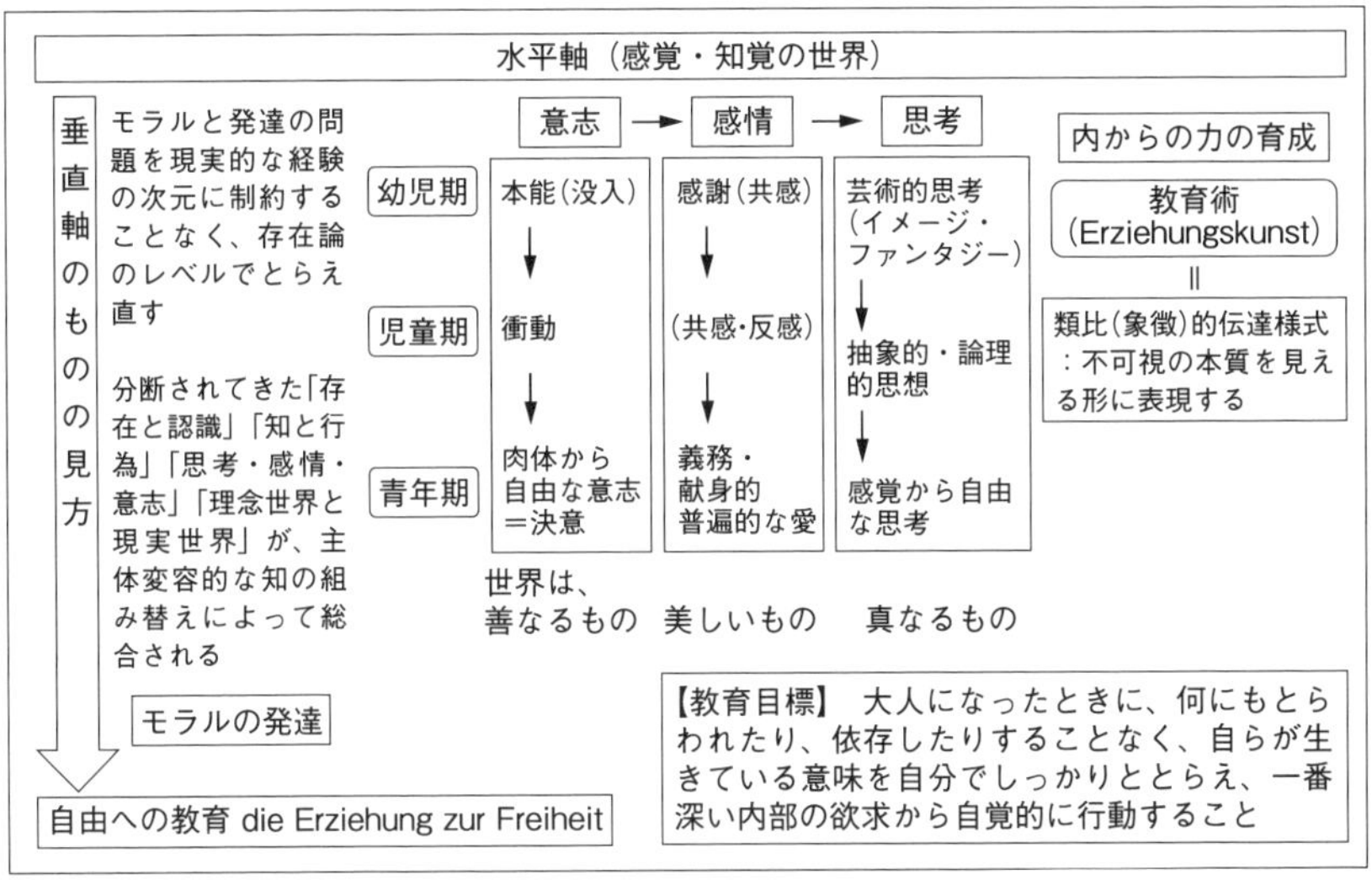

Christoph）とホフマン（Hoffmann, Karl）、それにシュタイナー自身の言葉をあげておきたい。

ヴァルドルフ教育は、技術の一方的な方向に対してそのバランスをとるために、第一に、教育を人間へと方向づけることを課題とした。……人間認識を教育のあらゆる領域で意識的に育成するために、その教育内容が役立っている。[57]（リンデンベルク）

シュタイナーは当時の危機の原因を欠陥のある認識論に見ている。つまり、大部分が実用的な唯物論の虜になり、それによって自らの精神的心的諸力がますます堕落の一途をたどっている。しかも、その結果としてかれらは自分自身と宇宙に合致した法則や秩序との内的な不調に陥っている。[58]（ホフマン）

シュタイナー自身もまた、自らの「教育術」を、「人間認識に基礎を置く一つの術」と呼び、生き生きとした健全な精神的心的諸力を回復させるには認識論の再構築が必要であると考えた。最後に、人間認識の再構築によって本来的な生を取り戻すことを企図するシュタイナー自身の言葉をあげ、教育実践に秘められたかれの真意を示唆しておこう。

わたしたち人間は、ここ、この地上でますます根源的な意味でつねに生について学ぶ必要に迫られている。しかも、生について学ぶことは、まず初めに人間について学ぶことに他ならない(59)。

つづく章では、シュタイナー教育思想の学理論的解明に向け、「教育学」におけるシュタイナー教育思想の位置に焦点を当て考察を進めたい。

小括

シュタイナーの教育構想は、元来、可視の事物と不可視な本質との総合という自らの体験と認識衝動に基づき発展してきた。この認識課題は、具体的には、ゲーテの自然科学論や認識論哲学への探究を経て基盤となる物の見方を獲得し克服されていく。さらに、かれの教育は、精神・文化領域へ越境的干渉を強める当時の唯物論的・功利主義的な認識の在り方に対する克服としても構想された。実際に、そのビジョンは、かれが進めた社会三層化運動（法生活の平等、経済生活の友愛、精神・文化生活の自由を原理とする社会システムの構築）のうち、精神の自由を実現する教育・文化活動の一環として実を結ぶことになる。その果実としてのシュタイナー教育の理論・実践ならびに教育目標としての人間像は、つぎのように特徴づけることができる。

この教育では、認識上の弊害を克服し、本来的な生を回復させるべく、情意を含む不完全な感覚身体を精神的人格的な存在へと総合的に高めることが目標とされる。そこでの方法は、シュタイナー自身、「教育学は科学であってはならず、術（Kunst）でなければならない」（*Wahrheit und Wissenschaft*, 1892）と述べるように、独自の「教育術（Erziehungskunst）」として展開される。ここにおいては、事象をめぐる可視の事物と不可視な本質とが、本質の可視化を助ける美的・象徴形式を通して自己意識の内で内観的に実感をもって結びつけられていく。しかも、世界とわたしたちとの密なる関係を観照するこの営みは、内奥の意志に発する生き生きとした力に貫かれ、知情意・身体・モラルを統合するホリスティックな主体変容の知を形成していくことになる。そして、このような術としての教育によってはじめて、何にもとらわれたり依存したりすることなく、自らが生きている意味を自分でしっかりとらえ、一番深い内部の欲求から自覚的に行動する、というかれがめざした精神原理を基礎に置く自由への教育が実現すると考えられたのである。

以上の考察を経て浮き彫りにされたシュタイナー教育（思想）の特徴はつぎの観点に集約される。つまり、その教育は、①可視の事物と不可視な本質との総合として、②総合の鍵としての主体変容論として、③意志と表象の総合として、④自己意識の展開として、⑤精神と自由の獲得に向けた具体的普遍の構図として、精神の独自性を証明すべく構想されているのである。

これらの視点は、第四章と第五章で展開されるシュタイナー教育思想の「認識論的哲学的基盤」の解明に際して再度焦点化されることになる。

第二章　教育学におけるシュタイナー教育思想の位置

本章では、「教育学」で用いられる共通言語を使い、シュタイナー教育の教育学上の位置づけを、ドイツ改革教育運動との関係や日本的受容の実態から解明していく。

一　シュタイナー教育思想理解の視座と改革教育的要素

1　シュタイナー教育思想理解の視座

本節では、シュタイナー教育思想の教育学上の位置づけを明らかにしたい。とりわけ、現代に至るまで評価が定まらないシュタイナー教育思想とドイツ改革教育運動との関連について、ワイマール期（一九一九－一九三三年）を中心にその実態を究明することを課題とする。具体的には、改革教育運動に寄与した精神科学的教育学者が用いた概念区分――生の哲学、文化批判、社会運動、青年運動、芸術教育運動、作業学校運動、田園教育舎運動、生活共同体学校、統一学校運動、子どもからの教育等――に依拠しつつ、シュタイナー教育思想に対する当時の多様な論評を吟味していく。これらの考察の結果として、シュタイナー教育思想とドイツ改革教育運動との形式的あるいは実質的な連関、ならびに精神科学的教育学とシュタイナー教育思想との理論上の分岐が、存在論－認識論の構造的差異から判明するであろう。

シュタイナーによる自由ヴァルドルフ学校（以下、シュタイナー学校とする）がドイツ南部の都市シュトゥットガルトに創設されたのは、一九一九年のことである。学校設立当初の一九二〇年代ないし三〇年代におけるシュタイナー教育思想に対する論評を見るかぎり、その評価は定まっておらずまったく多岐にわたる。

本章が課題とするドイツ改革教育運動とシュタイナー教育思想との関係も同様の複雑さを見せている。それは、第一次大戦後成立したワイマール共和国に改革教育の成果を提供した精神科学的教育学者の多様な態度のうちにも見てとれる。この錯綜した諸相を示す状況は、テノルト（Tenorth, Hein-Elnar）の改革教育運動批判の論調に依拠するならば[(1)]、ノール（Nohl, Herman）学派によって打ち立てられた「ドイツ改革教育運動」という現象の「創築性（Konstruktion）」に起因するといえるのかもしれない。すなわち、その問題性は、一つには、テノルトが述べるように、固有のダイナミックさを優先したノール学派による、公的文化――とりわけ公教育の歴史――、女性運動・労働者運動といった社会運動、政治・経済活動、精神分析学・哲学の新傾向等の現実的視点を欠いた理論構築にあるといえるのかもしれない。さらに、いま一つは、精神科学的教育学者たちが各自の学問的立場を厳密に区分することなく、一定の教育学的視点から曖昧なまま現象として総合していった恣意性にあるといえるのかもしれない。そうした理由を根拠として、テノルトは、改革教育運動が、市民レベルの現実を無視した「捏造」であり、しかもその運動の根源はユートピア的なものではなく、「前近代的」なものであると断定するのである。

しかも、こうしたテノルトの文脈の中では、シュタイナー教育思想は、労働運動の経緯から生じた社会ユートピア的な要素をもつものと規定される一方、それはあくまでも少数派のエリート的プログラムであり、国家的な教育的現実として取り扱うことはできないものとされる。しかも、両親たちに見られるシュタイナー学校支持の傾向は、かれらの歴史的知識の欠如や、シュタイナー教育思想に対する学理論的なドグマ性批判の不十分さに由来するとされるのである。

以上の改革教育学とシュタイナー教育思想をめぐる理論状況に対して、本書は、ノールに見られる精神科学的教育学者の理論的立場を全面的に支持しそこにシュタイナー教育思想の位置を見ようとするものでもないし、テノルトに代表される改革教育批判の立場にくみするものでもない。本章では、両者の立場を視野に入れつつ、シュタイナー教育思想に関する当時の評価の現実を解明し、他の改革教育運動との関連を考察することを目的とするものである。具体的には、理論の展開上、精神科学的教育学者たちが用いた、先にあげた概念区分（生の哲学、文化批判等）を比較の対象として考察していく。その上で、テノルトの指摘にあるように、各精神科学的教育学者に見られる解釈の差異を視野に入れつつ、さらには、教育現場や社会における実際の評価をも取り込みつつ、あくまでもシュタイナー教育思想が、現実のドイツ社会にどう受け入れられ、いかに位置づけられていったのかを模索していこうとするものである。そのことを通して、当時の多様な精神科学的教育学の学問的射程ならびに、それらとシュタイナー教育思想との理論的差異が判明するものと思われる。さらに、そうした考察の帰結として、シュタイナー教育思想に対してドグマ的な性格を見、「前近代的」「少数派のエリート的プログラム」と断定したテノルトの評価も相対化されていくものと思われる。

2　改革教育的要素

シュタイナーによる自由ヴァルドルフ学校が創設された一九一九年という時期は、ドイツにおいては戦後の混乱と新たな時代への再生の機運を含んだきわめて複雑な時代であったといえる。すなわち、一方では、第一次世界大戦、十一月革命を経たのち共和制を実現するものの、依然として精神的・文化的・政治的・経済的な困窮は国民生活に深刻な影を落としていた。他方では、十八世紀後半のシュトゥルム・ウント・ドランク以降、「ドイツ運動」として継承されたロマン主義的なドイツ精神は、「自由」「生活」「共同体」といったスローガンのもとに青年運動、労働運動、婦人運動として繰り広げられていった。(2)

こうした二十世紀初頭の教育運動にあって、シュタイナー教育思想はいかに評価されていったのであろうか。精神科学派のシャイベ（Scheibe, Wolfgang）は、シュタイナー教育思想について、「ヴァルドルフ学校運動は、改革教育運動のはじめの30年間において重要な方向を示すかのようであった。その学校は、……近年の新しい熱心な教育学的試みに相当し、その時代の広範な他の改革教育運動と一致する」(3)とその時代的な一致を容認している。こうした評価の多くにおいて、シュタイナー学校は、芸術教育、作業学校、田園教育舎、自由学校共同体、モンテッソーリ教育、イエナ・プラン学校等とならんで改革教育の多様性のなかに位置づけられたのであった。

以下では、シュタイナー教育思想をめぐるこうした精神科学的教育学に代表される改革教育としての評価の妥当性について検討していきたい。

（1）起源としての文化批判

先にあげたシャイベは、シュタイナー教育思想が知識偏重主義に対する批判において他の改革教育運動の起源と一致するものであることを説明する。(4) そうした文化批判的な評価は、「自由学校共同体」として知られるオーデンヴァルト校に長年教師として活躍した改革教育の大家ヴァーゲンシャイン（Wagenschein, Martin）の言辞にも表われている。かれは、一九二一年の試補見習い期にシュタイナーの人智学と出会い、時代の趨勢に反して、原子からではなく精神から始めたシュタイナーの業績に対して、大いなる敬意を払っている。しかも、シュタイ

ナー学校が教育的医学的に効果をあげている現実を評価し、来るべき時代を手に入れるであろうと予告しているのである。(5)

徹底的教育改革同盟のひとりで当時ギムナジウム改革の指導的立場にあったカールゼン(Karsen, Fritz)も、同様の視点から改革教育としてのシュタイナー教育思想を支持している。かれは、プロイセン文部省学識専門委員の期にあった一九二〇年とその翌年にかけて、他の新学校視察とあわせて一九二〇年に自由ヴァルドルフ学校をシュタイナー自身の案内で見学し、その後の『国民学校会議』や主著『現代ドイツの実験学校(*Deutsche Versuchsschulen der Gegenwart und ihre Probleme*)』(一九二三)のなかで報告している。かれによれば、シュタイナーの文化批判的な視点は、すべての物質主義を排除して人間精神のもつ重要な意義を教育のなかで復権させようとした点や、その学校が労働運動をはじめとする社会展開を十分自覚しながら設立された点に見られるとされる。さらに、かれによれば、その学校の制度上の新しさは、諸個人の具体的な生に焦点を当て、身体の教育から精神的な生の実現へと人間を陶冶する点にあるとされ、意志、感情、知性を貫く、より深い精神的体験に根ざしている点で「体験学校」であると位置づけられる。(6)

こうしたシュタイナー教育思想における「生の哲学」に基づく身体教育のとらえ直しという指摘もまた、当時の専門雑誌に見いだすことができる。精神科学派の雑誌『教育』(一九二九)のなかで、ミュラー=ブラッタウ(Müller-Blattau, J.)は、当時の若い世代の新しい身体観を教育的に具現化したものとしてシュタイナー学校のオイリュトミー芸術をとりあげ、「ここで作りだされた芸術は、心的な身振りともいうべきもので、音声と響きをともない、腕と手そして人間全体の運動を通して、わたしたちに明瞭な形でその有効性を指し示した」(7)と述べ、その芸術的教育的価値の有益性を指摘しているのである。

以上のことから、改革教育を支持した当時の論評に従えば、シュタイナー教育思想がその根源に、「文化批判」

「生の哲学」および「全体観的な人間のとらえ直し」といったドイツ改革教育運動の諸要素を有するものとして評価されていた事実が確認できる。

（2）社会運動としてのシュタイナー学校

多くの改革教育学校は、先に見た「生の哲学」や「文化批判運動」を基底として、労働運動をはじめとする社会運動的な過程を経て、「生成しつつある社会の学校」（カールゼン）を実現するに至ったとされる。では、シュタイナー学校のケースはどうであろうか。

シュタイナー教育の場合の社会運動上の契機もまた、他の多くの改革教育同様、文化批判に端を発したものであるといえる。ただその場合、とりわけシュタイナーの文化批判的な視点は、認識論的な問題意識に根ざしたものであった。すなわち、かれは、当時のドイツ社会の混迷の原因を、直接的には、政治・経済的領域ならびに自然科学的思考が、その原理を精神的文化的領域へと適用したことの非に見てとったのである。したがって、かれの文化批判は、精神の独自性を理論的に証明しようとした自らの人智学（Anthoroposophie）に基づく「精神科学」や、社会有機体における政治（法）・経済・精神の独立的な権能分化をめざした「社会有機体の三層化運動」として展開されていくことになる。そこにおいて、当時のドイツ国民の疲弊の原因が解消され、人間の精神的自由は守られると、かれは考えたのであった。

具体的には、そうした文化批判的な理論構想は、シュタイナー自身が「わたしは長い間、労働者教養学校（Arbeiterbildungsschule）で教師をしていたため、そこで社会問題の動向を十分体験する機会を得た[8]」と語るように、一八九九年から一九〇四年までの六年間を勤めたベルリンにあるその学校での教育経験を契機とするものであることがわかる。

その社会構造改革のためのシュタイナーの理論は、各地での講演活動ののち、新生ワイマール共和国の国家改造試案として、一九一九年三月に、フィヒテ（Fichte, J. G.）のそれを彷彿させる「ドイツ国民および文化世界へ！」という声明文や、『社会問題の核心』（一九一九）という著述をもってドイツ社会に問われることになる。この表明は、ヘルマン・ヘッセ（Hesse, Hermann）をはじめとする文化界や政界の著名人の署名を得、タイム紙やデイリー・ニュース紙をはじめ各国の主要新聞紙上で高い評価を集め、何人かの政界要人との具体的な交渉が実現したが、制度的には具体化するには至らなかった。(9) しかし、かれの精神は、「社会三層化」のための連盟が設置されたシュトゥットガルトの地において、同年、その社会三層化運動の一環として展開された自由ヴァルドルフ学校として結実し、他の金融、農業、医学、建築、芸術などとともにのちに世界的な広がりを見せることとなる。

以上のことから、シュタイナー学校は、シュタイナー独自の人智学的認識論に端を発するものの、形態上は他の改革教育学校と同じく、社会運動的な過程をたどり、学校創設に至ったということができる。

（3）改革教育との運動上の接点

では、こうした改革教育との類似性を強調する論評に比して、実際に、諸改革教育運動とシュタイナー教育思想は運動上の何らかの接点や理論上の共通項をもちえたといえるのであろうか。以下、具体的に、青年運動を経て、芸術教育運動、作業学校運動、田園教育舎運動、自由学校共同体、統一学校運動へと展開していく諸改革教育運動とシュタイナー教育思想との接点を探ってみたい。

① 青年運動

まずは、改革教育運動の起点となるドイツ青年運動とシュタイナー教育思想との関係について見てみたい。結論から述べるならば、シュタイナーが繰り広げた政治・経済・文化の各領域を有機的に三分節化する「社会三層化運動」や、かれ独自の人間認識に基づく人智学思想の形成過程のうちに、青年運動との直接的な接点を見いだすことはできない。ただし、ローゼンブッシュ（Rosenbusch, H.）は青年運動に基づく学校共同体の特徴を次のように語る。その学校は、「あらゆる功利主義的な動機を排除し、……共同体的なものであり、その教育共同体の晶出点は教師であり、しかも知的というより感情的な結びつきによって基礎づけられている」[10]、と。その基本姿勢は、シュタイナー学校のそれとも重なるものと考えられる。しかし、一方、「アルベルト・シュテフェン（Steffen, A.）（筆者註：スイスの詩人で人智学運動の中心メンバー）の青年運動における否定的な判断は、かれの師であるルドルフ・シュタイナーの思想への無条件な服従の結果だけでなく、スイス青年がとった感情の表現でもあった」[11]という雑誌『教育』上に掲載されたスイス青年運動に関する記述は、別な評価を推察し得る。すなわち、シュタイナー自身は、教師のカリスマ的な人格に社会化への効果を期待するエリート的・貴族的な青年運動一般に協調的理解的ではなかったというふうに。

②　芸術教育運動

つぎに、芸術教育運動とのかかわりを概観してみよう。この運動は、「子どもから」の精神を広義に引き継ぎ、子どもを知的にとらえる以前に創造的な諸力を覚醒・育成することをめざした。それゆえ、そこでの芸術は、自由な描画やスキルを重視したスポーツではなく、より深い精神レベルの変化をめざす体操・音楽・演劇等へと向けられていく。しかも、シュタイナーが自らの教育思想を広義の「教育（芸）術（Erziehungskunst）」であると呼ぶように、そこでは教育手段として芸術が用いられ、（芸）術的過程として教育がおこなわれ、教育的行為全体が（芸）術を原理とするのである。しかも、ハートラウプ（Hartlaub, G. F.）によれば、この改革の時代に先立つ形でシュタイナーの思想と表現派の芸術家たちとの間に近代的なグノーシス思想に関するアナロジーが確認されるとされ、第一次大戦後、改革的な左派に転じた表現派の多くがシュタイナーに目を向けたとされる[12]。なかでも、シュタイナーの人智学思想に、パウル・クレー（Klee, Paul）やカンディンスキー（Kandinsky, Wassily）が関心を寄せ、とりわけカンディンスキーは自らの抽象芸術運動にシュタイナーの人智学思想を多く取り込んでいったことが知られている。したがって、芸術教育運動との接触は、人智学思想への関心という文脈においてある程度確認でき、具体的な形態も先に見たオイリュトミー芸術をはじめとして共通の志向が見られる。ただし、芸術教育運動側からの影響については、シュタイナー自身の記述を見るかぎり読みとることはできない。

③ 作業学校運動

作業学校運動との関係はどうであろうか。ワイマール共和国成立当初、この運動は生活から遊離した一面的な書物中心の知識主義を否定した上で、職業教育等を通して国家に有用な国民を育てようとするエストライヒ（Oestreich, Paul）に代表される徹底的学校改革者同盟と、個人の精神的作業を重視したガウディヒ（Gaudig, Hugo）の改革のうちに展開された。シュタイナーの教育は、授業形態において、この運動との若干の共通点を見いだすことができる。すなわち、シュタイナー学校は幼児期から上級学年にかけて職業労働の原初的な体験――たとえば、羊毛を刈り、紡ぎ、編んだり、レンガ造りの家を建てたりなど――を通して学ぶことを重視しており、とりわけ上級学年における農業、林業、工業、福祉施設などでの現場実習は、作業教育の実践とも重なるものといえる。ただし、この運動との実際上の関連もまた、シュタイナー自身の記述には現われていない。

④ 田園教育舎運動

つぎに、田園教育舎運動とのかかわりについて見ていこう。シュタイナーの記述によれば、この運動家たちとの間に接触があったことがうかがえる。シュタイナー学校設立に際して、田園教育舎の支持者によって、子どもの正しい成長を妨げる悪環境としての都会から脱出することを促されたが、かれはそのような教育構想に対して、教育の本質ではないと非を唱えている。シュタイナーによれば、そうした純粋培養的な発想の教育では子どもや社会の発展に寄与できず、逆に、子どもの社会的な苦しみが多いところでこそ、教育の真価は発揮されなければならないと考えられた。[13] さらにこのことは、十八世紀に成立した寄宿舎学校についてのシュタイナーの見解にも表わされる。つまり、ナポレオン戦争後に危惧されたドイツ文化の崩壊を抑えるため、両親の保護から子どもを引き受け、国家に任命された機関による寄宿舎学校において教育すべきであるというフィヒテの構想に対して、シュタイナーはあくまで、子どもは両親のもとで扶養されねばならないと反論するのである。[14] すなわち、シュタイナー学校は明確に田園教育舎運動の主旨とは異なり、現実の社会状況や生活の境遇と直接向き合うなかで改革をめざしたといえる。

⑤　生活共同体学校

つぎに、生活共同体学校についてはどうか。現代の教育科学者ウルリヒ（Ullrich, Heiner）によれば、シュタイナー学校は形式上、ペーターゼン（Petersen, Peter）のイエナ・プラン学校や、カールゼンのカール・マルクス学校といった「生活共同体学校」の改革教育的・文化改革的な学校類型に属するとされる。[15] こうした評価は、当時の精神科学的教育学者フリットナー（Flitner, Wilhelm）によっても同様になされている。かれによれば、オットー（Otto, Berthold）らによって素描された「生活共同体学校」は、シュタイナー学校においても見てとることができるとされる。そこでは、授業における「生」が学校における「生」から成り立っており、両親との共同責任や協力が実現しているという。[16] さらに、当時の教育科学者ライ（Lay, Augst Wilhelm）は、一九二五年に自由ヴァルドルフ学校を訪問し、その学校の実践が労働学校というよりも、むしろ行為学校（Tatschule）、生活共同体学校の理論的実践的要求に合致していることを指摘している。[17]

以上の評価は、教師と保護者・生徒の共同作業としてその学校が成り立っている現実を鑑みるとき、その相似性はある意味では正当なものといえるかもしれない。しかし、全教職員の身分・給与の完全な均一性、人智学的人間認識に基づく発達観とそれに依拠した教師による子どもへの独自な指導など、たんに「共同」という概念で同一視できない本質的な相違があることもまた明白である。

⑥ 統一学校運動

ⓐ 徹底した統一学校モデルとして

最後に、シュタイナー学校と統一学校運動との関連について検討していきたい。

シュタイナー学校の徹底した統一学校的性格は、カールゼンによって、「幼稚園から高等学校までの全教育課程の統一性」「能力、財産、地位、信条、性といった区分を廃したすべての人に開かれた教育機関[18]」と評され、またフリットナーやベーシュニット（Behschnitt, E.）によって、その学校が基礎学校（Grundschule）および上級学校を区別することなく、民衆学校（Volksschule）と高等中学校（höhere Schule）とを兼ね備えている点で、「ドイツで最初の徹底した統一学校モデル」と目されたのである[19]。しかも、シュタイナー学校に批判的な教育科学者ウルリヒからさえも、私学的な自由を背景として、「シュタイナー学校は、もっとも厳密に統一学校や自治、子どもからの教育原理といったメルクマールを実現できた[20]」と評価されるのである。

では、一八二四年から一八三二年にかけて、および一九四五年以降の二回に大きな隆盛を見せた統一学校運動において、シュタイナー学校はいかなる意義をもって位置づくのであろうか。そのことを確認するには、かのドイツ教育組合の月刊雑誌『ドイツの学校』（一九二〇）に掲載されたツォイヒ（Zeuch, W.）の「八年間の基礎学校——真の統一学校の必須条件」（"Die achtjahrige Grundschule, die unerläßliche Bedingung der wahren Einheitsschule," In: Deutschen Lehrervereins（Hrsg.）, *Die Deutsche Schule*, 24. Jahrgang. Leipzig/Berlin, 1920）という論文が有効である。この論文からは、当時、統一学校運動を推し進めていた民衆学校教員を中心とする組合員たちが、広くシュタイナーの人智学に基づく統一学校の存在を認識していたことがわかる。そこで理解される統一学校としてのシュタイナー学校は、一九〇〇年にかけておこなわれつつあった多様な中等教育諸機関相互における教養教科を中心とした統一学校や、ワイマール憲法の「すべての者に共通な基礎学校」という条項に基づき一九二〇年に出された「基礎学校および予備学校の廃止に関する法律」を受け具体化された不十分な四年制の基礎学校や、さらにその基礎学校から高等中学校に移行する際に才能のある者を選抜していく欠陥のある当時の統一学校とは、厳然と区別された。すなわち、かれらにおいて、シュタイナー学校は、そうした表面的補塡的な統一学校と区別され、人間の本性に基づく法則から形成された真の統一学校とみなされたのであった。

これらの記述から、あらゆる差別や区別を排除すること――「英才選抜・落第の廃止」「点数による評価・成績証明書の廃止」「男女共学」「学校の管理・運営の共同化・自治化」「家庭と学校の緊密な協力体制」――を教育的信条としたシュタイナー学校の運営形態は、現場の教員や教育学者たちにおいて、学校制度上の理想像とみなされたことが理解できる。しかも、シュタイナー学校のこのような徹底した取り組みを考慮するとき、その学校が、ワイマール共和国の教育政策闘争を背景として成立したカールゼンの学校や、ハンブルクの実験学校、共同体学校とは質的に異なるものであることがわかるのである。

ⓑ 背景にある独自の教員養成システムと「自由」という理念

では、シュタイナー学校は、何ゆえこのような徹底した統一学校システムを維持し得たのであろうか。

精神科学派のフリットナーは、その理由を、独自の教員養成システムの確立に見ている。かれによれば、一八二四年から一八三二年にかけてと、一九四五年以降といった統一学校運動の二回におよぶ隆盛において、とりわけシュタイナー学校が創建された一九一九年以降、改革教育運動における独自の教員養成システムが成立したとされる。なかでも、かれは、一九二〇年代においては、ペーターゼンのチュービンゲンにおける教員養成と、シュタイナー学校のそれに注目し、「こうした内的構成を基礎にもつ新しい学校スタイルによって、民衆学校と高等中学校との社会上のランク分けは廃止され、すべての社会階層をまとめえる先例となった[21]」と述べている。つまり、初等・中等教育段階を見通した一貫した教員養成とそれに連動した学校システムにおいて、はじめて徹底した統一学校が可能となる、ということが示唆されたのである。かれは、そうしたシュタイナー学校に対して、先駆的な業績をたたえ、「シュトゥットガルトにおいて、私立の民衆学校と高等教育施設を結びつけたルドルフ・シュタイナーによる人智学に基礎づけられた偉大なる学校[22]」と位置づけた。

さらに、シュタイナー学校の統一学校としての位置づけは、教育における「自由」の獲得という観点からも評価される。フリットナーは、「統一的な実験学校にとって、自由はまさに改革の興奮のなかに確固たる地位を築いた[23]」と述べ、この統一学校制度の本質に「自由」の精神を見てとる。さらに、シュテッケ（Staedke, I.）は、雑誌『ドイツの学校』のなかで、シュタイナー学校の活動がいかなる国家教授プランにも基づいておらず、国家からもシュトゥットガルト市からも財政上の援助を受けていないことをあげ、学校制度における財政上の自治を「自由」の視点から評価している[24]。加えて、一九二六年のヴュルテンベルク州の教員新聞の広告にも同様の視点から、ヴァルドルフ学校が自己運営をし、ヴァルドルフ学校組合や支援仲間によって経済的に支えられ、それによって、「国家や経済界に依存しない精神的設立の模範例となった[25]」と、この学校の自治的・精神的な「教育の自由」が強調的に記述されている。

二　精神科学的教育学の多様な射程とシュタイナー教育思想の位置づけ

1　精神科学的教育学の多様な射程

これまで見てきたように、シュタイナー教育思想の理解に際して、精神科学派のフリットナーやシャイベは改革教育としてその学校を積極的に評価している。しかし、同じ精神科学派のなかでも、ノール（Nohl, Herman）、リット（Litt, Theodor）をはじめとする他の主要メンバーはシュタイナー教育思想に対してその賛否を差し控えているのである。[26]では、一体なぜこうした評価の相違が生じるのであろうか。以下、精神科学的教育学の内実に言及することで、そうした評価の背景にある論拠に迫ってみたいと思う。

（1）改革教育に見る自己批判・自己修正から見たシュタイナー批判の視点

改革教育を理論的に支持した精神科学的教育学とシュタイナー教育思想との学的差異を見ていくためには、改革教育自身による自己批判・自己修正の過程を追う必要がある。すなわち、ミュンヘン（一九二四）、ハイデルベルグ（一九二五）、ワイマール（一九二六）の教育会議において、改革教育の非確実性が主張されたように、シュタイナーの亡くなる一九二〇年代半ばごろより、改革教育の陣営において自己批判・自己修正が開始されていったのである。この観点に立脚する場合、シュタイナー教育思想はそうした動向に対して、結果的に完全に自己を遮断し、隔離したとされる。それゆえ、シュタイナー学校は、一種の「シュタイナーの化石化」とかれらに評され、いまなお、その化石は改革教育の絶頂から無傷のまま伝えられていると酷評されるのである。[27]

こうした改革教育における自己修正においては、「子どもの主体的生活」「子どもの生活世界の尊重」「遊びの再発見」「教育的特権の廃止」「社会教育・治療教育・保護教育・国民教育の領域における先駆的業績」「民衆学校の基盤としての統一学校」といった、レールス（Röhrs, Hermann）が「改革教育の収益」と呼ぶ部分については限定的肯定的に受容され、①「芸術体験の神秘化」、②「教育学の全能要求」、③「反主知主義と非合理主義への誘惑」といった点は自己批判の過程で問題化されていったのである（Ullrich, H.）。[28]

まず、第一の「芸術体験の神秘化」の問題は、つぎの言辞に表われる。つまり、「子どもに創造的なものを見る教育理論、とりわけ芸術教育運動に対して、その立場は創造性と非創造性との間にある隔たりを見落とし、素人的創造性と真の創造性とを混同している[29]」というノールの批判、「すべての明瞭な方針やあらゆる具体的な目的は、不明瞭な気分の波間に消え失せる。その気分とは、芸術体験と呼ばれるものであったり、宗教的なインスピレーションといったものであったり、共同体との一致といったものであったり、宇宙的な感動と呼ばれるものである。まさにそれは、審美主義的な精神的享楽といった責任感のない非活動的な自己の楽しみ以上の何ものでもない[30]」といった芸術教育運動における「汎審美主義」に対するリットの警告などにである。

第二の「教育学の全能要求」の問題に関しては、「教師や指導者が、その将来を担う先達や先駆者として活動していると信じているその展望は、場合によってはまさにそう思うことによって自らの行為を実際見えなくしている[31]」というリットの言があげられよう。

さらに、「反主知主義と非合理主義への誘惑」といった第三の問題については、ノールの批判があげられる。子どもの創造的な力や生の概念を出発点とする大多数の改革教育者たちは反主知主義や非合理主義の立場に立つのであるが、そうした傾向は、かれによれば、「ペスタロッチーへの一面的な方向づけをプラトン的なものへの方向づけを加えることによって補おうとした[32]」と非難される。つまり、そのような立場は、ネオ・プラトニズム的なドグマや思想上の独断に陥る危険性があるというのである。

以上の問題化された視点ゆえに、フィッシャー（Fischer, Aloys)、リット、ノール、シュプランガー（Sprannger, Edward）といった精神科学的教育学の代表者たちは、かれらが編者となる雑誌『教育』（ワイマール共和国における教育運動の機関誌）において、一九二六年から、一九三三年に始まるヒトラー時代までの八年間に、改革教育について全体の三分の一を費やすにもかかわらず、シュタイナー教育思想を改革教育として正面からとりあげなかったのではないかと予想されるのである。

（2）シュタイナー教育思想と精神科学的教育学との理論上の親和性ならびに分岐点

さらに、ここでは精神科学的教育学としてのシュタイナー教育（思想）の位置づけを厳密に見ていくために、精神科学派内部における類似の思想との関係を考察してみたい。

前項で確認したように、精神科学的教育学をリードしたノールとリットは、改革教育学の自己反省の過程を受け、シュタイナー教育思想を議論の俎上にのせることを避けた。しかし、同じくこの派の主要メンバーであるシュプランガーとフリットナーは、シュタイナー教育（思想）に言及することになる。具体的に、かれらは、シュタイナー同様、ゲーテ的ロマン主義を支持する一方、個別には、フリットナーがシュタイナーの実践に対して大いなる賛意を示すのに対し、シュプランガーはその思想に批判的な見解を加えている。それゆえ、シュタイナー教育思想をめぐるこれら両者の見解の相違と理論上の背景を見ていくことは、精神科学派内部におけるシュタイナー教育思想理解の差異や各自の理論的なズレを確認する上で非常に有効な示唆を与えてくれるものと思われる。

では、まずフリットナーの基本的な立場を概観してみよう。フリットナーによれば、ノールは、現存する現実性のみを「教育現実」として取り扱い、自分自身をも「運動」の一つとしたと評される。一方、フリットナーは、自らを、現実の実存哲学の問題と神学的な問題に関して境界を設定せず、教育学の問題をそれらの弁証法的関係において「中間世界（Zwischenwelt）」のうちにとらえる立場であるとする。まさに、この点において、フリットナーは、ノールをはじめ、リットやシュプランガーと区別される。さらに、フリットナーは、シュタイナー同様、ゲーテ研究者としても知られ、一九三〇年代以降のかれのゲーテ研究に対して一九六三年にハンザ都市同盟からゲーテ賞が贈られている[33]。ゲーテ思想に特徴的であるのは、現実の徹底した観察を通して現象の本質を理念原型として生成のうちにとらえる認識の在り方であった（ゲーテ的認識については第四章三で詳細に見ていく）。

フリットナーが、このゲーテ的世界観をふまえ、「中間世界」において、経験世界と形而上的世界の連続的総合を構想した点は、シュタイナー教育思想との親和性を示すものといえる。

では、つぎに同じくゲーテ思想に共鳴するものの、逆に批判的な観点からシュタイナー教育思想に言及するシュプランガーのシュタイナー評を見ていくことにしよう。

シュプランガーはシュタイナーと同様、ロマン主義的な影響を多大に受け、ゲーテのメタモルフォーゼ理論を教育論に適用し、「新プラトン主義」と評される。この点からは、シュプランガーがまさにシュタイナーと同じ地平に立つかのような印象を受ける。だが、実際には、かれは自らの論文「宗教の哲学と心理学」（一九四七）において、シュタイナーの人智学を二十世紀における新ロマン主義の展開の一つと位置づけ、その立場がオカルト的な内面世界において思想を展開したことに対し、人智学思想の宗教的道徳的側面の不備を批判するのである。(34)

したがって、両者の接近したこの微妙な領域の差異は、ゲーテのメタモルフォーゼ理論に対する各理解に顕著に表われることになる。シュプランガーの場合、ゲーテのメタモルフォーゼ理論は植物と同様に人間へも適用できるものと考えられた。すなわち、かれの場合、ゲーテが植物に「原植物」を求めたのと同じように、人間に、「一般」としての「原人間」を求めようとしたのであった。一方、シュタイナーの場合はどうであろうか。シュタイナーの場合、シュプランガーと異なり、各個人の精神自体のメタモルフォーゼを問題にし、普遍的真理はあくまでも個々人の内的な思考の高まりに委ねられたのである。したがって、高次の認識を、シュプランガーが最終的に認識の問題から切り離し、「神即自然」といった宗教的な境地に見たのに対し、シュタイナーは一貫して個人の思考のうちに置き、そこに人間精神に固有とされる「自由」の本質を見たのである。別言すれば、シュプランガー的な精神科学が現代人の質の悪い宗教的道徳的な態度を危機の原因と見、心的態度の変更によって苦境を克服しようとしたのに対して、シュタイナー的な精神科学は欠陥ある認識論を危機の原因とみなし、新たに拡大された認識や、より高次の視点によって時代を超克しようとしたといえる。したがって、これらのことより、シュタイナー的な「人間精神のメタモルフォーゼ」についてはつぎのように特徴づけることができるだろう。つまり、シュタイナーにとって、日常的な経験を超えた領域に関する認識の問題は、カント的に形而上学上の実践理性の要請問題へと移行されたり、シュプランガー的に一般としての「人間」を導こうとする宗教的課題へと昇華されたりすることなく、徹頭徹尾、存在と結びつけられた「思考」、すなわち「主体変容としての知」（人が内的存在的に向上することによって認識の次元も漸次高進する）といった継続的な認識的課題として追究されていったのである[35]。

2　シュタイナー教育思想の位置づけ

以上、本章では、従来不毛な議論に終始してきたシュタイナー教育思想に対する改革教育評について、当時の多様な評価とその現実を見ていくことで改革教育理論との理論的実践的関連を解明してきた。わたしたちの考察に基づくならば、シュタイナー教育思想と改革教育との関連には二重の側面が存在することが判明した。

すなわち、第一の側面は、「ヴァルドルフ学校の自己理解とは別に、学校史的・教育史的な類型化の視点から見た場合、改革教育運動との観念的・実践的な類似は明らかである[36]」というウルリヒの言葉に集約される相同性の観点である。つまり、シュタイナー教育思想の形態的な特質に注目する場合、「社会運動と連携した文化批判」「子どもからの教育」「生の哲学」「全体観的な人間理解」「統一学校的性格」といった改革教育的諸要素と基本的な親和性を有するものといえるのである。

しかし、他面においては、たとえ時代精神の要請としてのロマン主義や生の哲学の思想傾向を根幹にもつとしても、その教育学の内実に目を向けた場合、「ヴァルドルフ学校は、究極的にはシュタイナーその人の形成物で

「ある」[37]というカールゼンの言葉に象徴されるように、厳密にはその教育思想は人智学という非常にシュタイナー的な領域に帰着するともいえるのである。

さらに、こうした二重性の実態に加えて、シュタイナー教育思想に対する定まらない教育学上の評価の背景には、改革教育に理論的基礎を提供した精神科学的教育学の学的な地平が関与していることが判明した。すなわち、近代以降、カント（Kant, Immanuel）によって厳密に学問上区分された存在と認識の問題を、ふたたび一元的上昇的に総合しようとするシュタイナー教育思想の構造に直面して、かれらは自らの学的な地平を、意識的にしろ無意識的にしろ表現してきたのである。そのことは、シュタイナー的精神科学について、フリットナー、シャイベが容認し、ノール、リットが口を閉ざし、シュプランガーが見解の相違を示すといった多様な対応として表わされることになる。とりわけ、ゲーテ的なメタモルフォーゼに依拠して、「主体変容としての知」を各個人のうちに相対的に見ていこうとするシュタイナー的な人間理解に賛意を表明しない精神科学的教育学者にとっては、シュタイナー的に拡張された認識の領域は、けっして客観性や普遍妥当性をもたらしえないものとされ、宗教的領域に属するものとみなされた。つまり、かれらの場合、シュタイナー的な領域は、実存主義がとる「相対的な妥当性」という次元や、「主観と客観の緊張関係」に基づく弁証法的な思考といった次元に取って代わられるべきものとされたのである。しかも、そうした自己限定において、かれらは自らの「精神科学」としての科学性を保ち得ると確信していたのである。[38]

以上、本章においては、シュタイナーと改革教育運動との実際的な関係を読み解いてきた。では、それらの考察を超え、シュタイナー教育思想が改革教育学として歴史的に正当であったか否かといったさらなる問いを設定することは可能であろうか。改革教育自体が歴史的に相対化され、科学的（学問的）基準そのものが多元化・拡大化されていく状況において、それはいまだ早急であり、合意を見いだすことは困難であるものと思われる。したがって、ここでは私見としての展望を示すにとどめたい。改革教育の自己修正にくみせず、「改革教育の化石」[39]と評されたシュタイナー教育思想が、現在、なにゆえに、混迷する教育の「救い主」として世界的に渇望され、急速な広がりを見せているのであろうか。しかも、自然科学が従来の経験的領域を超えた意識領域を積極的に対象化しつつある状況は、一体、何を意味しているのであろうか。わたしたちは、いま、近代科学的思考の破綻と相まって人間存在をより包括的に把握する必要に迫られている。シュタイナー教育思想は、まさにそうした新たなパラダイムの先取りとして位置づく可能性を秘めているともいえるのである（新たなパラダイムの構造と妥当性については第六章で詳述する）[40]。

小括

第二章では、教育学上の概念のうちに、シュタイナー教育（思想）とその運動を位置づけることで、懸案である理論と実践をめぐる評価の分断についての背景と問題の所在を考究した。具体的には、理論・実践上の共通点と差異が指摘される精神科学的教育学・改革教育運動とシュタイナー教育（思想）との関連を当時のドイツにおける議論のうちに整理した。

そこでの議論によれば、シュタイナー学校を、学校史・教育史的な類型化の視点から改革教育の多様性の中に位置づけるシャイベ、フリットナーらの立場、また、改革教育の自己批判・自己修正の観点から論評を回避するノール、リット、そして批判的なスタンスをとるシュプランガーといったように、シュタイナー教育をめぐる改革教育としての評価は同じ精神科学的教育学派内部においても定まっていないことが判明した。こうした状況に対して、本章では、精神科学派がメルクマールとする改革教育運動にかかわる諸概念——生の哲学・文化批判・

社会運動・青年運動・芸術教育運動・作業学校運動・田園教育舎運動・生活共同体学校・統一学校運動・子どもからの教育等――を吟味することで、その運動とシュタイナー教育との関連の内実を浮き彫りにし、シュタイナー評に表われるノールら精神科学派の実像と内部における各人の理論射程の相違を描き出すことに努めた。

この考察によれば、まず、シュタイナー教育は、多くの改革教育諸学校と同様に、生の哲学や文化批判運動を基底として、労働運動をはじめとする社会運動を経て、「生成しつつある社会の学校」を実現したとされる（Karsen, F.）。

その教育内容についても、他の改革教育運動との関連を見いだすことができる。シュタイナーの教育（芸）術は、カンディンスキーらドイツ表現派に影響を与え、教育の方法・原理に芸術を置いた点で芸術教育運動との重なりを見、一貫して職業労働の原初体験と実労を通して自己と労働の意義を追究する点で作業学校運動とも類似し、学校における生が生徒・教師・保護者の共同作業として成り立っていることは生活共同体学校との親和性を示すことになる。とりわけ、改革教育運動との内実をふまえた影響関係でいえば、「子どもから」を原理として、外部のあらゆる制約（能力・財産・地位・信条・性・成績）から自立した自治・教育組織に基づき、幼稚園から高等学校までの全教育課程を統一的に体系づけた点で、ドイツで最初の徹底した統一学校モデルと高く評価されたことは歴史的にも注目に値する（この意味でも、都会や両親から隔離し純粋培養的な教育をめざす田園教育舎運動やエリート的な青年運動とシュタイナー教育は一線を画することになる）。

つづいて、この改革教育運動における学理論的な位置づけ、とりわけ運動を支える精神科学としての妥当性について、シュタイナー教育をめぐる精神科学派の多様な評価を通して明らかにした。

改革教育を理論的に支持した精神科学的教育学派は、一九二〇年代半ばごろからその理論と活動を振り返り、改革教育への自己批判・自己修正を試みている。そこでは、レールスが「改革教育の収益」と呼ぶ「子どもの主体的生活」「子どもの生活世界の尊重」「遊びの再発見」「教育的特権の廃止」「社会教育・治療教育・保護教育・国民教育の領域における先駆的業績」「民衆学校の基盤としての統一学校」(Ullrich, H.)といった側面が容認される一方、リットやノールによって、①「芸術体験の神秘化(不明瞭な気分や宗教的なインスピレーション)」、②「教育学・教師の全能要求」、③「反主知主義と非合理主義への誘惑(生の哲学、新プラトン主義的ドグマ)」といった点が批判の対象とされた。ただし、こうした精神科学派内部の自己批判・自己修正にもかかわらず、その派の対応は一枚岩ではない。同じく精神科学を標榜するシュタイナー教育思想に対して、先の批判や現実重視の世界観を支持するノール、リットが論評を回避し、ゲーテのメタモルフォーゼ理解(原型としての原人間)と人間認識の限界設定(知と信の分離)に関する見解の相違によってシュプランガーが批判をし、経験世界と理念世界との弁証法的総合の観点からフリットナーが容認するというように、その認否をめぐる学理論的評価は各人の認識論上の理論射程に依拠することが判明した。

なかでも、同じ精神科学派に位置づきながらも、シュタイナーの教育思想と改革教育的実践を肯定的に評価するフリットナーの思想を鑑みるとき、そこにノールやシュプランガーと異なる理論地平を見いだすことができる。ノールが現存する現実性のみを「教育現実」と見、シュプランガーが現実認識と宗教的境地を分断するのに対し、フリットナーは、現実の実存哲学の問題と理想的神学的な問題とに境界を設けず、教育学的事象を両者の「中間世界」としてとらえたのであった。しかも、そうした「中間世界」にゲーテ的認識を適用し、分断された経験世界と形而上的理念世界とを弁証法的関係のうちに総合するかれの見方からは、シュタイナー思想との親和性をうかがい知ることができる。

以上の精神科学派によるシュタイナー評の内実から、改革教育としての学理論的位置づけの問題が究極的には精神科学的教育学派内部における各人の理論射程に帰着することが理解された。

第三章　シュタイナー教育思想をめぐる科学性論議

第一章で確認したように、シュタイナーの「教育術」は、今日、広く実践上の効果が支持されている。しかも、その「教育術」は、かれ自身によって、「人間認識に基礎を置く一つの術」(*Mein Lebensgang*, 1925) と呼ばれるように、独自の人智学的認識論によって基礎づけられる。しかし、同時に、シュタイナー教育思想をめぐる理論面での議論を概観するかぎり、その争点もまたこの人智学的認識論に焦点化される。それゆえ、本章では、シュタイナー教育（思想）の賛否に直結する人智学的認識論をめぐる科学性論議を整理することを通して、錯綜する理論－実践状況に、理論の側から対話に向けた一つの方向性を示唆してみたい。

一　争点としての人智学的認識論

シュタイナー教育思想をめぐる国内外の教育学上の議論を見るかぎり、現在のところ、その学理論的な位置づけは定まっているとはいえない。それらの議論の多くは、つぎにあげる教育科学者ウルリヒ（Ullrich, Heiner）

と人智学者シュナイダー（Schneider, Peter）の両見解に代表されるように、科学性をめぐる問題に帰結する。

人智学的精神科学は、現代の科学概念の見解によれば、非科学的なものと、……みなされねばならない。……しかもそれは、科学の境界を越えている。[1]（ウルリヒ）

人智学的教育学の科学的性質への問いは、今日、教育科学をさらに強調したものとして立てられる。（シュナイダー）

教育科学にとってシュタイナー教育学との真剣な学問的対決が切迫している。[2]（同上）

つまり、現状においては、科学的か否かといった二分法的な判断がシュタイナー教育思想の容認・否認に直結しているといえる。だが、そうした帰結に至る各立場の論証を見るかぎり、各論者の主張は各々の理論的立場を前提として論及されるため、シュタイナー教育思想をめぐる科学性議論は対話の契機もないまま表層的で不毛な議論に終始することとなる。

このような状況に対して、本章では、シュタイナー教育思想に対する科学上の位置づけを直接的に明示しようとするものではない。その位置づけを困難にしている科学性議論そのものを考察の対象とする。具体的には、そうした議論の根拠とされるシュタイナー的認識論を考察の軸として、錯綜する各立場の理論的次元を整理することを通して、シュタイナー教育思想解明の糸口を探るものである。

ここでは、まず、そのような論争の内実を検討するのに先立ち、シュタイナー思想における「人智学的認識論

(die anthroposophische Erkenntnis)」の位置づけを示しておこう。

人智学的認識論とは、シュタイナー独自の思想である「人智学（Anthroposophie）[3]」に基づく認識論をさす。「人智学」とは、ギリシア語の anthoropos（人間）と sophia（叡智）を組み合わせた語で、「真の人間認識へと導く学」という意味をもち、かれが「真の認識科学」と呼ぶ「精神科学（Geisteswissenschaft）」によって基礎づけられる。とりわけ、その精神科学は、第一章で見たように、教育・文化といった精神領域における当時の危機的状況を克服することに向けられていた。つまり、自然科学や政治・経済の領域が、自らの原理を唯一のものとして、教育をはじめとする人間精神の領域へとその原理を適用してきたことに対して、シュタイナーは精神的領域の独自性を証明することによって時代に警鐘を鳴らしたのである。

それゆえ、シュタイナーの教育学理論は、自然科学とは別の人智学的な人間認識に基づく独自の「精神科学」によって構築されることになる。シュタイナー自身、「将来を担う教育者こそ、人間本性の最も深い部分をとらえねばならない[4]」と語るように、そこでは従来看過されてきた「人間本性についてのより深い洞察」が人智学的認識論に基づき組み込まれ、教育学的に再構成されていくのである。しかも、シュタイナーによれば、近代以降、精神の唯物論化、功利主義化、非現実的な理想主義化の傾向が、科学的な物の見方をよりどころとする「思考衝動（Gedanken-Inpulse）」として浸透してきたという[5]。それゆえ、かれは、その思考衝動にメスを入れ、そうしたものへの依存から精神生活を解放し、精神的領域の独自性を偏見のない認識論的立場から証明することがきわめて緊急な課題と考え、根本学としての認識論の再構築を試みたのである。

以上、科学性論争の焦点となる人智学的認識論について、シュタイナー思想における位置づけと背景を示した。では、次節においては、人智学的認識論の科学性をめぐって錯綜する各理論的次元を整理することによって、科学性論議の理論上の分岐点と俯瞰的な理論の見取り図を明示したい。

二　ドイツにおける科学性論議

ドイツにおけるシュタイナー教育に関する論評を見るかぎり、実験学校や改革教育学としての若干の評価以外は、論駁や懐疑的な関心といったものが大半を占める。しかも、そのほとんどは経験的実証科学を絶対視する立場からなされたものであり、内容はシュタイナー的なキリスト教理解や宇宙論への批判（Paulsen, F. 1919）、さらには、「混ざりものの寄せ集め」（Oppolzer, S. 1959）、「世界観学校」（Prange, K. 1985; Krämer, Franz Josef 1987）、「見霊者の幻想」（Treml, A.K. 1987）、「合理化された神秘主義としての科学」（Ullrich, H. 1988）、「オカルト的－人種差別主義的世界観」（Grandt, G./Grandt, M. 1997）、「人種差別主義と歴史形而上学」「秘教的ダーウィニズム」（Martins, A. 2012）といった神秘主義的・精神主義的な世界観への懐疑として表明される。(7) かれらの多くは、シュタイナー教育思想が科学の指標に照らしてみた場合、非科学的であると断じ、その接近や受容の困難性を指摘する。したがって、シュタイナー教育思想をめぐる科学性議論の分析にあたり、シュタイナー論にもっとも対立的な関係にある教育科学（経験的実証科学を支持する教育学全般）を考察の対照軸として、その批判内容や論拠を検討していくことが有効であると思われる。

では、これらの教育科学的な立場は、シュタイナー教育思想のいかなる点に注目し、どのような観点から非科学性を指摘するのであろうか。

シュタイナー教育思想の科学性を問題視するこれらの立場の多くは、シュタイナー教育思想の中心原理、つまり、シュタイナーが「真の人間認識へと導く学」であるとする人智学的認識論に批判の目を向ける。なぜならば、かれらは、そのシュタイナーの認識論的立場が科学的な実証主義とは乖離した広義の直覚主義に位置づくと理解するからである。かれらは、シュタイナーの認識論が、絶対確実なものを導きうるとする直観的な存在認識を理論の前提としていると指摘する。かれらにとって、「知的直観（intellektuelle Anschauung）」とは、本来、わたしたちが普遍的能力として保持しえないものであり、それを通して存在認識に至りうるとする直覚主義的な認識は、非科学以外の何ものでもなかった。しかも、こうした直観的存在認識を根拠に、シュタイナーの人間観・教育観は理論づけられ、それらを基盤に実践的な方法論が導き出されていることに、かれらは疑義を呈するのである。以上のように、シュタイナー教育思想の妥当性をめぐるかれらの考察は、必然的に、シュタイナー独自の人智学的認識論の科学性問題へと直結することになる。

では、具体的に、上で見た教育科学の立場を含め、シュタイナーの人智学的認識論をめぐる議論はいかなる形で展開されていったのだろうか。ドイツにおける科学性論争を鳥瞰するならば、以下のように、「批判」・「不問」・「評価」という三つの立場に分類することができる。順次、各見解を概括してみよう。

1　批判――経験的実証科学に依拠する教育科学の立場

教育科学の立場から、シュタイナーの直覚主義に対し、近代以降の伝統的な経験的実証科学の「明証性」概念を基準として、「この立場は、いつでもどこでもすべてのものを可能ならしめるのであろうか」「すべては、記述された前提のもとに同じ認識へと至るのであろうか[8]」という疑問が提起される。この問いは、「記述され原則的には追体験されるシュタイナー学校の方法を参照すべき[9]」というシュタイナー派の教育学者シュナイダーの主張にもかかわらず、つぎの教育科学の立場からの代表的批判者ウルリヒの見解に大方帰結する。「人智学者にとって、本質と現象、概念と理念、理論‐技術‐実践、科学と哲学、神・天使と人間は最終的に同じものである。それは、極端にいえば、細かな分析を欠いた普遍と規定のない特殊との合一である。究極にはシュタイナーの教育方法についてのみ証明可能なこうした科学理論の概念に対して、各論者は袂を分かつのである」[10]。そして、最終的に、この立場によって、シュタイナーの認識論は、「ドグマ的な形而上学に基づく思弁的な演繹的推論[11]」であると結論づけられ、「非科学」の名のもとにシュタイナー教育思想の受容は拒絶されるのである。

以上の否定的観点の論拠として、ウルリヒはカントを例にとり、自らが容認する認識科学の射程をつぎのように説明する。

カントにとって、新プラトン主義がおこなう「存在論の本質言明」、つまり神の存在、魂の不滅、人間の行為の自由、そして物自体は、形而上学領域に関する許容できないア・プリオリな判断と解された。したがって、遅くともカント以降、認識論の根本問題は、わたしたちの経験に基づく客観的妥当性、とりわけ「科学的」な認識の確実さに対する諸条件や原理へと向けられる。つまり、そこでは事物の存在論的構造ではなく、経験的判断の構造が問題とされるのである。

このことをウルリヒは、「近代的な厳密な科学の可能性を理解するには、カントの場合のように存在論という尊大な名称が純粋理性の分析という控え目な名称に場所を譲らねばならない[12]」という。それゆえ、超感覚的な世界に向かう認識要求は、かれの場合、カントがいうように形而上学の問題として扱われるべきで認識科学(Erkenntniswissenschaft)の領域からは除外される。つまり、ウルリヒにおいては、人間の認識は一般的な意識の範囲内でのみ客観的な妥当性にかかわり合うことができるので、一般的な感覚を超える世界は経験の対象となりえないとされるのである。

以上の見解へ至る根拠として最終的にウルリヒが強調するのは、シュタイナーのいう理念が主観においてではなく、それ自身において基礎づけられているという点である。つまり、シュタイナーの認識論は「知的直観」という概念で覆い隠された「前提のない無条件な認識論」であるゆえ、非科学的な認識論とされたのである。

他に、ウルリヒ同様、シュナイダー（Schneider, Wolfgang）もまたカント的認識を例にあげ、シュタイナーの「秘術的認識におけるアポリア」を批判する。とりわけ、かれはヨーロッパ的精神史の伝統的な人格・良心概念に基づく人間実在の反復不可能性を主張し、シュタイナーのカルマ理念を背景とした無限・永遠・神的な人間の教育を非難することになる(13)。

2　不問――シュタイナー教育の実践を優先する立場

前項のように科学性を根拠としてシュタイナー教育思想を否定する立場に対して、リンデンベルク（Lindenberg, Christoph）やキールシュ（Kiersch, Johannes）は、むしろ人智学的認識論に「経験科学的な端緒」や「精神科学の発展」(14)という特徴を見てとる。なぜなら、そこでなされる「綿密な物の見方」や「現象についての詳細で論理的な叙述の徹底」は、経験科学的な観察方法や論理的記述と重なるものであり、認識における判断尺度は、「理解（Verstehen）」という内的な確からしさに依拠する精神科学的な認識方法と同様のものでもあると考えるからである。

加えて、かれらが、シュタイナーの認識論を「経験科学的要素」と「精神科学的要素」をあわせもつ見方であると判断するのは、その認識方法が、形態学という一つの自然観察の方法を確立したゲーテ的認識を基盤に置くからでもある。シュタイナーはゲーテ同様、形態発生や形態の変化を引き起こす現象の内的な構造を、徹底した観察に基づき総合的象徴的に解明しようとしたと、かれらは評価する。以上の観点を根拠に、とりわけキールシュは、シュタイナー教育思想の理解には、従来の精神科学と経験的実証科学とを包摂する新たな「実践科学」が想定されるべきであると主唱する。

しかし、かれらは、このような立場を表明するにもかかわらず、ハンスマン（Hansmann, Otto）が指摘するように、「プラグマティックな理由からか、論争のゆきづまったシュタイナー的な経験科学的な端緒をさしあたり回避しよう[15]」とする。つまり、かれらはこの解決の鍵を含む重要な認識論上の問題を、認識論自体の問題として徹底して究明しようとはせず、一足跳びに現実の教育方法における有効性支持へと進むのである。換言すれば、これらの立場は、教育科学が問題視する人智学的認識論の「非科学性」問題について、正面から認識論の妥当性を論証することを選ばず、シュタイナー教育の「有用性」を是非基準とし、有効な教育方法に関する適用の裏づけや、実践レベルでの効果を問う比較研究等を促進する方向で模索していくのである。

3　評価——人智学的認識論に科学性の根拠を見る立場

前二者の立場に対してシュナイダーやリッテルマイヤー（Rittelmeyer, Christian）は、「科学概念の拡張」を前提として、まさにその認識論の内実からシュタイナー教育思想の学問的妥当性を論証しようと試みている。しかも、かれらは従来の理論的基礎づけのない感情的な擁護者とは異なり、人智学的認識論の解釈に向けたいくつかの理論視点を提示している。

具体的には、シュナイダーは、人智学的認識論の理解には、認識の二重性として「所与の知覚に基づく観察」と「超感覚的な思考を通しての直観」とを厳密に区別し、とりわけ伝統的な科学においては意義を認められていない後者の知覚領域の研究可能性を認めるべきであることを示唆する[16]。かれは、シュタイナー同様、超感覚的な存在領域やそれに適用する科学的認識の固定した形式があるか否かは純粋に理論的には完全に規定されえないという見解をもつ。それにもかかわらず、かれは、この領域における現在の科学的状況をふまえた場合、シュタイナーのいう知覚領域は理論的に否定されるべきではなく、考察の対象とされねばならないと主張するのである。さらに、ウルリヒの「無前提な認識論」という批判に対して、「固有の法則そのものがどこからもたらされるのか」といった問題は認識科学であるか否かとは別の問題であるともいう。かれの場合、認識科学の基準は、批判的反省的な認識においてその認識内容に論理的な法則性や規則が見いだされるか否かにかかわるものとされた[17]。つまり、シュナイダーにとって認識科学の射程は、カント的な認識の領域に限定されるものではなく、自己と世界との内在的な法則性理解のためにはさらに通常の知覚領域を超えた現象へも拡大していくこともありうると考えられたのである。

また、リッテルマイヤーは、シュタイナーの認識方法をガリレイのそれを例にあげ、新たな認識に達するための発見的方法（Heuristik）とみなし、その正当性をゲーテの形態学や、現象学の視点から説明しようとした[18]。

これらシュナイダーとリッテルマイヤーの立場に特徴的であるのは、経験的実証科学の側がシュタイナー教育思想拒否の理論的根拠とするその人智学的認識論自体に、かれらとは別の「科学的」枠組みにおいて妥当性を見いだそうとした点にあるといえる。

しかし、シュタイナーの「直観的な判断」は法則性において本質的なものでいかなる基礎づけも要しないものである、とするシュナイダーの見解に対しては、第一の立場である経験的実証科学の側から、そうした「直観的な判断」は、直観に基づいた概念や理念をどこから選びとるのか、あるいは、そのような判断に支えられたシュタイナーの認識論は完全にグノーシス的・新プラトン主義的形而上学を故郷としている、という疑問や批判が出され、その妥当性を認識論の構造理解から論証するに至っていない。加えて、第二の立場で検討した「経験科学的要素」と「精神科学的要素」を包摂するとかれらが語る「拡張された科学」という見方自体、認識論的にいかなる射程と妥当性を提供しうるのか、そのパラダイムの全貌は不明瞭なものといわざるをえない。その結果、シュタイナー的認識論に科学性の根拠を見るこれらの立場と第一の教育科学の立場との理論上の分岐点は依然として見いだすことはできない。

三　論争の成果と人智学的認識論の構造解明に向けた視点

一、二では、シュタイナー教育思想をめぐる科学性論議を、とりわけ、問題とされる人智学的認識論に焦点を当て考察してきた。それによれば、これらの議論はおよそつぎの三つに大別される。

一、自然科学や伝統的な認識科学の科学性基準によって、シュタイナー教育思想の非科学性を主張する立場［教育科学の主張］

二、経験科学的な端緒や精神科学の発展をシュタイナー教育思想のうちに見るものの、実践の有効性支持に移行する立場［プラグマティズム的な主張］

三、所与の知覚に基づく観察と超感覚的な思考を通しての直観という認識の二重性を区別した上で、カント的認識科学の射程を超えた後者の研究可能性を支持する立場［科学概念拡張の主張］

以上のシュタイナー教育思想に関する科学性論議は、シュタイナー派が外部との交流（マックス・プランク研究所によるシュタイナー学校とギムナジウム学校とのアビトゥア試験結果の比較や、教育科学者との研究交流など）を積極的に展開しはじめた一九八〇年代以降、学術雑誌等で顕著に取り扱われるようになる。では、これらの論争を通して、何が明らかになったのであろうか。

『論争におけるヴァルドルフ教育――教育科学による批判の分析（*Waldorfpädagogik in der Diskussion. Eine Analyse erziehungswissenschaftlicher Kritik*）』（一九九〇）を編纂したラバグリィ（Ravagli, Lorenzo）は、シュ

タイナー教育思想をめぐる論争を総括してつぎのように述べている。「各立場が現象を知るための方法論を固定してしまわず、方法論的多元主義を容認した上で、従来の経験的実証科学と精神科学との境界を見通した新たな理論地平を検討する必要がある[19]」、と。

『ヴァルドルフ教育の賛否――ルドルフ・シュタイナー教育学と論争におけるアカデミックな教育学（*Pro und Contra Waldorfpädagogik: Akademische Pädagogik in der Auseinandersetzung mit der Rudolf Stierner Pädagogik*）』（一九八七）の編者であるハンスマンもまた、従来の固定した科学基準を超え、現象の有機的連関や生成発展をその一回性や選択性においても研究するという方法論的枠組みが要請されるだろう、と同様の指摘をしている[20]。

わが国においても、長尾十三二が、「ペスタロッチとシュタイナー」『人智学研究』（第三号、二〇〇六年）において、「かれ（シュタイナー：筆者註）の人智学の立場は、最新の経験科学による人間把握の成果をも内包しうる精神科学として構想されており、その教育に関する着想には、人類のこれまでの教育的英知が、見事に生かされている[21]」と語り、新たな精神科学の可能性をその思想に追究すべきと示唆している。また、二〇〇六年の教育思想史学会コロキュウムならびに翌年の成果論文「シュタイナー教育思想の現代的意義」（西平直・今井重孝・矢野智司・衛藤吉則著、教育思想史学会編『近代教育フォーラム』一六号、二〇〇七年）もまた、シュタイナー教育思想を多元的に読み解く最新の試みといえる[22]。

したがって、以上の提言と方向性をふまえ、未解決なシュタイナー的人智学的認識論の領域について、今後も問いを開き生産的な議論をしていこうとするならば、「科学概念の拡張」「精神科学の発展」といった文脈をも含めた方法論的多元論において、多様なアプローチを許容することが前提となるように思われる[23]。しかも、その一つひとつの試みが一方的な主張に終始しないためには、それがいかなる方法論に立ち、理論の妥当性をどのように示し得るのかをわたしたちがアクセス可能な「共通言語」のもとに語る必要があるだろう。

具体的には、本研究のアプローチは、人智学的認識論をめぐって対立する論点に焦点を当て、それを伝統的な哲学論議の俎上に載せ吟味することで、独自な認識論の構造とその妥当性を明らかにすることをめざすものである。先の議論から焦点化された論点とは、以下のものである。

シュナイダーが認識の二重性として指摘した「所与の知覚に基づく観察」と「超感覚的な思考を通しての直観」は、シュタイナーの認識論体系においていかに整合性をもって語られるのか。また、ゲーテ的認識と人智学的認識の関係が指摘されるが、理論上、それらはどのような関係にあるのか。さらに、シュナイダーが支持し、教育科学に立つウルリヒが批判の論拠とする「無前提な認識論」の構造は、シュタイナー的認識論や一般の哲学議論においてどのような位置づけと意味を有しうるのか。加えて、ウルリヒ等がシュタイナー的人智学の非科学性を語るときに評する「新プラトン主義的」という漠たる形容は何を意味するのか。そして、かれのいう「科学」でもってシュタイナー的な精神科学を裁断することはどのような意味をもつことになるのか。さらには、認識論の議論でとりあげられる「知的直観（Intellektuelle Anschauung）」「自我（Ich）」「意識（Bewusstsein）」「思考（Denken）」「理性（Vernunft）」「経験（Erfahrung）」「観察（Beobachtung）」「物自体（Ding an sich）」「自由（Freiheit）」「道徳・人倫（Sittlichkeit）」といった諸概念は、シュタイナーや他の哲学的立場において、それぞれいかなる意味でもって語られるのか。

以上の論点や問いに対して検討を加え回答することが、人智学的認識論の解明、ひいてはシュタイナー教育思想をめぐる対話のためには必須となるものと思われる。

以下の章では、シュタイナーが関心を抱いた諸哲学に注目し、かれによる理論的克服のプロセスをたどることで、純粋哲学概念でもって構成された人智学的認識論の全体的な見取り図を描いてみたいと思う。そのためには、シュタイナーが神秘主義的な用語を用いず、伝統的な哲学概念（初期にはゲーテの概念を含む）でもって、哲学や認識論の考察を進めた前期著作を考察の対象とすることが有効であるように思われる。なぜなら、シュタイナーが初期哲学著作において一貫して追究したのは、まさに、〝Wissenschaft（科学・学問）〟の在り方そのものであったからである。これらの著作分析を通してはじめて、シュタイナーの人智学的認識論を一般的な哲学議論のなかに位置づけ直すことが可能となるものと考える。

小括

シュタイナーの教育理論と実践は、かれ自身、自らの「教育術」を「人間認識に基礎を置く一つの術」と呼ぶように、独自の人智学的認識論によって基礎づけられる。しかし、先の教育学の議論を含め、シュタイナー教育思想の認否をめぐる多様な議論を概観するかぎり、その論争点もまた、この中心原理である精神科学としての人智学的認識論の妥当性問題に向けられる。本章での考察をふまえ、シュタイナー教育思想の根幹に据えられる人智学的認識論をめぐる科学性論議をとりあげ、その全体的な見取り図と論点を整理することを通して、対話の糸口を提示してみたい。

そこでの議論を整理すると、大きくは、①経験的実証科学に依拠する教育科学の立場からの批判、②問題とされる認識論への回答を回避し実践の有効性を問うプラグマティックな立場、③人智学的認識論に科学性の根拠を見る立場、とに分類できる。それら三つの立場の論点を略述すれば以下のようになる。

第一の教育科学の立場からの代表的な批判者ウルリヒ（Ullrich, H.）によれば、シュタイナーによる超感覚的世界に向かう認識要求は、カント以降の認識科学に従うならば形而上学上の問題として認識射程の外に置かれるべきであると批判される。しかも、そうした認識上の存在論的言明は、主観においてではなくそれ自身において基礎づけられており、知的直観という概念で覆い隠された新プラトン主義的な前提のない無条件な認識論であるゆえ、非科学的な認識論であると結論づけられることになる。第二のプラグマティックな立場に立つリンデンベルクやキールシュ（Kiersch, Johannes）は、人智学的認識論がもつ、現象についての厳密な観察態度や徹底した論理的構造を評価し、そこに経験科学や精神科学の発展形態を見、従来の精神科学と経験的実証科学とを包摂する実践科学の視点からの理論解明を期待する。しかし、この立場は、最終的には論争の行き詰まった認識論的議論を回避し、プラグマティックな観点に基づき現実の教育実践における有効性に論点を移すことになる。第三の、人智学的認識論に科学性を見る立場を表明するシュナイダーやリッテルマイヤーは、科学概念の拡張を前提として、人智学的認識論の内実からシュタイナー教育思想の学問的妥当性を論証しようとする。この立場は、ウルリヒによる「無前提な認識論」というシュタイナー批判に対して、認識がどのようにもたらされるのかは認識論の本質ではなく、認識科学の基準は、その批判的反省的な取り組みと認識内容の論理性にのみ置かれるべきである、と論駁する。しかし、この立場もまた、問題とされる無前提な認識論の具体的な理論構造やシュタイナー的直観形式の妥当性を認識論の構造理解から論証するに至っていない。

以上のように、シュタイナー教育思想（とりわけその基盤となる人智学的認識論）をめぐる主張は、各理論上の分岐を見極めることなく自己の立場を前提として繰り広げられ、いまだ有効な対話の契機やパラダイムを見いだし得ていない。こうした事態に対して、今後、シュタイナー教育思想を理解するためには、現象を知るための方法論を固定せず、方法論的多元主義を容認した上で、従来の経験的実証科学と精神科学との境界を見通した新たな理論地平が求められる（Ravagli, L.）。その上で、従来の固定した科学基準を超え、現象の有機的連関や生成発展をその一回性や選択性において研究する学問的枠組みが必要となる（Hansmann, O.）ものと考えられる。

この期待される科学論的枠組みについては、第四章と第五章の哲学的考察を経て、具体的なパラダイムとしてその今日的意義を含めて第六章で語られる。

第四章　認識論的取り組みとその原点

以下、第四章ならびに第五章では、人智学的認識論の形成過程（認識論的取り組みの原点と伝統的な哲学との格闘の経緯）の分析を通して、シュタイナー教育思想の基盤に置かれる独自な認識論の構造を「哲学」上の共通言語を用いて解明していきたい。その際、すでに明らかにされた以下の三つの観点に配慮して考察を進めることになる。まず、第一章で浮き彫りにされたシュタイナー教育の特徴である、①可視の事物と不可視な本質との総合、②総合の鍵としての主体変容論、③意志と表象の総合、④自己意識を軸とする総合、⑤精神と自由の獲得に向けた具体的普遍の構図、という各視点、つぎに、第二章において教育学上の位置づけに際して認否の論拠とされたシュタイナー的な認識射程、そして最後に、第三章で明らかにされた、教育思想の根幹に置かれる人智学的認識論の科学性をめぐる論点、つまり「所与の知覚に基づく観察」と「超感覚的な思考を通しての直観」との整合性、新プラトン主義的な無前提な認識論の構造、知的直観・自我・意識・思考・理性・経験・物自体・自由・道徳等の諸概念の関連と意味を考慮しつつ、理論の構造を吟味する予定である。

具体的には、この第四章では、シュタイナーによる人智学的認識論の形成について、まず、かれの哲学著作の位置づけを確認した上で、かれの取り組みの原点であるカント的認識論とゲーテ的認識論の研究についての内実を描出していきたい。

一　シュタイナーの哲学著作

認識論・哲学という共通言語を意識する場合、シュタイナーが生涯にわたって残した膨大な数の著作群において、純粋哲学の概念、とりわけ認識論をめぐる哲学上の議論をふまえて著わされた書物はある程度特定できる。それは主として、この書物以降、神秘主義的な用語表現が顕著となる『ひとはいかにして高次の世界を認識するのか（*Wie erlangt man Erkenntnisse der höheren Welten?*）』（一九〇四）より前の著作となる。本節では、その前期著作についての内容分析に先立ち、シュタイナーによる認識論的・哲学的な学問衝動の起源を、かれの生涯のうちに確認しておこう。

シュタイナーにおける認識論の関心は、第一章で確認したように、直接的には当時趨勢を占めつつあった自然科学や唯物論に特有な可視的事実を偏重する物の見方に対する疑念に端を発するものであるが、根源的には自らの体験に起因する可視の事物と不可視な本質との総合という認識衝動に根ざしたものであった[1]。

自伝によれば、シュタイナーがそうした関心に基づき、はじめて哲学著作に向かったのは、ウィーン＝ノイシュタット（Wiener-Neustadt）にある実科学校（Realschule）に通う高校生のときであったとされる。かれは、当時、書店に並べられていたカントの『純粋理性批判（*Kritik der reinen Vernunft*）』（一七八一）に惹かれ、購入後、その重要な部分を二十回以上も読み返したという。近代認識論の創始者と称されるカントの哲学のうちにかれが追究したのは、人間の理性が事物の本質解明に向けた現実的な洞察において何を成し遂げうるのか、という問題であった[2]。しかし、最終的に、可視的事物と不可視な本質との総合をめざす認識論を構想するシュタイナーにとって、不可視な本質を認識の問題から排除しようとするカント哲学は、自らの理論モデルとはなりえなかったばかりでなく、唯物論同様、乗り越えられるべき物の見方と考えられるに至った。

問題解決の糸口は、ウィーン工業高等専門学校に進学後、カント以降のドイツ観念論哲学のうちに求められる一方、シュタイナーによって「尊敬する教師[3]」と呼ばれるシュレーア教授との出会いによって、ゲーテ的認識論のうちに模索されていくことになる。こののち、シュタイナーは、ゲーテ研究者としての才能を開花させ、その成果は、かれが二十一歳のとき、当時、キュルシュナーによって進められていたドイツ国民文学叢書の一つである、ゲーテの『自然科学論集（*Naturwissenschaftliche Schriften*）』（Einleiungen zu Goethes Naturwissenschaftlichen Schriften. In: unter der Leitung von Kürschner, J.: Deutschen Nationalliteratur. 1883–1897）への序文、ならびに、その四年後の一八八六年に処女作『ゲーテ的世界観の認識論要綱（*Grundlinien einer Erkenntnistheorie der Goetheschen Weltanschauung*）』（一八八六）として結実し、ゲーテ研究者として高い評価を得ることになる。

そうしたゲーテ研究につづき純粋哲学的なアプローチとしてはじめて示されたのが『真理と科学（*Wahrheit und Wissenschaft*）』（一八九二）である。この著作は、かれが一八九一年（三十歳のとき）に、ロストック大学哲学部に提出した博士論文をベースに加筆・修正したものである（当時の原題は、『認識論の根本問題――主にフィヒテの知識学を顧慮して（*Die Grundfrage der Erkenntnistheorie mit besonderer Rücksicht auf Fichtes Wissenschaftslehre*）』であり、元来は、フィヒテの知識学が考察の軸に据えられていたことがわかる）。シュタイナーは、この『真理と科学』において、ゲーテ的世界観に依拠することなく、純粋な哲学概念のもとに自らの思想体系を基礎づけ得たと書き記している[4]。加えて、「前書き」部分には、「尊敬の念を込めてエドワルト・フォン・ハルトマン博士に捧げる」と書かれてあることから、当時、ショーペンハウアー（Schopenhauer, Arthur）の意志の哲学を発展させたハルトマン（Karl Robert Eduard von Hartmann）とその哲学が意識されていることも理解される。また、副題に付された“*Vorspiel einer Philosophie der Freiheit*”という表記から、二年後に出版が予定されていた哲学上の主著『自由の哲学（*Die Philosophie der Freiheit*）』（一八九四）への序章という本書の位置づけが判明する。『自由の哲学』以降の著作は、これまでの認識論の成果を論拠に、大きくは、個別の思想家研究、神秘主義的世界観、教育、芸術、福祉、社会制度改革、哲学史、医療、農業など実践を含む多方面にわたる学問体系の見直しを提起していくことになる。(5)

したがって、シュタイナー教育思想の読み解きの鍵となる人智学的認識論の構造を理解するには、諸実践が開花する以前の、一八八六年の『ゲーテ的世界観の認識論要綱』から一八九二年の『真理と科学』を経て、一八九四年の『自由の哲学』までの前期著作が重要な位置を占めるものと考えてよいだろう。しかも、かれ自身、後期の神秘主義的著作『神智学』（「第三版まえがき」一九一〇年）において、本書の内容を「別の道（ein adnerer Weg）」を通って求めるならば、前期の認識論著作『自由の哲学』のうちに見いだすことができると記し、『神智学』と『自由の哲学』とは異なる仕方で同一の目標をめざしたものと位置づけている。(6) さらに、『教育の基礎としての普遍人間学』（一九一九）においても、自らの著作『真理と科学』『自由の哲学』が論じた領域に踏みとどまるならば、人間の心性の観察を通して一つの洞察、つまり、抽象概念に陥ることのない現実の変容を前提とする確実な地盤に達することになると、前期著作の学的意義が語られるのである。(7)

以下、本書では、上述した前期認識論著作を中心に、シュタイナーがいかに独自の人智学的認識論を構築していったのかについて述べていきたい。具体的には、そうした作業を通して、第一章で確認したシュタイナー教育理論に特有な要素が、哲学的な格闘の末に、人智学的認識論のうちに理論づけられていく軌跡を明らかにできるものと思われる。

二　可視の事物と不可視な本質との総合
――認識論探究の原点としてのカント哲学とその克服――

1　前提となる「わたしの表象」

シュタイナーは、カント同様、学問の妥当性を議論するのに先立ち、その学問が拠って立つ認識の構造そのものをまず問わなければならないと考え、認識論の研究に向かった。なぜなら、認識論は、知識の対象・起源・射程・方法・構造・妥当性を理論的に基礎づけ、それを土台に諸学を方向づける根本学だからである。そこでは、「実在に知がかかわることは可能か」、「知の起源が何に由来するのか」、あるいは実在領域について「判断すべきでない、あるいはできない」と考えるのか、また判断可能とすればそれを「どのような方法でどの程度知ることができるのか」、さらにそこで得られた「知の内容はいかなる構造と妥当性を示しうるのか」、さらには、わたしたちには判断できないとするならば、「どこまでがわたしたちの認識範囲なのか」、といった根源的な問いが追究される。では、カントとシュタイナーはこれらの問いにいかなる回答を示すことになるのであろうか。

先に述べたように、認識について、可視の事物と不可視な本質を一元的に追究するシュタイナーの立場は、カントを現代的認識論の「創設者」[8]と敬意をもって認めるものの、結果的にはその二元論の克服をめざすことになる。本項ではまず、シュタイナーによるカント理解を検討するに先立ち、シュタイナーが問題視する、カント的認識論の二前提について確認しておきたい。

シュタイナーによれば、カントの認識論は、「知覚された世界はわたしの表象である」[9]（傍点筆者）と「わたした

カント（Immanuel Kant: 1724-1804）肖像と『純粋理性批判』の初版本（広島大学文学研究科西洋哲学研究室所蔵）

ちの知識は自らの表象を超えたいかなるものをも対象としていない[10]」という二つの命題を前提としている、とされる。つまり、その認識論においては、「わたしの表象（meine Vorstellung）」こそが各自が直接経験し、体験する唯一のものであり、哲学することのはじめに表象を超えるあらゆる知識は疑いうるものと規定されるという。

この「わたしの表象」の成立について、カントは、認識というものは、わたしたちが何らかの表象をもつことでただちに有効に成立するわけではなく、それが成り立つためには、わたしたちに現われる多様な表象を貫く「自己の同一性」が前提になくてはならないと考えた。そして、それを根底で支えるものを、超越論的統覚（die transzendentale Apperzeption）と呼んだ。そこにおいてはじめて、「わたしは考える（Ich denke）」という自己意識に根ざした、「わたしにとっての表象」が知覚内容としてはじめて意味をもつようになる、と解されたのである[11]。このことは翻せば、かれが、けっして表象内容以外にどんな独立した存在もありえないと考えていたのではなく、知識の成立には自己意識を介する必要があると認識していたことが理解される。しかも、この「わたしにとっての表象」という概念には、自らの意識に現われる表象の変化についてなら認識できても、この変化を引き起こす事物の本質・原因や超越論的統覚としての自己意識自体については認識できない、という意味が含まれている。つまり、「見る目」

は「見えない本質」をとらえたり、「自ら」を見たりすることはできない、という立場がとられるのである。

以上の理念を背景として、カントは、超越論的統覚を前提とした主観的な知覚内容である「わたしにとっての表象」こそが知識に至る唯一の認識対象であると考えた。そして、シュタイナーによれば、カントは、以上の表象理念に基づき、知覚と概念という認識過程の二大要因を、①客観そのもの（das Objekt an sich）と、②主観が客観から取り出す知覚内容（die Wahrnehmung）と、③主観（das Subjekt）と、④知覚内容を客観そのものに関係づける概念（der Begriff）、の四つに区分した、とされる。これがシュタイナーの見るカント的認識論の前提構造である。

2　認識判断とその射程

ここでは、カントによる認識論的二元論の根拠とされる、認識上の判断形式と射程について、『純粋理性批判（*Kritik der reinen Vernunft*）』（一七八一）から概説しておこう。
カントは、表象を通した認識の判断パターンを、「分析的判断（analytische Urteile）」と「総合的判断（synthetische Urteile）」とに区別する。[12]
「分析的判断」とは、事象を解説する命題（主語Aと述語Bに注目）において、主語の概念のうちに述語の概念がすでに（隠れて）含まれている場合に成立する理論理性の判断をさす（「物体はすべて広がりをもつ」など）。したがって、この場合、述語部分は主語の概念に付け加える何ものももちあわせていないため、命題の理解と判断に際し、主語概念を分析し、説明をつくすことが課題となる。そのため、この判断は、「説明的判断（Erläuterungsurteil）」ともいわれる。ここでは、述語は主語の属性となっており、両者には「同一性の原理」が支配する。それゆえ、判断は自己の経験に依存する必要はなく、「ア・プリオリ（a priori）」なものとみなされる。

一方、「総合的判断」は、主語Aと述語Bが結びついてはいるが、述語Bがまったく主語Aの概念の外にあるような命題において成り立つ理論理性の判断をいう（「物体はすべて重さをもつ」など矛盾律だけでは真偽を直ちに確定できない命題）。つまり、その命題において、述語は主語の概念分析からは導かれない内容を含み、そこには主語Aを超えた拡張的判断（Erweiterungsurteil）が必要となる。つまり、主語と述語の関係は、直観の総合的結合であるところの「経験」によって補完・解明されていく。そこでは、所与の感覚材料は、感性的直観の純粋形式によって、経験の体系へと築き上げられる。そうした認識作用が、「ア・ポステリオリ（a posteriori）な総合的判断」といわれるものである。

このように、カントは、まず、命題の述語概念に対して、主語概念が自明な「経験に依存しない（ア・プリオリな）分析的判断」や主語概念が不明で「経験に依存する（ア・ポステリオリな）総合的判断」を規定したが、さらに、それらとは別に、述語概念に対して主語概念が不明な（主語概念を超えて述語概念がある）命題において、「経験を超えた総合的な判断」が成り立つケースを見いだそうとしている。つまり、経験という便宜をまったくもたないにもかかわらず、経験が与えうる以上の必然性を拡張的に付与する判断、すなわち、それによってわたしたちの認識がかぎりなく形而上学的な領域に接近していくと考えられる「ア・プリオリな総合的判断」を考えたのである（命題「生起するものはすべてその原因をもつ」など）。しかも、そうした認識判断は、経験によって立証も反証もされないが、「必然性（Notwendigkeit）」や「厳格な普遍性（strenge Allgemeinheit）」に支えられているので、わたしたちの理論理性がなしうる認識の範囲・限界と目された[13]。その方法論は、分析による説明と記述を要求する演繹法でも、究極的には総合的な直観に依存する経験的な帰納法とも異なる、経験を超えた総合的な直観の方法、つまり、超越論的方法（transzendentale Methode）に依拠することになる。したがって、カントの場合、経験を超えた理論理性の可能性は、この「ア・プリオリな総合的判断」のもとに成立する認識のうちにあると理論づけられた。そして、このような認識に含まれるものとして、数学や純粋自然科学が想定されたのである（命題「直線は二点間で最短である」「物体界のあらゆる変化において物質の量は不変である」など）。

しかし、カントのそうした認識分析の結果によれば、わたしたちの知力がおよぶ範囲はそこまでであり、事象の背後にある事物の本質とのかかわりは形而上学的な課題（実践理性の要請の問題）とされ、わたしたちの経験や認識の領域から分断されることになる。つまり、時間と空間といった感性形式に則り、主観的な表象がかかわる可視的な物理・経験領域や数学的な抽象・論理領域こそが唯一の認識対象であり、それを超え出るような認識欲求は「理性の冒険（das Abenteuer der Vernunft）」とされたのである。しかも、現象界の背後にあるとする物自体については、それがたとえ実体であるとしても経験できないとする不可知論の立場をとる一方、かれは、合理論的な理念をも受け入れ、普遍的真理を求める理性の無限的実践の先にこそ人間の不可視な本質が見いだされるとし、この課題は認識科学とは別の形而上学において追究されるべきと考えたのである。

以上のカント的認識論に基づき、近代以降、価値中立的に知覚内容の厳密な記述に徹する「説明の学」や、経験的な実証主義、さらには自然科学の方法論が新たに権威づけられ、事実領域に限定された形で確固たる地位を築いていくことになる。

3　シュタイナーに見るカント的認識論の問題性

若きシュタイナーは、認識に際して、物が一方向的に心を規定するとする唯物論的な認識の見方に疑義を呈し、人間の観念や理性（体系的な思考能力）の作用を重視し、認識の射程をぎりぎりまで追究するカントの哲学に共感を示した。しかし、可視の事物と不可視な本質の架橋をめざすシュタイナーにとって、カントの理論は、最終的には超えていく必要があるものとして、以下のように位置づけられた。

すなわち、シュタイナーは、カントの認識論を、「素朴実在論（naiver Realismus）」とみなし、その立場が、物自体という架空の理論を作り上げ、現実的な洞察によって理念世界の本質を開示することを断念している、と批判する。「素朴」とは、当時の哲学論議では、物の見方における「反省と批判の欠如（Fehlen der Reflexion und Kritik）」を意味する。[14] シュタイナーの文脈では、カントの認識論はつぎの点において、現実的な洞察としての反省理論となりえていないとされる。

つまり、それは、①自己意識を根拠とする主観的な知覚内容が客観的な実在性を言語化した概念へと無批判に素朴に結びつけられていく点や、②自らの意識に働きかける根源的作用や事物の本質をわたしたちの認識によって見いだしえないとする点においてである。これらがシュタイナーの批判する「素朴さ」の内容となる。シュタイナーは、こうしたカント的見方に対して、わたしたちの認識を、感覚知覚レベルに加え存在知の次元を含めた連続的な垂直軸的変容構造においてとらえるべき、と考えるのであった。では、シュタイナーが考える重層的で連続的な構造をもつ認識論とは、カント的認識といかなる相違を示すのだろうか。

以下、具体的に、カント的認識論が自らの理論の前提に置く「経験」と「経験を超えたもの」との区分、ならびにカントがとる実在領域（普遍）と主観意識の領域（特殊）の分断に焦点を当て、それに関するシュタイナーの理解と克服の視点を述べていこう。

（1）「経験」と「経験を超えたもの」の区別

先に確認したが、シュタイナーによれば、カント的認識論の根本的な問題性は、「総合的判断がいかにア・プリオリに可能であるか」という問いを、自らの認識論的考察のはじめに措定したことにある、とされる。[15] 加えて、カントがそうした問題設定を認識の前提に据えるのは、「わたしたちが総合的判断の正当性をア・プリオリなものとして証明することができる場合にだけ絶対的に確実な知識を獲得しうる」、という思いこみがあるからだという。

実際、カントの『純粋理性批判』のタイトルに示された「純粋」（理性が対象をまったくア・プリオリに規定するような部分[16]）という概念からもわかるように、「純粋理性」をめぐる考察において、かれははじめから経験を超えた理性の働きこそが人間認識の可能性を提示しうると考えていた。そこでは、推論（reasoning）における体験知やその根源的な純粋経験は考察の対象外となる。

では、カントが創造的で確実な知識に至る認識の仕方を「ア・プリオリ」であり「総合的」であるとする根拠は一体何であろうか。それは、究極には、かれが理解する形而上学の概念に起因している、とシュタイナーは見ている。

シュタイナーによれば、カントは、自らの掲げた「ア・プリオリな総合的判断の可能性問題」を解決することが、形而上学の存亡や完全な形での生き残りにつながると理解していた、とされる[17]。カントは、「形而上学」について原義に基づき、つぎのように規定している。「形而上学」とは、「物質的（physisch）」ではない、「物質を超えた（metaphisisch）」学問である、と。それゆえ、形而上学における認識の起源からいえば、そうした根源的な認識は、経験的ではありえず、経験の彼方になければならないと考えるのである。そして、カントは、『純粋理性批判』においてつぎのように結論づけることになる。

> 形而上学のうちに、……ア・プリオリな総合的認識（*synthetische Erkenntnisse*）が含まれていなければならない。

また、形而上学にとって、わたしたちが事物についてア・プリオリに構成するところの概念を単に分解し、それによって分析的に説明することはまったく重要でない。その旨とするところは、まさにわたしたちが自らの認識をア・プリオリに拡張しようとするところにある。そのためにわたしたちは、与えられた概念を越えて、その概念に含まれていなかった何かあるものを別に付け加えるような原理を用いなければならない。そして、わたしたちは、ア・プリオリな総合的判断によってこの概念をはるかに超出することになるので、経験そのものはもはやわたしたちに追随できないのである[18]。

つまり、ここから、カントは、真の形而上学的な諸命題が、つねにア・プリオリな判断であり経験的でないとし、経験から推し量られない必然性こそがより高次の実在の認識的性質である、と考えていることが理解される。以上の理解を背景として、カントは、絶対的で確実な知識の体系が、分析的判断や経験と分断された「ア・プリオリな総合的判断」によって確立される、という見方を認識論の検討に先立ち設定することになる。カントによるこうした認識論上の前提に対し、シュタイナーは、以下の疑義と批判を呈する。

「分析命題」（隠れた仕方で主語に含まれる何かを表現する述語）と、「総合命題」（主語の外にまったき姿で存在するがそれが主語概念へと通じうるという述語）の内実から、「経験」概念を基準とする「先験的（ア・プリオリ）」と「経験的（ア・ポステリオリ）」といった認識上の区別を厳密に導くことができうるのか。また、別様の表現を借りれば、理論理性の形式をとり、創造的な真の知識（最初の概念に含まれていない新たに創出された知）を導きうるとされる経験から独立した（ア・プリオリな）総合的な判断などというものは成り立ちうるのか、と。

シュタイナーにとって、認識と経験との関係を考える際、連続する経験の質的変容において、「経験に由来しない認識」という一般的な線引きは不可能かつ無意味なものと考えられた（たとえそれが抽象的な操作概念であるとしても）。これがシュタイナーのとる根本的な認識上のスタンスであり、カント批判の基点となる。この点をふまえて、両理論の関係性と妥当性を検討してみよう。

たしかに、カントがおこなったように、一般に知覚可能な認識を経験領域に関連づけ、それを超える認識や働きを、神的な知的直観や主体から分離した叡智界の作用と見ることも、理論の便宜上、あるいは形而上学が元来含みもつ概念に照合すれば成り立つようにも思える。しかも、カントのいう実践理性のように、わたしたちの普通の感覚知覚や利己的・世俗的な感情を超えて、内奥でささやくように響く道徳的な声を「要請」として感じとることも、それを体験的に見いだすことも、わたしたちは否定することはできない。自己尺度の否定・更新をぎりぎりまで徹底させるとき、リアリティの内実が心に立ち現われるという体験は十分語られうるし、それが象徴表現を介して伝達されてきた事実をもわたしたちはいたるところで確認することが可能である。

実際、シュタイナー自身も、そうした次元について「超越的（transzendent）」という表現を使用し、意志の次元では、欲望（Begierde）という利己的な意志衝動が内奥からくる「もっとよりよくできたはずだ[19]」というかすかな響きをともなった希望（Wunsh）を経て、肉体から自由な意志である決意（Entschluß）へと変容する、と語る。さらに、シュタイナーの場合、利己的・受動的・自然的な感情は反省的・能動的・理性的な感情へ、そして抽象的に実在と分断された知（思考）は具体的実践的な行為知へとそれぞれ高まっていく、と理解される。

したがって、経験を通常の感覚の次元とするならば、シュタイナーとカントは同様に高次の認識が成り立つには、ある意味、それを超える必要があると考えていることになる。しかし、厳密には、シュタイナーは、「感覚（経験）」と「超感覚（超経験）」の区別について非連続な分断としてとらえておらず、思考・感情・意志は、それらの質的変容を通して、通常の感覚的次元から高次の認識に至る連続した図式において把握されることになる。そうした非連続の連続ともいえる実在論的主体変容の構図において両区分は、一つの実有の位相として示されるにすぎないのである。

しかも、シュタイナーが、カント的な認識・存在の二元論で問題視しているのは、経験の一般性を指標とした「経験（感覚）」と「超経験（感覚）」といった落差の実態ではなく、認識の前提に打ち立てる固定した経験概念のことなのである。シュタイナーは、認識論の構築にあたり、そのはじめにいかなる前提も置いてはならない、と強く主張する。一般的な経験と超経験との落差の類的実態から、認識の限界を設定することは、認識論の根底を不確かなものにすると考えるからである。

さらにシュタイナーは、認識に際して固定した前提を置くカント的立場に対して、この立場は経験の変容に加え、物の見方自体が変化するということを視野に入れなくてはならない、と批判する。また、諸学を導く認識論の前提に固定した見方があることは、もし、それが発見的出来事によって変化した場合、その類的で一面的な有効性に比して、より大きな弊害をもたらす可能性を含んでいるとも警告している（この認識の出発点について後の4で詳細に解説）。

シュタイナーは、当時におけるそうした物の見方の変化の事例として、「発生反復説（biogenetisches Grundgesetz：魚類→両生類→ほ乳類というように、個体発生は系統発生を繰り返すとする学説）」や、「エネルギー保存の法則」をあげ、前者の発見によって有機体の痕跡器官の意味（松果体説など）が、また後者の発見によって物理学における既存の問題設定が変更を強いられてきたことを指摘する。[20] 既存の真理とされた見方が崩れ、大きなパラダイムシフトが起これば、わたしたちの意識や科学の射程それに実証の基準さえも同様に変更を余儀なくされる。それゆえ、シュタイナーは、根本学としての認識論を考える際、いっさいの前提や目的論的な問題設定を排除すべきであるというのである。かれの場合、認識のはじめにおいて前提はつねに開かれ、「経験や認識は変容する」という生成・変容の運動軸がその理論に採用される。ここにおいて、真理とは、現時点での明証性基準や一般的経験に制約されるものではなく、主観的な確からしさも含めた蓋然性において、方法論的多元主義のもとに追究することが容認される。別言するならば、認識において「経験」とは、「一般」のもとに還元される性質のものではなく、あくまでも、窓口としての個人や対象に適合する方法論に依拠するものと考えられたのである。

したがって、カントの場合のように、認識論研究のはじめに、「いかなる絶対的で有効な認識も経験に由来するものではない」という前提を置いたり、思考と経験を分離し、「経験に絶対的な真理を獲得する能力がない」と規定したりすることは、シュタイナーにとって容認できないことであった[21]。そして、カントの、物自体という概念や、実践理性による形而上学的な要請、それに経験に依拠しないア・プリオリな認識という見方は、そうした理念認識と経験の分断が引き起こした産物であるとみなされたのである。シュタイナーにとって理念認識と経験はつねに即なる関係とされ、認識においてはそうした理念の浸透した「思考体験」の内容こそが問われなければならないと考えられた。これについては後の4で検討を加えたい。

（2） 特殊－普遍関係

シュタイナーが、認識論の構築に際し、「経験の質的変容」と「理論の可変的・流動的性質」を理由に、いかなる前提も置くべきでないとしたことを（1）で確認した。この（2）では、そうした見方の背景にあるシュタイナーの認識論的枠組みを明らかにすることで、カント的認識論との相違を示してみたい。

近代思想の多くが、カント同様、実在的領域（普遍）と主観意識の領域（特殊）を、認識主観の制約性ゆえに分断するなか、シュタイナーは、それらの統一を理論的に構造化しようとした。かれは、両領域をつぎのイメージでもって語っている。

自己認識から世界認識が生まれる。……わたしたちの有限な個体は、精神的に大宇宙の連関のなかに組み込まれている。わたしたちの個体を超え、個体を部分として含む全体を包括するものが、わたしたちのなかに生きているからである。[22]

わたしは個体、限定された自我である。また、あるときは、わたしは普遍的な宇宙的な自我である。[23]

では、このように主客について、ミクロコスモスとマクロコスモスとの対応を構想するシュタイナーの認識論は、具体的には、いかなる「特殊‐普遍」図式を描くのだろうか。

まず、シュタイナー論の検討に先立ち、特殊‐普遍問題をめぐってなされた中世の普遍論争の論点を確認しておこう。

普遍と個物との関係理解について、「普遍論争」で問題とされたのは、①「普遍は個物の先に（universalia ante rem）」、②「普遍は個物の中に」（universalia in re）、③「普遍は個物の後に」（universalia post rem）のうち、どのスタンスが妥当かということであった。シュタイナーが支持するパラダイムは、結論からいえば、これらのうち、第一の「普遍は個物の先に」を顧慮した第二の「普遍は個物の中に」の立場であることが理解される。

それは、普遍がたんなる名称にすぎず、わたしたちの認識において抽象の産物として記述されうるだけとする第三の見方と異なり、普遍が時間的位階的に根源的なものと見るプラトン（Plato）的立場をある意味容認する一方で、現実の事物のうちに客観的な法則性や本質が理念的原型として観取しうるとするアリストテレス（Aristotle）的な物の見方を基本とする立場といえる（カントの場合、認識論的には物自体に対して不可知論の立場をとるが、物自体が感覚を触発するという点で第一の実在論に位置づけられる)。シュタイナーは、自らが描く「普遍と特殊の即応関係」について、認識論の観点からアリストテレスに着目してつぎのように述べている。

アリストテレスにおいては、世界観への思考の浸透はすでに完結しており、……思考は、自らを源泉として世界の本質と諸事象を理解するための正当な全財産を相続している。……アリストテレスは諸存在のなかに沈潜しようとする。そして、魂がこうして沈潜していくなかで見いだすものは、かれにとっては諸々の事物の本質そのものなのである。……アリストテレスにとっては、イデアは諸事物と諸事象の中に存することになる。[24]

つまり、ここでは、プラトン的なイデア(完全な原初存在 Urwesen)はエイドスとして個物に内在し、その個物が変容しつつリアリティを体現する程度に応じて具体的普遍が実現されていくものと考えられた。しかも、そうした個物的リアリティとしてのエイドスは、均質的な時間・空間を超え、不断の生成(stetes Werden)の瞬間として、発展の瞬間として、イデアに呼応していくことになる。[25] 加えて、このようなプロセスは、倫理学的には、超越的規範が道徳的個人の意志に採用され、客観化されていくことを意味した。

したがって、普遍の内在と超越を想定するこのパラダイムは、普遍をたんなる超越と見る素朴な有神論的立場でも、普遍を全内在と見る汎神論的立場でもなく、「内在に即してその超越を見る立場」ということができる。換言するならば、この見方は、個物と分離された超越的普遍を前提とするのでも、個物のなかに普遍がそっくりそのまま分有された静止状態や、普遍と個物とのたんなる相互関係の事実を語るのでもない。この理論においては、個物に内蔵された（あるいはいまだ不明の状態で顕現していない）普遍が主体の自己運動によって「明」なるものへと展開する、という動的なパラダイムとして主客の呼応が構想されている。そして、その普遍が個物において実になる程度に応じて、個物（特殊）はますます本来の意味でその特殊性を全うするものと考えられたのである。

では、こうした関係論をふまえた場合、「普遍‐個物」の各領域を人間認識の限界ゆえに分断するカントの学的立場は、シュタイナーによっていかに評されることになるのだろうか。

カントは「合理性」の根拠を認識論的に追究した。つまり、合理性を自明とする神の側からではなく、人間認識の問題として理論的な「必然性」と「厳格な普遍性」のもとに体系づけようとした。そして、そうした理論理性の最高位に置かれたのが、感性的直観の純粋形式のもと超越論的方法によって成立する数学や自然科学であった[26]。

シュタイナーは、このような高次の理性的推論が、均質な時間・空間（ニュートン力学）や「経験を超えたもの」を前提として設定されていることに疑義を呈する。シュタイナーはカント同様、拡張的な総合的判断を認識の重要な働きとみなすが、高次の認識（数学や純粋自然科学）があらゆる経験から独立して獲得されねばならないとするカント的認識前提には反意を示す。かれは、認識論を創築する際、わたしたちが、経験とは別の仕方によって判断に到達しうるのか、あるいは経験によってのみ判断に至りうるのかということは、まったくいかなる事前の取り決めもないものとみなさなければならない、という。しかも、かれによれば、実際、偏見なく熟考するとき、そうした独立は、はじめから不可能であり、わたしたちの知識の対象が何であろうと、それは、まぎれもなく、直接的で個人的な体験（Erlebnis）としていったんわたしたちに迫ってくる、と明言されるのである[27]。

さらに、シュタイナーは、カント的認識論に権威づけられた自然科学の方法論を採用する現代の多くの諸科学が、「客観的普遍的な真理が自然の個物の中にあるとする合理主義（普遍論争の②の立場）を採用しながら、認識に際して知覚内容の記述にとどまろうとしている（③の立場）」と指摘する。こうした②の立場から③の立場へ移行する自然科学的認識のありようは、「生き生きとした表象の麻痺化（die Herblämung）」をもたらし、そのような思考はたんに「限界体験（Grenzerlebnis）」を示すのみで、対象である自然から活力を奪い、何かをもたらすいかなる力も生みださない、と批判される。[28]

また、シュタイナーは、生きた価値領域から、一般として切りとられた認識が学問の真の特性だとすれば、事物の諸連関を求める学問研究にそもそも何の意味があるのかと、そのような知の在り方自体に根本的な疑問を投げかける。つまり、かれにとって「認識」は、人間の内的な自我衝動と分かちがたい有機的・全体的な総合を求める営為と解され、その活動はどこまでも自己意識と連動する経験の広がりの内に位置づけられるのである。この見方においては、感覚材料がわたしたちの前にあるだけでは認識は成立せず、そこから得られる感覚内容が、わたしの意識（生の衝動）を通して「一度わたしの前に歩み寄る」ことによって、認識は始まると考えられた。そこでは、知識の対象いかんにかかわらず、直接的で個人的な体験としてわたしたちに迫ってくることが認識の契機と理解される。そうした契機を経て、認識は、主体の認識体験の拡張にともない、感覚知覚的認識から精神的認識へと一元的に質的変化をともない連続性をもって高進していくものと理解された。[29] このような認識を通して、人間は、世界過程（Weltlauf）に対して、自らの生と無関係な現象としてそれを抽象的な概念に鋳直すような「意味のない傍観者」[30]ではなく、むしろ、「世界過程に能動的にかかわる共同の創造者」[31]となりうると考えられたのである。

加えて、シュタイナーによれば、そのような生の衝動から発した認識は、たんなる知の領域を超え、自己の内奥から発する「よりよく生きる」という道徳意識（善意志）[32]と結びついてはじめて真理や自由に近づきうると考えられた。すなわち、シュタイナーにとって道徳的な理念は、ある意味、受動的な立ち現われとしての性質をもつとしても、カントのいう、経験と分断された要請とはみなされず、それは、あくまでわたしたち自身の内的な意識や精神の変容にともない得られる「自由の産物（Erzeugnis）」[33]として位置づけられたのである。さらに、このシュタイナーによる認識論的一元論の図式では、現象面におけるさまざまな矛盾や抵抗の事実（悪や欲望やそれらに起因する他者との軋轢など）は理論の分離をうながす要因とされず、事態の克服や止揚への契機と解された。しかも、そうした不完全な感情や意志をともなう主体による克服の運動軸に「自由」の問題が据えられたのである。

以上が、「特殊‐普遍関係」から見えてくるシュタイナーによる人智学的認識論とカント的認識論との相違である。次項では、こうした認識枠組みに基づきシュタイナーが構想するカント的認識論に対する克服の視点について言及してみたい。

4　カント的認識論克服の視点

（1）　認識の出発点

シュタイナーは、根本学としての認識論を根源から問い直し構造化するには、まず何よりも認識の始まりを見極めることが重要であると考えた。そのことを、シュタイナーは、ハルトマン（Eduard von Hartmann）の言を借り、「哲学する人間が哲学的な反省（die philosophischen Reflexion）を始めるときに前提とする意識内容とはいかなるものか」[34]という問いに回答を示す必要があると述べている。

シュタイナーによれば、認識の出発点は、まったく色づけされていない、純粋経験のみが含みもつ「直接に与えられた世界像（das unmittelbar gegebene Weltbild）」[35]とみなされる。そこには、まだ、主観と客観や客体相互の意味連関や規定性を見いだすことはできない。現実とも仮象とも、偶然とも必然とも、あるいは物質とも精神とも、物自体ともたんなる表象とも判断すべきでない初発点が認識の始まりとして、問いを開いたままただ置かれている。これまで蓄積されてきた知識や一般的な常識は、認識の開始に先立つ根拠とはみなされない。感覚的制約からもたらされる錯誤もまた感覚的事実として像を構成する。それは感覚を通してそう見えているという事実を物語るだけであり、けっして真偽を問う誤謬（Irrtum）とは結びつかない。さしあたり、ここでは、認識に注意を向け、意識とわたしの表象との関係性だけが示されることになる。この没価値的な関係性の提示こそが、形式的ではあるが認識の最初の成果として映し出されるという。

　以上の見解から、シュタイナーが、認識前提の否定や認識始点の無規定性を指摘し、認識のはじめにあたり「問いは開かれた状態にするべき」と考えていることが再確認できる。[36] では、なぜシュタイナーは認識に際して、固定した前提を置くことを徹底して否定するのだろうか。

　それは、シュタイナーが、人間の認識能力は進歩しうるが、つねに発展のプロセスにあり、「完全に発達した思考力（vollentwicklte Intelligenz）」[37]を想定することはできないと理解していたからであった。わたしたちの蓄積してきた経験や常識にも誤りはあるし、逆に、幻想や異常と考えられてきたもののなかに真理を見いだす可能性もあるからである。それゆえ、認識の初発において、思考は何か特徴づけられた世界像のようなものを事前に立てるべきでないとされる。「思考」は、認識が立ち現われる境界へとわたしたちの観察の目を導くことが最初の主たる働きとされる。

　その認識が立ち現われる場所について、シュタイナーはこう語っている。「あらゆる与えられたもの」のうち、「感覚的な所与となりうるもの」と、「最奥の本質に従う非 - 所与（das seiner innersten Natur nach Nicht-Gegebene）に通じ理解をもたらしうるもの」とがそこにおいて分かれていく、[38]と。

認識のプロセスをたどるとき、「世界自体の内実が自己の認識活動へと入り込む場所」が所与の領域に見いだせるものと考えていることがわかる。そして、この場所を通じて、わたしたちは世界内容の公準（Postulat）を認識できるという。すなわち、与えられたもののうちに、ゆらがない本質をもつ特定の地点に共振することで公準が開示されうると考えているのである。しかも、シュタイナーによれば、こうした営みは、「感覚的性質（die Sinnesqualitäten）」に基づく「推論のようなもの（etwas Schlußfolgerungen）」ではなく、思考を介した内的な確からしさに満たされたものであると説明される[39]。

では、そうしたゆらがない本質へと向かう認識、つまり、直接に与えられた世界像という初発の意識が、いわゆる「存在の認識（Erkenntnis des Seins）」へと至る道筋はいかに解説されうるのだろうか。さらに、問いを改めるならば、わたしたちは、そうした没価値的で直接的な所与としての世界像を、知覚、概念、存在、仮象、原因、結果などに位置づけたり、「わたし」と「わたしでないもの」とに区別したりできるのは何ゆえであろうか。シュタイナー自身の言葉を借用するならば、認識主体が客体へ飛び移る「踏み切り板（Sprungbrett）[40]」はどこにあるのだろうか。それについて、シュタイナーはつぎのように説明している。

事実を記述し（beschreiben）説明することから、理解し（begreifen）自ら概念を創出することに至りうるのは、形式的に「与えられたもの」のうちに、認識の始点となる何らかの力が働くからである[41]、と。しかし、シュタイナーは、所与の世界像を受動的に見るだけでは、認識主体から客体への渡しの契機は生じえないし、そうした力は見いだせないという。わたしたちが世界像の未知な部分を創造的に生み出すことができるのは、「わたしたちがそれらを体験しようと望むとき（wenn wir sie erleben wollen）[42]」である、とされる。つまり、認識衝動（意志）が自らのうちに働き始めることによって、創造的な客観領域へ踏み入るプロセスが開始されるのである。そして、この認識衝動としての意識の変容の先に、事実記述とは別の、創造的な認識（思考）形式である「知的観照（直観）（die intellektuelle Anschauung）」、さらには「直観（直覚）（Intuition）」が働き始めるという。(43)「踏み台」とは、まさに思考の高次の形式であるこの「知的観照（直観）」ならびに「直観（直覚）」をさすのである。

一方、カントは、思考が対象にのみ関連づけられており、それ自身に究極的な存在認識の働きを見ることはなかった。それゆえ、カント以降、認識科学を主張する立場は、思考に本質理解の能力を見ることはなく、人間の能力としての「知的観照（直観）」も否定され、そうした能力は神の所有するものと解された。

だが、シュタイナーにとって、自己の創造的な認識衝動に発する思考体験は、人間の認識行為の本質とされ、それを通じて感覚的な制約が克服され、わたしたちは存在認識へと向かうことができるものと考えられた。そして、そのような感覚から独立した高次の思考作用（＝知的直観）こそが、所与（Sense-data としての事実）と非所与（内観的理解）の内に完全に純粋な概念的実体の立ち現われを促し、公準としての理念を描きうるものとされた。(44)

では、ひきつづき次の（2）では、「所与」と「所与を超え出たもの」が思考作用によっていかに理念を生み出していくのかについて見ていくことにしよう。

（2）「所与」と「所与を超え出たもの」をつなぐ「思考」

ここまで見てきたように、シュタイナーは、所与の世界像のうちに、感覚的な事実の記述領域にとどまる「所与」と、認識衝動を起点とする知的直観によって創造的な理念（概念）を生み出す理解領域としての「所与を超え出たもの」とが内的に区別可能とした。そして、かれによれば、こうした知識の形成をめぐる認識の分断は、さらなる過程を経て再統一されていくという。

そうした分断をふたたび高い段階で再構成する働きを担うものこそが、シュタイナーのいう「所与世界を超えた思考（das Denken über die gegebene Welt）」となる。つまり、感覚の制約を超えた「思考に浸された世界観察（die denkende Weltbetrachtung）」において、知識の二つの部分（「所与」と「所与を超え出たもの」）が結びつけられるというのである[45]。

また、シュタイナーは、「わたしたちが認識する」といえるためには、窓口としてわたしたち個々人の能力を介して、かつ、現実の所与についての認識行為を通して、世界内容を創造的に産出する場合でなくてはならないと語る。なぜなら、①所与のうちにあらかじめ刷り込まれた世界内容を元に分析・解読する仕方、②現実の所与とは別にわたしたち自身の側から完全なる世界内容を生み出しうると考える立場、さらには、③真実在が外からの啓示や要請としてしかわたしたちに与えられないとする物の見方においては、認識は抽象的で偏ったものにとどまり、現実的で普遍的な力をもちえないと考えられたからである。シュタイナーにおける認識論は、わたしたち自身を窓口とし、自己の認識レベルの変容の程度に応じて客観世界が開示されるという具体的普遍の構造をもつ。「現実の所与」と「所与を超え出たもの」を主体的な「思考」において統合する作用こそが、その意義にかなう、現実的で創造的な認識作用と理解されたのである。では、具体的に、かれのいう「思考」はいかなる作用を有するものとして語られるのだろうか。

シュタイナーによれば、「思考」は世界像の内容を整理し知識を伝える作用であるとされる[46]。論理学が、ゆらがない思考形式の記述であり証明された学問であるとすれば、思考は、そうした論理的な確実さに導く作用を本質としているという。それゆえ、思考自体は証明の対象とはならないとされる（なぜならば証明はすでに思考を前提としているからという）。具体的には、「思考」は、混沌とした所与の世界像のうちに観念的に確実な個々の部分を見いだし、それらの関係性をつかみとり、体系づけていくものとされる。つまり、流れて移り変わりうるものではなく、ゆらがない何かを、あらゆる角度から導き出すことに努めるのである。この営みにおいては、あらかじめ思考と所与の統合した世界内容があるのではなく、所与の世界像は、思考によって創造的にもたらされた間接的な所与存在を通してはじめて現実的なものとして形成されるのである。このような思考を介した間接的現実性の内実を理解するためには、シュタイナーのいう「思考の総合的作用」と、カントの「統覚の総合的統一(synthetische Einheit der Apperzeption)」との関係をここで比較・検討しておく必要があるだろう。

シュタイナーは、「統覚の総合的統一」をア・プリオリな客観法則と直結するカント的な見方(数学や純粋自然科学の例)に対して、明確に自らの立場と一線を画す。シュタイナーにとって「思考」は、超越論的でも絶対的でもなく、現実の内省行為における新たな角度からの洞察や思考そのものの純化によって感覚的な制約を漸次克服するものとして構想され、その高進の程度に応じて「合法則性の形相(die Form der Gesetzmäßigkeit)」が思考の内に立ち現われるものとされた。すなわち、かれのいう「思考」は、固定した普遍を前提とせず、つねに不完全な感覚存在の主体的・創造的変容のもとで考えられるのである。こうした不完全と変容を旨とする「思考内容の一元論」の特徴についてシュタイナーはこう説明している。

> 一元論は、人間が素朴実在的に制約されるという事実を無視しない。一元論は、人間を人生のどの瞬間にも存在全体を開示できるような完結した所産とみなさない。……一元論は、人間の中に発展する存在を認める。[47]

この記述から、シュタイナーの認識論は、固定した普遍を前提とせず、思考を軸に、つねに不完全な感覚存在の創造的な変容の可能性を追究しつづける理論ということができる。ここにおいては、認識に際する感覚的経験と理念認識としての思考体験は、科学-形而上学といった学問的分化を意味せず、精神の発達という系(=知のヒエラルキー)の連続性のもとでの意識レベルの拡大に位置づけられ、両者の相違は同一系における位相の問題とされるのである。そして、以上の構造を支持するゆえ、シュタイナーは、カントの理論理性におけるア・プリオリな総合的判断に対して、それは認識（Erkenntnisse）というよりも要請であると評し、数学や自然科学は経験的認識の枠内で論じられるべきと説くのであった(48)。

以上、本節では、シュタイナーによるカント的認識論へのスタンスを人智学的認識論の構造特徴をふまえ考察してきた。それによれば、シュタイナーの人智学的認識論は、「前提のない開かれた認識論」として成立し、内在に即してその超越を見る立場ということができる。具体的には、この立場では、特殊（個）に内蔵された（あるいはいまだ「不明」の状態で顕現していない）普遍を、自我の認識衝動を初発とする思考作用を通した主体の自己運動によって「明」なるものへと展開する、という動的なパラダイムとして主客の呼応が構想されていた。しかも、そこで展開される所与と思考の総合の営みは現実的な歩みとされ、それゆえ、自己自身の特性は失われることはなく、変容のレベルに応じて自らの内にリアリティを体現していくものとされた。すなわち、このパラダイムでは、特殊（個）の内に普遍が実になる程度に応じてその特殊（個）はますます本来の意味でその特殊性を全うするものと考えられたのである。よって、シュタイナーの認識論が採用する「特殊‐普遍」関係は、特殊（個）を窓口とした主体変容（生成 Werden）の先に現実的で具体的な普遍の実現をめざす立場といえる。

シュタイナーは十五歳の実業中等学校のとき、カントの『純粋理性批判』に出会い、それ以来、哲学的な思索の道を歩み始める。ただ、本節で確認したように、カント的認識論についての考察の先に、自らが抱く、可視の事物と不可視な本質の総合を保証する理論を見いだすことはできなかった。その総合の糸口は、ウィーン工業高等専門学校時代におけるゲーテ的認識論との出会いを待たなければならなかった。

三　総合の鍵としての「主体変容（メタモルフォーゼ）論」

――ゲーテ的自然認識の受容と克服――

1　ゲーテの自然科学的認識

第一章で確認したように、シュタイナーは、ウィーン工業高等専門学校でのシュレーア教授によるゲーテ論を契機として、ゲーテ思想のうちに感覚世界と精神世界とを総合する鍵を見いだすに至る[49]。シュタイナーによれば、自らの認識論の構築に際してとりわけ重要であったのは、ゲーテの自然観察の方法と態度であったとされる。以下、その概要をシュタイナーの言に沿って述べてみたい。

シュタイナーは、このゲーテの自然認識について、「外的に秩序づけられた精神の贈り物（Gabe）や、瞬間的な予期しない突然のインスピラツィオンによってではなく、厳密で体系的な作業による首尾一貫した努力[50]」を前提としていると語る。しかも、そのゲーテ的認識は、理念世界と経験世界との二元論を前提としたカント的な認識の二元論とは根本的に原理を異にするものであるという。このゲーテ的認識にとって特徴的であるのは、認識の源泉を一つに見ることであり、それをシュタイナーは「理念世界の浸透した経験世界」と称した。ここにおいて、可視の事物と不可視な本質は、経験の深みといった次元において自然な形で一元的に克服されていくものと考えられた。

ゲーテ（Johann Wolfgang von Goethe: 1749-1832）

さらに、そうした世界認識の在り方は、ゲーテの「原植物

（Die Urpflanze）」の発見について見ることができるという。つまり、対象をあるがままにとらえ、主観的な感情を排除し、対象の本質に徹底して没入する経験的観察方法に基づき、多様で変化・生成する植物をその「生成」において観察した結果、ゲーテはすべての植物のうちに生きている共通の理念である「原型（Urtyps）」を導き出すことができたとされる。こうした原型としての原植物の見方について、ゲーテの友人であるシラー（Schiller, Johann Christoph Friedrich von）は、批判的に「それは経験ではない。理念ではないか」とゲーテに問うている。が、ゲーテはそのような指摘に困惑しつつも、「わたしは知らず知らずのうちに理念をもっていて、しかもそれを肉眼でも見ているのだ」と答えている。[51]

この回答の真意は、シュタイナーによれば、ゲーテにとっては感覚世界が肉眼の前にあるのと同様に、精神的な経験において理念が「精神的な眼（geistige Auge）」の前に現われていたので経験と理念という区別は不可能であったことを意味すると解された。すなわち、ゲーテは、理念を、事物のなかに直接現存するものであり、しかも事物に働きかけつつ創造するものであると内的に感じていたとされる。実際、そうしたマクロコスモスとミクロコスモスの対応に基づく「特殊即普遍」の物の見方は、『自然科学論叢（*Naturwissenschaftliche Schriften*）』（一八八二）における、「すべての人間は自然の中におり、自然はすべての人間の中にいる」[52]というゲーテ自身の言葉からも見てとることができる。したがって、両者のこれらの記述に基づくならば、当時の哲学に支配的であった、「経験的なものは、個別的であり普遍的でない」というテーゼに対して、ゲーテとシュタイナーは一貫して個的な経験のうちに普遍を見ていこうとしたということができる。

以上のゲーテ理解をふまえて、シュタイナーは、このゲーテ的認識方法や世界観をとることによって、事物を要素化する従来の自然科学の方法とは別の、生き生きと働きかけつつ、全体から部分へと向かう自然研究の別の道が開けるものと、その理論に期待を寄せることになる。

2　ゲーテ的認識を超えて

ここでは、シュタイナーとゲーテの認識論の相違について、シュタイナーの視点から述べてみたい。シュタイナーの初期著作に基づけば、かれが、理念と現実の総合の鍵を、「思考」の一元的な作用のうちに見いだしていることが理解される。つまり、外的な知覚世界と内的な理念世界といった両者を内省的にとりあげる「思考」こそが現実を把握するととらえたのである。[53]しかも、それは、外的な知覚世界と表層的で抽象的な概念にのみ依拠する今日的な認識形式へのアンチテーゼとして提示されたものであった。というのは、そうした表層的な認識においては、一面的な現実しかとらえられないとかれが考えていたからである。

シュタイナーのいう「思考」は、主観的でも客観的でもなく、現実の両側面を包括する原理として機能し、あくまでも現実的な経験の延長上に体験（経験の深み）として位置づけられる。それは、前節で述べたゲーテ的な認識と同様、認識の源泉を一つと見る立場であり、外的な知覚世界と内的な理念世界を「思考」によって総合しようとする見方ということができる。

しかし、シュタイナーはゲーテ同様、こうした「理念世界の浸透した経験」を容認する一方で、自らの認識論とゲーテ論との相違についても明言している。すなわち、「経験の高みにまで至って、後ろをふりかえれば経験を各段階で見渡すことができ、前方にある理論の王国に入ってはいかないにしてもそれを垣間見ることのできる地点で満足する」[54]というゲーテ自身の言葉を援用し、ゲーテの世界観がある決まった限界までしかいかないことをシュタイナーは批判するのである。さらに、かれによれば、このゲーテ的認識は、「わたしにとって中間的であり、そこには初めと終わりが欠けていた。初めというのは、根本原理の叙述であり、それによってわたしたちの世界観の根底が与えられるものである。終わりというのは、この観察方法がわたしたちの世界観と人生観に与える結論を叙述することである[55]」と語られるように、それは補完されるべき見方と考えられた。加えて、ゲーテが自らの認識的態度を、「汝自らを認識せよという言葉は昔からいつもわたしには疑わしく思われた。それは、到達できない要求によって人間を混乱させ、外界に対する活動を内的な誤った瞑想的なものに誘惑しようとする。……人間が自らを知るのは、人間が世界を知るかぎりにおいてである[56]」と限定することに対して、シュタイナーは、人間は自分自身を知るかぎりにおいて世界を知るという立場をゲーテが徹底できなかったところにかれの認識的立場の欠陥と限界があるとも指摘する。

そして、シュタイナーによれば、このようにゲーテ的認識が理念を前提としつつも、ある決まった限界までしか見通すことができなかったのは、「かれの思考が観照であり、観照がかれの思考であったため思考そのものを思考の対象にするに至らなかった[57]」点にある、と判断された。

以上の意味から考えるならば、シュタイナーのいう思考体験は、外的世界観察に限定されたゲーテ的な対象意識と、その対象意識への気づきであるメタ意識とを総合する内観意識として想定されていることがわかる（ただし、シュタイナーによればゲーテもまた自身の自覚とは別に両意識を用いているとされる[58]）。そうした内観的な思考体験において、感覚的次元においては見いだしえなかった領域が明らかになると考えられた。しかも、そこにおいては、さらなるメタ－メタ意識や高次の内観意識が構想されており、その深まりに応じて、外的な観察に基づく似像としての不完全な知覚像が完全なる精神的知覚世界の思考原像と結びつけられていくとされるのである。

さらに、シュタイナーによれば、そのような現実的な経験の延長上に措定される「思考」に根ざした自らの認識論的立場は、事象の根拠に人間が到達することのできないものを据え、その真理は信じる以外にないとする啓示のドグマでもないし、世界との有機的関係を見いだそうとする人間の生きた自然の衝動を無視し、一般としての経験に基づきたんなる事実の記述に終始する自然科学に見る経験のドグマでもないとされる[59]。

では、自らを「思考」において知ることによって世界内容は開示されるというシュタイナーの主張は、かれの人智学的認識論において具体的にいかに構造化され、正当なものとして根拠づけられるのであろうか。次の**3**では、そのことについてゲーテ的認識論との対比でもって語ってみたい。

3　ゲーテ的認識論に照らした人智学的認識論の構造

（1）人智学的認識論の射程

ゲーテ的認識をふまえてシュタイナーにおける認識射程を考える場合、シュタイナーが示す認識対象とその方法論に関する区分を明示する必要がある。それは、具体的には、以下の無機的自然・有機的自然・人間精神に対する特有の認識形式として表明される。

まず、無機的自然に関しては、その現象が自然法則に基づいて特定の仕方でしか生じえないため、「証明的反省的判断力（beweisende reflektierende Urteilskraft）」に基づき、その「根源現象（Urphänomen）」を見いだすことが可能であるという。そこでの方法は、感覚に依拠した観察を通して、その経験的事実の相互連関が主観的な偏見を排除した思考によってはかられ、根源現象としての自然法則の発見がめざされるのである。

つぎに、有機的自然に対しては、感覚による外的な観察に比して、「観照的判断力（anschauende Urteilskraft）」という内的な直観（Intuition）が比重を増し、ゲーテの場合のように、この種の認識では多種多様な生のメタモルフォーゼ（変態）のうちに「原型」が追究される。つまり、有機的自然に関しては、無機的自然のように単線的な原因‐結果といった因果図式によっては語ることができず、思考しつつ観照し（denkend anschauen）、観照しつつ思考する（anschauend denken）なかで、その複雑な有機的連関のうちに直観的総合的に紡がれる象徴形式としての「原型」が見いだされねばならないとされるのである。シュタイナーが認識論的考察に際して最初に取り組んだカントは、人間が認識可能なのは普遍概念（一般）と個物（特殊）が分離されている場合だけであり、有機体は個物の中に合目的性をもつゆえ存在論的には証明できず、その本質言明は実践的な課題であるとしたのに対して、シュタイナーはゲーテ同様、明確にその立場と異なるスタンスをとる。シュタイナーとゲーテは、メタモルフォーゼの生成的発展と「原型」のうちに有機体の特殊と普遍の生き生きとした図式を見たのである。こうした有機科学の認識の在り方が、シュタイナーによれば、自然科学の最高の形式であり、それがゲーテ的認識であるとされる。

しかし、ゲーテの場合、有機体としての動植物はメタモルフォーゼの視点のもと認識の対象となりえたが、独自の存在である人間自身に対してはその理論を展開することができなかった。それは、シュタイナーによれば、ゲーテ自身の内奥に向けた自覚的な認識体験とその構造化の不備に由来するものと理解された。シュタイナーは、ゲーテが踏み込むことのできなかった人間の「思考」のうちにこそ「最高のメタモルフォーゼ」があると考えたのであった。この人間精神に向けられた学問こそが、シュタイナーのいう「精神科学（Geisteswissenschaft）」なのである。ここでは、無機的自然や人間以外の有機的自然が到達することのできない個的行為と普遍的法則の一致が、個体内部において意識的に達成可能とされる。

ただし、ここで議論をより厳密にする上で、シュタイナーと同時代を生き、メタモルフォーゼ理論を人間へと適用したシュプランガーとの相違を再度確認しておこう（第二章二）。シュプランガーの場合、ゲーテが植物に「原植物」を求めたように、人間に「一般」としての「原人間」を求めた。それに対し、シュタイナーは人間精神自体のメタモルフォーゼを問題にし、普遍的真理はあくまでも各個人の内的な思考の高まりに委ねられると考えたのである。それゆえ、高次の認識を、シュプランガーが最終的に「神即自然」といった宗教的な境地に見るのに対し、シュタイナーは現実の個人の思考活動のうちに見いだし、そうした営みに人間精神に固有とされる「自由」の本質を見たのである。[60] よって、シュタイナー的な「人間のメタモルフォーゼ」についてつぎのように特徴づけることができよう。つまり、シュタイナーにとって、日常的な経験を超えた領域に関する認識の問題は、カント的に形而上学上の実践理性の要請問題へと移行されたり、シュプランガー的に一般としての「人間」を導こうとする宗教的課題へと昇華されたりすることなく、徹頭徹尾、「思考」における認識の問題とされる。すなわち、シュタイナーの考える人間精神のメタモルフォーゼにおいては、「原型」などの一般化された理念ではなく、内観に基づき個別の精神的存在を通して現われる具体的理念こそが究極的なものとなるのである。

(2) 認識主観

問題の克服では、シュタイナーのいう「思考」の客観性は、認識主観の欺瞞性を超えていかに保証されうるのであろうか。

「思考」の客観性は、かれによれば、こうした知覚内容の主観的な制約の観点からいったん離れて、自分以外の事物ではなく、まさに自分自身を対象として見ることによって理解されるという。つまり、ゲーテが対象とすることがなかった、あの自らの「思考」を対象として見る作業のことである。この、思考を自分自身の思考活動に向けるという営みは、思考が自らを対象化するということを指し、それは別言すれば、思考が自らのうちに主観的な性質と客観的な性質とを同時に包摂することを意味する。それゆえ、シュタイナーのいう「思考」はつぎのような意味において二重性をもって語ることができる。つまり、「思考における対象化」という作用において人間は自己を事物と向き合う個体にし、「自己意識を思考する」という作用において人間は自己を客観と結びつけることができる、と。[61] そのような認識作業によって、現われては消える事物に関する不確かな知覚像とは異なり、永続的で確実な自分自身についての知覚像の存在が体験的に判明するのだという。そして、前項で確認したように、そのような客観性へと近づきうる内的な「思考」において、外的な観察に基づき得られた似像としての知覚像は、完全なる精神世界の原像と結合されるというのである。

こうした考察をふまえて、シュタイナーは、近代哲学において、このような内なる表象と外なる対象との関係を理解することができなったところに最大の誤謬があると示唆する。そして、そのような「思考」による認識を理解できず主観的だと速断する人は、真理の根拠を不完全な経験世界か、経験の彼岸に置かれる神・道徳法則・絶対精神などに求めることになったと語る。[62]

しかも、以上の人智学的認識の明証性は、シュタイナーによれば、そこで得られた原理が、自らの虚構的な創作ではなく、現実の観察に基づき構成されたものであるゆえ、他の人があとから遡ることのできる思考形式をとっているとされる。つまり、明証性は、「思考」を通した個人の内的観察能力に帰されているというのである。そうした内的確信を理論づけるべく、シュタイナーは、可視の事物と不可視な本質とをつなぐさらなる認識のありようを求めていくことになる。

小　括

第四章と第五章では、第一章で浮き彫りにされたシュタイナー教育（思想）に内在する五つの論点、①可視の事物と不可視な本質との総合、②総合の鍵としての主体変容論、③意志と表象の総合、④自己意識の展開、⑤精神と自由の獲得に向けた具体的普遍の構図や、第二章で教育学における認否の論拠とされたシュタイナー的な認識射程、そして第三章で争点として示された人智学的認識論がもつ無前提な認識論・超感覚的な思考を通した直観について、それぞれの理論的意義や妥当性が、シュタイナーによる主要認識論著作、『ゲーテ的世界観の認識論要綱』（一八八六）、『真理と科学』（一八九二）、『自由の哲学』（一八九四）等の分析を通して、哲学という「共通言語」のもとに考察される。

この第四章では、シュタイナーが認識論的関心から最初に取り組んだカントとゲーテの思想に焦点を当て、両理論へのかれの理解と克服の視点が明らかにされた。

若きシュタイナーは、自らの体験に起因する可視の事物と不可視の本質との総合という認識衝動から、理性の射程を人間認識のぎりぎりのところまで追究しようとした「近代認識論の創始者カントの哲学」に取り組んだ。しかし、カントの認識論に人間認識の拡張的な可能性を期待したシュタイナーではあるが、かれはそこに「ある前提」が立てられていることに失望することとなる。それは、「いっさいの経験に依存しない（ア・プリオリな）普遍的な知識が事実として存在している」という認識前提である。

こうした設定に対して、カントが認識を考える際に、「形而上学（Metaphysik）の生き残り」を事前に想定したため、物質を超えた（metaphisisch）ア・プリオリ（超経験的）な総合的な認識こそが、その崇高な領域に近づきうるものとし、物自体という虚構の概念や数学のア・プリオリ性を規定してしまった、とシュタイナーは批判する。シュタイナーの場合、偏見なく認識の生起プロセスを見るとき（これが無前提の認識論の意義となる）、カントの見解とは異なり、いかなる知識対象もいったん直接的で個別の体験としてわたしたちに迫って来るものと考えられた。それゆえ、シュタイナーは、認識の前提に置かれるア・プリオリ性を誤りとし、それを土台とするカントの認識論は「砂上の楼閣」であると評した。カントにおける一般的経験／超経験、一般的感覚／超感覚の分断は、シュタイナーにおいては個別の感覚・経験の質的変容の問題とされ、けっして認識論の前提とされるべき規定とは解されなかった。したがって、カント的認識論は、シュタイナーにとって、主観の存在論的変容を考慮せず、素朴実在的な主観主義にとどまり、現実（感覚世界）と理念（超感覚的世界）とを分断するという理由から、克服すべき理論と考えられたのである。

こうした分断を架橋する試みは、ひきつづきゲーテ的認識論の研究へと向けられた。シュタイナーは、このゲーテ思想との出会いを通して、課題であった感覚世界と理念世界とを総合する鍵を見いだす。ゲーテ的認識に特徴であったのは、認識の源泉を一つにみることであり、それが理念世界の浸透した経験なのであった。それは、外から与えられる直観ではなく、現実の徹底した観察を基盤とする拡張的な感覚経験といえる理念認識の体験であった。こうした理念世界の浸透した経験という高次の認識体験において、知覚内容と概念は素朴実在論的な次元を超え、主観と客観は高みにおいて総合されると考えられたのであった。

さらに、シュタイナーは、この認識を通してなされる有効な判断と理念形式を対象別に規定する。無機的自然に対しては、偏見のない徹底した観察・比較・分析・総合による「証明的反省的判断力」を通して、根源現象としての自然法則が見いだされ、有機的自然については、思考しつつ観照し、観照しつつ思考するなかで、その複雑な有機的変容のうちに原型（Urtypus）を見いだす「観照的判断力」が不可欠となる、と考えられた。このような見方こそが「自然認識の最高の形式」であり、それがゲーテの一元的認識と理解されたのである。有機体の認識について、カントが、有機体が個物（特殊）の中に合目的性（普遍）をもつため存在論的には証明されず、その本質言明は実践的な課題であるとしたのに対し、シュタイナーとゲーテは、メタモルフォーゼの生成的発展と原型のうちに有機体の特殊と普遍の生き生きとした図式を見るのである。

しかし、シュタイナーはゲーテ的認識についても限界を指摘することになる。シュタイナーによれば、ゲーテは、「人間は自分自身を知るかぎりにおいて世界を知りうる（汝自身を知れ）」という立場を徹底できなかったため、独自の存在である人間自身の精神を視野に入れた認識論を展開できなかったとされる。そして、シュタイナーは、ゲーテが踏み込むことのできなかった自己認識を担う「思考」のうちにこそ最高のメタモルフォーゼがあると考えた。この人間精神に向けられた学問こそが、かれのいう「精神科学」となる。この自己認識としての思考体験について、シュタイナーは、思考における対象化（外的世界観察に限定されたゲーテ的な対象意識による措定）という作用において自己を事物と向き合う個体にし、自己意識を思考する（対象意識への気づき）という作用において自己を客観と結びつけうる、とその意義を語る。そして、そうした所与と内観のあくなき循環作用によって、通常の感覚的次元においては見いだしえなかった真理が立ち現われ、外的な観察に基づく似像としての不完全な知覚像が完全なる精神的知覚世界の思考原像と結びつき、補完されていくものと構想された。

以上のように、ゲーテの認識論は、総合の鍵としての主体変容（メタモルフォーゼ）論を示しえたが、シュタイナーが自らの理論の核になるべきであると考えた「精神のメタモルフォーゼ」の理念を哲学的に解説するには至らなかった。精神のメタモルフォーゼの理論化には、可視の事物領域と不可視の本質領域とを主体の側で架橋していく新たな哲学的見方を手に入れる必要があった。

第五章　人智学的認識論の構築に向けた「哲学」的格闘

一　意志と表象の総合
――E・v・ハルトマンの超越論的実在論との対決――

シュタイナーの認識論研究は、当初から、カント的な二元論的認識論の克服に向けられていた。具体的には、その克服の理論枠組みは、前章で確認したように、まずは、ゲーテの認識論のうちに期待された。しかし、その認識論は、シュタイナーが自らの理論の核になるべきであると考えた「精神のメタモルフォーゼ」の理念を哲学的に解説するには至らなかった。精神のメタモルフォーゼの理論化には、可視の事物領域と不可視の本質領域とを主体の側で架橋していく新たな哲学的見方を手に入れる必要があった。その手がかりを、シュタイナーは、つぎに、ハルトマンの認識論哲学に見ていくことになる。では、なぜ、シュタイナーは、カント論の克服としてハルトマンの認識論に注目したのだろうか。

それは、ハルトマンの認識論が、カント的な認識の二元論を克服する批判理論として展開されていると理解されたからである。シュタイナーは、カントが、実在への信頼を前提に、主観的な感覚・知覚を通した表象内容を、直接、「素朴」に客観概念へと結びつけ、その結果、知覚の外に立つとされる本質世界を現象界から分断してしまったことに批判の眼差しを向けていた。そして、そうした「素朴さ」ゆえに、カントの認識論は、物自体という架空の理論を作り上げ、現実的な洞察によって理念世界の本質を開示することを断念してしまった、と解され、「素朴実在論（der naive Realismus）」[1]に位置づけられたのである。

では、以下に、シュタイナーによって、カント的な「素朴さ」を超え、認識の二元論を克服するものとして期待されるハルトマンの理論をシュタイナーの理解に沿って考察していきたい。

1　批判的観念論ならびに超越論的実在論としてのハルトマンの立場

本項では、シュタイナーが、最初の哲学的著作『真理と学問――自由の哲学の序章（*Wahrheit und Wissenschaft: Vorspiel einer "Philosophie der Freiheit"*）』（一八九二）において、「尊敬の念を込めてこの本を捧げる」と冒頭で名前を明記し、つづく『自由の哲学（*Philosophie der Freiheit*）』（一八九四）ではカント的認識論の克服をめざした人物として、どの哲学者よりも多く引用したハルトマンの認識論哲学について[2]、シュタイナー論との関連をふまえつつ考察を進めたい。

そのハルトマンは、ショーペンハウアーが提唱した「生への意志」を当時再解釈した哲学者として知られる。かれは、一八六七年にロストック大学で博士号を取得するものの、大学職に就くことはなく、市井の研究者として多くの方面に影響を与えた。かれは、自らの哲学を、「無意識の哲学（Philosophie des Unbewussten）」（一八六九）と称し、その思想のもとにヘーゲルの形而上学的理念とショーペンハウアーの盲目的意志との総合（表象

ハルトマン（Karl Robert Eduard von Hartmann: 1842–1906）

と意志の止揚された一元的総合）をめざしていた。シュタイナーが献呈した前掲の本（一八九二年）に対して、かれは、翌一八九三年十一月二十一日付の書簡で、[3] シュタイナーの論説上の問題に答えるためにはさらなる議論が必要であり、そこでの指摘を顧慮するかたちでこの理論は改訂されるべきだろうと書簡で伝えている。事実、シュタイナーは、のちにハルトマンからの詳細な反論を受け、一九一八年におこなった『自由の哲学』の改訂に際し、あいまいだった部分を修正・加筆するとともに、自らの理論の正当性を示すために補遺をつけている。

では、以下、実際に、シュタイナーの著述に沿って、ハルトマンの認識論哲学に対する、かれの認識論的スタンスを解説していきたい。

まず、はじめに、懸案とされたカント的認識論の「素朴さ」やその二元論的構造を、ハルトマンがいかに克服しようとしたのかについて見ていこう。

シュタイナーによれば、ハルトマンは、『認識論の根本問題（*Das Grundproblem der Erkenntnistheorie*）』（一八八九）[4] において、カントが認識論で採用した、「知覚された世界はわたしの表象である」「わたしたちの知識はみずからの表象を超えたいかなるものをも対象としていない」という、知覚‐表象‐知識が有する認識論上の連関を学問的に体系化した、とされる。このなかで、ハルトマンは、感覚・知覚を無批判に客観的な概念と結びつけるカント的な「素朴実在論」を超えていったという。

ハルトマンは、認識論的考察において、物理学がとる唯物論的な見方を、哲学的な物の見方から厳密に区別し、哲学に特有な現象理解の在り方を模索すべきだと主張する。シュタイナーはこうしたハルトマンの認識態度や意志・無意識の理論に惹かれていったものと思われる。

　まず、ハルトマンは、哲学的認識の理解に先立ち、物理学に特有な物の見方をつぎのように特徴づける[5]。物理学は、現象の認識に際して、「空間における対象の連続性（die Kontinuität）」を否定し、現象を最小単位の体系に還元する見方（いわゆる要素還元主義）をとり、それを分析性の根拠としている。それゆえ、その立場は機械論的な見方に立ち、因果性を決定論的で単線的な原因‐結果図式として記述していくことになる。しかも、かれによれば、こうした唯物論的な見方に立って、知覚や認識の経過を詳細に検討したとしても、感覚器官に最初に刺激を与えたものと、意識（心）において最終的に生じた知覚との間には類似性の痕跡さえも存在しない、とされる。つまり、物理現象を把握する物の見方では、最終的に生じる知覚内容は説明できない、というのである。

　ハルトマンは、そうした理解を、ミュラー（Müller, J.: 1801-1858）の「感覚エネルギー論（die Lehre von den Sinnes-Energien）」[6]によって補強的に解説する。つまり、外界からの刺激やその反応としての感覚体験がそのまま知覚内容へと伝達される経緯はどこにも確認されず（外的刺激→感覚器官→脳／［断絶］／感覚・知覚内容）、そうした刺激や体験は受け入れた感覚の性質に依存して特定の仕方で心によって一つの対象像を結ぶことになる、というのである。「主観が知覚するものは、つねに自分の心的状態の現われである。それ以上でもないしそれ以下でもない」[7]とハルトマンが結論づけるのは、これらの考察をふまえてのことである。

　以上の認識経過の分析によって、ハルトマンは、素朴実在論が感覚・知覚を外的な物理反応に還元し、直接、無批判に概念へと結びつける在り方を否定することになる。かれの場合、「知覚内容」は、物理的に還元された概念に直結するものではなく、外的な現実の事物を超えた内発的な「主観の心的な現われ（意識内容）」と解されたのである。そうした認識成立条件の徹底した探究姿勢ゆえに、かれの観念論的立場は、シュタイナーによって、「素朴」を超えて「批判的」「超越論的」という形容が付されることになる。実際、シュタイナーは、こうした独自の文脈において、『真理と学問』でかれの思想を、批判的な「超越論的観念論（der transzendentale Idealismus）」として位置づけている。

ところが、ハルトマンは、自身の思想と、一般にいわれる「超越論的観念論」とは立場を異にする、と強くシュタイナーに反論する。なぜならば、通常の「超越論的観念論」においては、経験的な規定を超えた認識形式を観念作用の内に条件として見いださねばならず、現実の人間意識と物自体との連続性が絶たれると考えるからである。[8] 確かに、ハルトマンとカントは、感覚を通した知覚内容としての表象のみが、認識の対象であると見た。それゆえ、事物の本質である物自体について、この知覚内容としての表象が成立する現象界においては直接にとらえることはできず、時間や空間の形式を超えた叡智界に属すべきものであると、物自体と感覚的表象の異質性を強調する。しかし、その内実は、ハルトマンの場合、カントと異なり、認識の分断を意味しなかった。カントが、感覚・知覚内容としての表象と、物自体とをまったく断絶したものとみなしたのに対して、ハルトマンは、物自体と表象とをつなぐ契機を想定することになる。

かれは、物自体の実体を、カントと違い、ショーペンハウアー的に「宇宙的な意志」と解し、現象界における事物は「意志の仮象」であるとみなした。したがって、ハルトマンにおいては物自体に関する認識はカントのようにまったく形而上学上の問題として分断されず、一なるもので無時間的なものであるわたしの意志によって間接的にではあるが掌握可能なものとされたのである。それゆえ、対象世界を自分の意識対象の集まりと同一視し、ア・プリオリな総合的判断を究極的な認識前提に置いた上で、物自体との認識論的なかかわりをまったく失ってしまう先の「超越論的観念論」の考えは克服すべきものと考えられたわけである。ハルトマンは、意識が直接的に物自体（かれはこれを物質と意識の深みに存在する同一的な第三者と見る）を表象することはできないとしたが、無意識下に潜む絶対無意識という宇宙的な意志を通じて、間接的にかかわることができると考えた。[9] それゆえ、表象された意識内容を一貫した論理性のもとに体験的に推測することによって、現象界における「意志の仮象」としての事物と、無意識下の「宇宙的な意志」としての物自体とを整合的にとらえることもまた可能であると理解したのである。

そして、このような意志による本質掌握に向けた可能性ゆえ、ハルトマンは、表象をカントのように悟性的・論理的なものに制約することはせず、意志作用に付随する非論理的な意識内容をもそこに見いだそうとすることになる。しかも、論理的表象に対置される非論理的な意志の表象は、ヘーゲルのように、より上位の論理的なものへ向けた止揚の契機といった位置づけ（経緯において両者は同等だが）ではなく、世界過程の根源的な衝動であると考えられたのであった。

さらに、こうした意志の止揚は、ショーペンハウアーが説く個別な救済（Erlösung）を意味せず、存在の責め苦（試練）（die Qual des Daseins）による現象界の救済のできごととして考えられた。それゆえ、世界への厭世観（Die pessimistische Ansicht）は、ショーペンハウアーのように世界の否定を感じとらせるものではなく、ハルトマンの場合、普遍的な世界救済という目的をもつ世界過程そのものに自らの人格をなげうつこと、つまり、「まったき没我（volle Hingabe）」のできごととして強調されることになる。それは、けっして不調和を回避したり、その矛盾を受け入れたりする「生との和解・妥協」といった消極的なものではなく、「生への意志の肯定」を前提として世界救済に身をなげうつ積極的な自己放下を意味するのである。

では、以上のハルトマンの見解に対し、シュタイナーはいかなる理解を示すのだろうか。次の**2**では、こうしたハルトマン的認識論に関するシュタイナーの見解を見ていくことにしよう。

2　ハルトマン認識論についてのシュタイナーの見解

シュタイナーのハルトマン批判に先立ち、ハルトマンの認識論の要点を再度整理してみよう。

ハルトマンの認識論は、「認識は表象の範囲内」とするカント的立場を支持しつつも、本質理解に向けた認識の可能性を信じるゆえ、その表象のうちに物自体（かれはそれを宇宙的意志と考えた）の性質を間接的にではあるが憶測できるものととらえた。すなわち、先のカント的認識論が、主観的な表象能力の制約ゆえに事実領域と価値領域を二分化し、前者を認識対象とし、後者を不可知論の立場に置いたのに対して、ハルトマンは仮説的ではあるが認識における事実と価値の総合をめざしたものといえる。つまり、ハルトマンの立場は自らの素朴な知覚をそのまま客観的な事物と解する「素朴実在論」でもなく、客観的実在に信を置かず客体に向けて主観内部で構成された意識対象を客観的対象とする経験的観念論でもない。加えて、その立場は、物自体を現象から分断し、経験的実在性と究極的な認識の先験性を容認するカント的な制約された実在論と観念論の統合という認識スタイルも採用しない。それは、各知覚を融合的に構成する意志に、物自体という真実在との間接的な関連を見る「超越論的実在論（der transzendentale Realismus）の立場をとることになる。

ただ、このハルトマンの「超越論的実在論」は、無意識下の宇宙的意志を、表象と物自体とをつなぐ根源衝動と見る一方で、「知覚された世界はわたしの表象である」「わたしたちの知識は自らの表象を超えたいかなるものをも対象としていない」とするカント的認識論の根本命題をあわせて保持することになる。では、かれの場合、唯一の認識対象とされる「わたしの表象」は、いかなる認識プロセスを経て宇宙的な意志と関連づけられるのだろうか。

まず、先の**1**でも確認したが、物理的な感覚受容体の反応は、外的刺激→感覚器官→脳へと進み、物質・化学的な変化をもたらすが、そうした変化と、わたしたちが感じとる感覚・知覚内容は外的な反応連関は見いだされるものの、直接、そうした物理・化学的な変化内容に知覚内容を構成するなにがしかの要素を見いだすことはできない、という。たとえば、知覚する色の出所をわたしたちの内に探す場合、電気的に還元された反応データを見ることはできても、その色の内実については目のなかにも、視神経にも、脳にも見いだすことはできない。それゆえ、感覚・知覚内容は物理・化学反応とは別の認識経路で説明される必要があるというのである。それは、かれによれば特定の感覚的性質に基づく心的作用を介すると解釈され、その働きによってはじめて総合された意識内容としての表象像が結ばれるとされる。さらに、そのような表象像が認識を通して確実な知識として形成されるという根拠は、無意識下で意識内容の生成にかかわる宇宙的な意志にあると解説される。加えて、そのような知識の妥当性は、表象された感覚・意識内容の論理的な推論構成に求められるとされた。

　では、こうしたハルトマンの物の見方に対して、シュタイナーはどのような立場をとるのだろうか。シュタイナー自身、ハルトマンが解説する、感覚器官経過後の神経や脳内の化学的・物理的反応と心的な知覚内容との質的断絶については共感をもって記述している。そして、かれもまた、表象が内的な心的作用と溶け込んでいると見ている。つまり、広義には、素朴な人間が外なる事物や形而上学領域のなかに存在していると考えるものを、自らの心（Seele）の所産と見る観念論的起点に同意するのである[10]。しかも、意志が特殊内部において普遍領域とつながる萌芽（Keim）として位置づけられる点も両者に類似する見方といえる。ところが、こうした思想の近似性にもかかわらず、シュタイナーにとってつぎのハルトマンの見方は相容れないものとして批判される。それは、ハルトマンが、意志を介した特殊と普遍のつながりを構想するにもかかわらず、実際の認識に際して、人間の内側に認識の根拠を求めずに、外なる知覚内容にとどまろうとする点である。シュタイナーによれば、ハルトマンが、一般的な「知覚‐表象」の範囲に認識作用を限定するかぎり、意志の概念を用いて叡智界と現象界の分断を架橋しようと試みても、認識の主観的な欺瞞性は克服できない、とされた。さらに、ハルトマン理論は、自分の生体内で新しく見つけだした知覚内容（感覚的性質や意志の作用を受けた心的な知覚内容）を、素朴な人間が生体の外に見いだす知覚内容と結びつけるため、そこで重要視される推論過程には必然的に「飛躍(Sprung)」が入り込むと批判されることになる。[11] つまり、そうした営みは、主客を融合するただ一つの知覚内容から、主観的感覚的な別の知覚内容への飛躍を意味するものと結論づけられたのである。

こうした両者の見解の相違点は、論文上に公表された互いの批評から、さらに論点を整理することができる。具体的には、そうした議論の応酬は、シュタイナーがハルトマン哲学を意識して著わした『真理と学問』(一八九二)ならびに『自由の哲学』(一八九四)に対するハルトマンの反論(「認識論と形而上学の究極的諸問題」『哲学と哲学批判誌』第一〇八巻[12])としてまず著わされ、それを受けた、シュタイナーによる反駁(一九一八年の『自由の哲学』改訂版の補遺)のうちに見ることができる。

そこでの議論によれば、シュタイナーの認識論は、ハルトマンにとって「矛盾する認識論的一元論」であり、「ヘーゲルの普遍主義的な汎論理主義とヒューム(Hume, David)の個体主義的な現象主義との結合」のようなものであると批判的に理解された。[13] ハルトマンにとって、哲学史に照らした場合、認識論は、素朴実在論か超越論的観念論か、自分が主張する超越論的実在論(一般には批判的実在論ともいわれる)のどれかの区分に位置づくはずであり、シュタイナーが自己の立場を位置づける「認識論的一元論」もこれらのうちのいずれかに属することになるはずである、と指摘された。

ハルトマンのいう認識区分とは、つぎの問いへの回答によって基本的に分類できるものとされた。[14]

①事物はその状態において持続的(kontinuierlich)か断続的(intermittierend)か。
②三人が同じテーブルの前に座っているとき、テーブルの存在形態はいくつか。
③二人の人が同じ部屋にいるとき、この人たちの存在形態はいくつか。

各立場の回答とハルトマン自身の立場は以下のようになる。

①の各回答は、持続的と見るのが素朴実在論、断続的と見るのが超越論的観念論、持続的かつ断続的と見るのがハルトマンのとる超越論的実在論。

②の回答は、一つと見るのが素朴実在論、三つとするのが超越論的観念論、四つまたは制限され意識内容三つと絶対意識の内容一つと見るのがハルトマンの超越論的実在論。

③の回答は、二つとするのが素朴実在論、四つと見るのが超越論的観念論、六つまたは制限された意識内容四つと絶対意識の内容二つと考えるのが超越論的実在論。

ハルトマンは、こうした分類を通して、自らが示した超越論的実在論こそが「真に可能な認識論」であると主張する。つまり、この見方において事物は、素朴実在論のように空間的な持続性（見たままの実在をそのまま信じること）を特質とせず、超越論的観念論のように先験的に構成されると主観の経験的表出でもない。自己の立場に基づく認識は、無意識的な表象（絶対意識の内容、宇宙意志としての物自体の表象）としての持続性（知覚の可能性）と、制限された意識内容としての断続性（感覚によって制約された主観的な表象の側面）とをあわせもつものと自負されるのである。

しかし、このようなハルトマンにおける認識理解は、シュタイナーにとっては、「素朴実在論と観念論との矛盾に満ちた混合」としか映らず、その立場は、「形而上学的実在論（metaphysischer Realismus）」という位置づけを与えられることになる。[15] シュタイナーは、ハルトマンの批判論文に対して、『自由の哲学』（一九一八年改訂版）

で、先の三つの問いについて、順次、ハルトマンを論駁していく。

第一の「事物の状態」に関する問いについて、シュタイナーは、みずからの立場が素朴実在論を完全に誤ったものであると全否定するものではない、と主張する。シュタイナーによれば、素朴実在論は、事物についての知覚内容だけをとりあげ、それを現実と考える立場だが、その素朴さを認めつつ、目の前の対象が実は持続的ではなく断続的で表層的であるという重層的・可変的な事態を洞察すれば、正しい認識をもたらすことができる、と考えられている。つまり、事象の表面から深みへと認識を移すことで、素朴実在的な事物が本質を顕わにすると考えられたのである。そして、その深みへ導くものが、かれのいう「思考」なのである。可動的な思考作業を通して把握された知覚内容だけが現実に機能していることを理解すれば、断続的な知覚内容が持続的な知覚内容（素朴実在論）と重なりうることを洞察できる、とされる。ここでは、物自体はけっして自己の外側に独立して静的に存在するものではなく、わたしの思考のレベルに応じて即なる関係としてその本質を開示するものと考えられた。それゆえ、シュタイナーは自らの一元論について、この立場は、絶対的な客観内容と主観の感覚的表象の完全なる一致を意味する「認識論的（erkenntnistheoretischer）一元論」と称されるべきではない、とハルトマンに反論する。自己の説く一元論とは、各人の可変的な思考と、その純化の先に立ち現われる事象の本質との現実的な系としての一元的統合プロセスを意味し、「思考内容の一元論（Gedanken-Monismus）」と称すべきものである、と主張されるのである[16]。

したがって、この「思考内容の一元論」という見方に基づくならば、第二の問い「三人と一つのテーブル」の存在形態についての回答は、体験された思考が把握する知覚内容は、ただ一つのテーブルとなる。つまり、三人の知覚像のずれを相対主義的に問題視するのでもなく、プラトン的にイデーを主観と別の次元に置くのでもなく、あくまでも主観の側における普遍と個（特殊）の即なる思考体験の純化プロセスのもとに立ち現われる現実的な思考内容こそが唯一の存在形態とされたのである。それゆえ、ハルトマンのいう制約された意識内容三つと宇宙意志としての絶対意識の内容一つという組み合わせは主観との関係でどれも不適切なものとみなされた。

さらに、第三の問い「一つの部屋の二人の人」の存在形態について、ハルトマンのいう超越論的観念論の見方の「四つ（ひとりの意識の中の自己と他者×二人）」の知覚像は現実的とはいえないと非難され、思考体験のレベルでは第二の問い同様、「二つ」となる。

以上のことから、ハルトマンの設問の第二・第三の問いは、シュタイナーの場合、結果的に素朴実在論と答えを一にすることがわかる。ただし、ここまでの考察を顧慮するならば、素朴実在論とシュタイナーのいう「思考内容の一元論」とは、当然、根本的な立場を異にするものといえる。というのは、素朴実在論が事物の状況を感覚・知覚的方法に全面的に依存して、見えるままに「二つ」とするのに対して、シュタイナーは、多角的重層的な内省的「思考」を重ねることを通して、事象理解について表層的な次元から本質的な次元へと認識を進めうるとする立場をとるからである。それゆえ、シュタイナーにとって、素朴実在論の結果ははじめから否定されるべきものではなく、その素朴なまなざしを超え、体験された反省思考を経ることで正しさに導かれうる、と考えられたのである。シュタイナーが認識をめぐる自らの一元論について、「一元論は、人間が素朴実在的に制約されるという事実を無視しない。一元論は、人間を人生のどの瞬間にも存在全体を開示できるような完結した所産とみなさない。……一元論は、人間の中に発展する存在を認める」[17]と語るのは、こうした素朴実在論との親和性と、認識における主体の動的な存在論的変容（主体変容としての認識）とが前提とされていることを意味している。

それゆえ、シュタイナー的認識論は、物自体を現象から分断した上で経験的実在性と究極的な認識の先験性を容認する超越論的観念論でもないし、素朴実在論の否定に立ち物自体への可能性と意識の制約とを並立的静的に語るハルトマンの超越論的実在論とも相容れない認識様式といえる。しかも、シュタイナーによれば、ハルトマンの超越論的実在論が正しいのは、素朴実在論が誤っている場合であるはずだが、その超越論的実在論がその正当性を証明できるのは逆に、それが反論しようとする素朴実在論がとる「感覚 - 表象」図式を用いる場合に限定されることになる、と指摘される。こうした点は、シュタイナーによって、ハルトマン論における「理論上の矛盾」と評された。

以上見てきたように、シュタイナーは、ゲーテ研究を通して確信に至った「精神のメタモルフォーゼ」を理論化するために、可視の事物と不可視の本質を主体の側で架橋していく新たな哲学的見方をハルトマンの認識論に求めた。しかし、シュタイナーにとって、ハルトマンの見解は認識主体の動的な存在論的変容を視野に入れておらず、最終的には、「素朴実在論と観念論との矛盾に満ちた混合」の域を出るものではない、と結論づけられることになった。認識主体の変容をともなう、シュタイナーが描く「思考内容の一元論」のパラダイムと方法は、意識の重層性で可動的な構造を説明しうる哲学理論へとさらに向けられていくことになる。

二　自己意識の展開
——フィヒテの自我論の受容と克服——

前節で見たハルトマンの超越論的実在論で問題となった静的で制約的な二元論的認識論の課題は、根本学としての認識論に焦点を当て、それを意識の重層的で可動的な構造から説明しようとしたフィヒテの「知識学（Wissenschaftslehre）」へと向けられていく。

フィヒテは、シュタイナーが博士論文（*Die Grundfrage der Erkenntnistheorie mit besonderer Rücksicht auf Fichtes Wissenschaftslehre*『認識論の根本問題——主にフィヒテの知識学を顧慮して』一八九一年）の主題とした哲学者である。

フィヒテ（Johann Gottlieb Fichte: 1762–1814）肖像と『知識学の特徴に関する概要』の初版本（広島大学文学研究科西洋哲学研究室所蔵）

シュタイナーは、フィヒテについて、カントの後継者たちのなかでも、「あらゆる学問の基礎は意識の理論のうちにのみあり得るということをもっとも生き生きと感じとった哲学者[18]」として高く評価している。

そのフィヒテは、「学一般の学（die Wissenschaft von einer Wissenschaft überhaupt）」としての哲学を基礎づけるべく、自我論を軸に知識学を構築しようとした人物として知られる。かれの自我論では、「絶対知（das absolute Wissen）」としての理性はカントのように二元的に分断されることなく、認識は自我の変容を通して一元的に高進可能なものと考えられた。シュタイナーは、こうしたフィヒテの自我論のうちに、これまでかれ自身が認識論研究の一環として取り組んできたゲーテやハルトマンの理論的欠陥を克服する視点、つまり、内観的アプローチや意識の可動性を解説する新たな視角を期待したのである。

では、自我論に基づき知識の体系化をはかろうとしたフィヒテの観念論は、認識の二元論を支持するカントの観念論といかにかかわり、懸案となっている物自体に依存する独断論をいかに克服していくのだろうか[19]。

以下、まず、フィヒテの知識学における自我論の構造をシュタイナー論との関係をふまえ概括し、その後、フィヒテの自我論に対するシュタイナーの見解を解説していきたい。

1　フィヒテの自我論

フィヒテによれば、哲学は「学一般の学」[20]として、人間知の総体を可能なかぎり基礎づけることを課題とするものとされた。そして、この学一般を基礎づける学問こそ、フィヒテが「知識学」と名づけたものであった。

そして、かれが知識の根源に据えたものが「知の中の知（ein Wissen vom Wissen）」と称される理性としての「絶対知」であった。この「絶対知」としての理性は、カントのように二元的に分断されるものではなく、また内的意識である自覚（メタ認識）に結びつかない操作的な知的作用である悟性とも次元を異にするものとされた。フィヒテのいう「絶対知」は、意味や本質と一体であり、わたしたちの認識を根源で支え導くものと理解された。では、こうした「絶対知」は、いかなるプロセスを経て確実なものとして認識されていくと考えられたのであろうか。

フィヒテの場合、認識は自覚の程度、つまり自我意識の変容・高進の過程として描かれることになる。ここでは、自我は、知的直観としての自我（主客未分的自我）から、個的自我（主客分化的自我）を経て、理念としての自我（主客合一的自我）へと向かうものと考えられた。しかも、そうした方向性は、無前提な存在論的本質言明とは相容れず、連続的な自我の発展過程における目的因的な運動方向を支持するという認識論的立場にとどまる。つまり、そこでは、理念としての自我（主客合一的自我）は、あくまでも「理性の努力の最高目標」として設定されているのであり、わたしたちは自我の純化を通してこの客観的理念にかぎりなく近づきうるという意味で支持されるのである。

以上の、フィヒテにおける自我の意識論的展開に、シュタイナーは、カント的認識論の克服を期待することになる。シュタイナーが注目する、フィヒテにおける人間意識の二つの探究方法とはつぎのようなものである。

一つは、経験的に確認されるもののうち、根源的に意識から生じてくるもの以外を排除し自我の純粋概念を取りだす方法であり、いま一つは、自己自身を観察することで自我の本性を見極めようとする方法である。シュタイナーは、そうした二つの方向において、いかに認識の根源原理が成立しうるのかについて検討していくことになる。

まず、フィヒテがとる前者の純粋概念を取り出す方法は、一七九四年の *Grundlage der gesamten Wissenschaftslehre als Handschrift für seine Zuhörer*（『全知識学の基礎――聴講者のための手稿』）でもっとも体系的に解説されていると、シュタイナーは語る。そこにおいてフィヒテは、意識を、何らかの経験的な能動性（Tätigkeit）をもつ作用と考え、根源的に意識から生じてくるものでないすべてのものを捨象することによって自我の純粋概念を取り出すことに努めていく。具体的には、そうした試みは、自我をめぐる三つの原則命題に帰結することになり、それらの命題分析を通して、カント的分断は総合的に架橋されていくとされる。

その三原則とは、「自我は根源的に端的におのれの存在を定立する（Das Ich setzt ursprünglich schlechthin sein eignes Sein）[21]」という第一原則、さらに、「絶対確実に、自我に対して、端的に非我が反定立するであろう（so gewiss wird dem Ich schlechthin entgegengesetzt ein Nicht-Ich）[22]」という第二原則、そして「自我は自我の内で、可分的自我に対して可分的非我を反定立する（Ich setze im Ich dem teilbaren Ich ein teilbares Nicht-Ich entgegen）[23]」とする第三原則である。これらの命題を、フィヒテは総合の学としての知識学の基礎命題としたのである。

つぎに、後者の自己観察（Selbstbeobachtung）的な方法は、フィヒテの一七九七年の著作 *Ersten Einleitung in die Wissenschaftslehre*（『知識学への第一序論』）において提起されたという。そこにおいてフィヒテは、知識創出の根拠とされる根源的な自我意識の構造特徴を認識するための正しい方法として、かのアプローチを提唱することになる。すなわち、「君自身に注意を向けなさい。君の目を、君を取り囲むすべてのものから転じて、君の内部に向けなさい——これが哲学の初心者に対して哲学が最初に要求することである。問題となるのは、君の外部にあるものではなく、もっぱら君自身である[24]」、というメタ認識的な自己内観的アプローチを推奨するのである。

では、以上見てきた意識の構造理解と自己内観によって、自我そのものは「絶対知」とかかわりいかなる変容を見せていくのだろうか。最後に、その内実を示してみたい。

フィヒテは、自我の根底に絶対的自我（純粋自我）を想定し、それを基底としつつ、理論的自我の状態を実践的自我の様態へと変容させねばならないと考えていた。では、まず、両自我の関係を説明するのに先立ち、かれのいう「絶対的自我」の性質を確認しておこう。

フィヒテによれば、「絶対的自我」とは、端的で無制約的な存在（Sein）であると同時に、行為的性質のもと統合的な定立（Setzen）をもたらすものと考えられた。フィヒテ的認識論の主要概念である「自我の事行（Tathandlung：根源的で純粋な能動性）」は、まさにこうした自我の存在の事実（Tat）と、自我による定立の行為（Handlung）の統合性ならびに即応性を表わしたものといえる。そこでは、根源的な自我である絶対的自我が、行為的性質に基づき作用をもたらすものであると同時に、もたらされた産物を引き入れ新たな創造的実践作用を遂行する主体ともなる。そうした物の見方においては、思考するものとしての作用体と、思考されるものとしての実体性（基体）の分離は回避されることになる。

では、具体的に、この絶対的自我を基底とし、理論的自我はいかなる様態変容によって実践的自我と称されるものへと移行するのだろうか。

フィヒテは、この説明に際して「構想力（Einbildungskraft）」という概念を用いている。かれによれば、「構想力」とは、「限定と非限定、有限と無限との中間を揺れ動く能力」とされる。これは、根源的な自我の能動性と、非我による限定の結果生じる反省的能動性との間を揺動しつつ、創造的に総合・産出する動きを促進する力とされる[25]。しかも、この構想力によってもたらされた反立（Entgegensetzen）の様態は、感覚を通して自己内発見（In sich Findung）として自覚される、という。ただし、理論的自我はこの事態が何であるのかは判断できない、とも語られる。したがって、フィヒテのいう理論的自我は、主体的な認識判断という認識行為に限定され、こうした感性的な直観の範囲までしか進むことができないことになる。

フィヒテの表現に従うならば、この理論的自我は意識の先鋭化の果てに、「己の能動性の対象の中で自己を見失う」ことになるという。これを超えて、さらなる総合の知を獲得するためには、わたしたちは、受動として現われる能動性の力を受け入れねばならない、とされる[26]。ここで受動というのは、総合の知としての知的直観がわたしの外から働くことを意味する。しかも、この認識の受動様態において、なおも能動性が保持されるのは、そこにおいてさえつねに自我の能動性が働いているからだという。そして、まさにそうした総合の知こそが、カントのいう神的な「知的直観（Intellectuelle Anschauung）」（「意識されない瞑想的な沈思（Kontemplation）」[27]）にあたるものとされたのである。構想力はふたたびこの神的な直観の力を得て、「自我は己のうちに定立するもの以外の何ものをも己に帰属させない」という自我の統制原理[28]に基づきさらなる高みに止揚・限定され、表象のうちに総合されていく。これがかれのいう実践的自我といわれるものの働きであり、ここにおいて、定立と反立との総合が実現される。このような実践領域では、自我は基底において統制原理を保持するものの、そうした自我の統制は、カントの定言命法同様、非我を介さずに至上命令として自己に要請されていくこととなる。

こうした理論的自我から実践的自我への変転は、フィヒテの場合、わたしたちの個人性が消失し、理念としての自我である実践的自我が個人性を超えて機能し始めることを意味する。しかも、そのような事態が可能となる根拠を、かれは、自我の事行機能と、自我の根底で働く知的直観としての絶対的自我の統制原理に置いたのである。

2　シュタイナーによる批判

（1）　自我と思考の位置づけ

これまで見てきたように、フィヒテは、「学一般の学」としての哲学を基礎づけるものとして「知識学」を要求した。そして、その知識学の根幹をなす理論がかれの自我論となる。こうしたフィヒテの自我論に対して、シュタイナーは、ゲーテが進むことのできなかった内観的アプローチ（「汝自身を知れ」）を構造的に解明してくれるものと期待した。だが、その理論は「わたしたちを自我の根源的な能動性が開かれるところまで導いてくれた[29]」、と一定の評価を下されるものの、無意識的に存在するものとしての自我の証明に終始したために、いかなる前提も置かない哲学的な根本学（philosophiesche Grundwissenschaft）としての真の認識論には至りえなかったと結論づけられることになる。

シュタイナーにとって「自我（Ich）」は意識の中心点とされ、自我がもつ認識衝動を起点に認識は働き始めると考えられた。つまり、「わたしを含めた世界を知りたい」という認識衝動は、わたし自身の意識の中心である自我から発せられるというのである。そして、このことは同時に、自我は、認識衝動という形で認識に携わるにすぎないということを意味している。シュタイナーの場合、認識の根源的な作用は、衝動的な自我作用とは別の「思考（Denken）」のうちに見いだされることになる。自我を見つめてそれにかかわる現象の変化をとらえることができるのも、思考の作用があるからだと考えている。それゆえ、シュタイナーにとって自我は、フィヒテがいうようにあらゆる存在・認識規定の前提とはなりえないのである。こうした思考の優位性は、つぎのシュタイナーの言葉によって解説されていく。

与えられた世界をたんに気づき知っていること（Kennen）とその世界の本質を認識すること（Erkennen）とは異なる。世界の本質は、それが世界内容と内的に結びつけられているにもかかわらず、所与と思考そのものによってわたしたちが構築しなければ自らに明らかになることはない[30]。

つまり、フィヒテの自我論のように、現実性が自我のもとに歩み寄る最初の形態（Kennen）が、現実性の真なる形態なのではなく、むしろ自我を初発として「所与」と「思考」によって論理的に洞察される本質認識こそが真なる現実的な形態なのだという。フィヒテによる抽象的な自我構造の記述は、客観世界にとっては意味を有しえないと考えられたのである[31]。しかし、それにもかかわらず、フィヒテは、自我のもとで探究することによって世界が紡ぎ出される（spinnen：夢想する）という拡張的な考えをもち、世界像はかれにとってつねに自我が構成したものと解された[32]。しかも、宇宙の構造をすべて自我から演繹しようとするフィヒテの理論は、シュタイナーによって、「物質が独立して存在することを否定し、それを精神の所産に過ぎない」とする経験内容の欠けた極端な唯心論に陥る可能性があると指摘されることになる[33]。

シュタイナーは、認識論の構築に際していかなる前提も置いてはならないと強調する。かれの場合、「論理学の無前提性」を根拠として、根本学としての認識論における思考の優位性が解説されていく。すなわち、唯一、認識論構築の方法的前提となりうるものは、かれの場合、論理学のみであるとされる。なぜならば、説明の論理的構造が問われないような理論は、認識論としての妥当性をもちえないからである。そして、その論理構築に貢献していく主体的営みとして「思考」が最重要視されるのである。

（2）理論的自我と実践的自我の分断

フィヒテは、自我による無制約的な存在と定立行為との総合機能を、事行概念と、自我の根底で働く絶対的自我の統制原理とに見た。つまり、かれは、絶対主観としての自我を、存在と定立を兼ね備えた「無制約的な事行」として意識の根底に位置づけたのであった。しかも、絶対的自我は、限定と非限定との中間を揺動しつつ総合へと推進する「構想力」と神的な「知的直観」の働きを得て、理論的自我（能動性）から実践的自我（受動的能動性）への変移を果たすものと構想された。

しかし、シュタイナーによれば、こうした物の見方は、自我の存在定立のみが無制約的であり、自我から出発するところの他のすべてのものは制約される、という自我作用の分裂を意味するものと理解された。しかも、この自我は自己自身の存在以外のものに対する根源的定立の可能性を失うことになると批判される。

さらに、シュタイナーは、フィヒテの自我‐事行理解に対し、認識する自我という立場に立つ場合、自我は、事行の状態として静止しているのではなく、事行を遂行し[34]、絶対的な決意とかかわり、能動性を発揮すべきである[35]、と主張する。そして、「即かつ対自的な能動性（Tätigkeit an und für sich）[36]」を身につけることによって、自己についてと同時に、非我に関しても根源的定立が可能となると示唆するのである。

加えて、シュタイナーは、フィヒテがこうした考えに至ることができなかった理由についてつぎのように説明する。

フィヒテの自我論では、高次の主客合一的な認識は、無制約で能動的な存在定立にかかわる絶対的自我と、制約的で反省的な能動性に基づき反定立をなす非我とを、「構想力」が外から「知的直観」（受動として現われるが自我は能動性を保つ）の力を得て統合していくという図式でもって解説される。だが、この構造においては、自我の能動性が制約されるところの具体的な「もの」が考究できていない、とシュタイナーは語る。つまり、その

「もの」こそが、かれのいう「思考」をさすのである。かれは、自我は無制約的な存在であるが、その自我を認識において制約し、非我との統合を一貫した主体の能動性のもとに成し遂げるものが「思考」の働きだというのである。フィヒテがいわんとした反省的能動性や構想力、それに、根源的自我、非我そして知的直観において自我がもつ能動性は、シュタイナーにいわせれば、すべて自我の認識衝動を起点に活動を始める「思考」の機能と解されるのである。それゆえ、思考に浸された非我とは別に、知的直観という神的至上命令を通して自己に外から要請される知の体系は、カント同様、問題を認識とは別の領域に持ち込むことになったと批判されることになる。そして、フィヒテの自我が無制約と制約の両性質をもつことに鑑みて、シュタイナーは、いずれの方法をもってしても、無制約的なものから制約されたものへと至ることはできないと明言する[37]。

以上見てきたように、シュタイナーにとって、あらゆる学問の認識論的基礎を問題とする場合に重要なのは、フィヒテのように、自己定立をおこなう自由な自我の特徴を描き出すことではなく、むしろ認識する自我の特徴を明らかにすることであった[38]。ただし、シュタイナーは、惹きつけられたフィヒテの認識論的立場について、最後につぎの言葉を付言している。

> フィヒテがこうした帰結に至ったのは、ただかれが無意識的に「存在するもの」としての自我を証明しようしたからにすぎず、もしフィヒテが認識の概念を展開していたとしたら、かれは認識論の真の出発点（自我は認識を定立するという出発点）に到達していたであろう[39]、と。

(3) 自己認識の在り方

一方、シュタイナーは、フィヒテの自己認識の方法（「あなた自身に注意を向けなさい」）を、知識学へと導くための優れた方法であると評価する[40]。なぜならば、その方法は、特定の方向にではなく、あらゆる方面へと展開している自我の活動性を映し出し際限のない重層的な内省を可能とするからである。自己以外の認識において対象はわたしたちの外部にあり、明瞭で確実な概念へと収斂し記述されるが、自己認識（Selbsterkenntnis）においてわたしたちはまさに対象の中にあり、自己の内部で活動し、創造的に高次の概念を生み出しつづけることになるのである。[41]

しかし、そうした内観的方法は、フィヒテにおいて認識論的な展開を見ることなく、知的直観と自我の協働による理念的実践的世界像の「紡がれた物語（Spinnen）」という静止した形式的な見取り図が表現されるにとどまる。そこでの理念的な表象は、シュタイナーによれば外からの力によって「完成された世界像」とされ、そのようなものは認識の帰結にも前提にも置きようがないとされる。[42] したがって、ゲーテが進むことのできなかった「汝自身を知れ」の内観的アプローチの構造をフィヒテの自己認識論に期待したシュタイナーであったが、この見方によってカントやゲーテが問題視した反省理論のアポリア（自己認識への懐疑「見る目は自らを見ることはできない」）を克服することはできなかった。

そして、シュタイナーは、フィヒテがこうした帰結に至った理由を、志向的な意識が現われる前提への洞察が、つまり、なぜそれが他のようにではなくてまさにそのように定立されているのかという根拠への洞察が欠けていたからであるとする。すなわち、自我が、思考の形式をもって所与に歩み寄る場合にのみ、現実的な内容に到達するということに理解が至らなかったためだと結論づけられるのである。

だが、同時に、シュタイナーは、フィヒテの内に、自己観察を高次の認識へと展開しようとする兆しがあったことをも指摘している。それは、フィヒテが晩年（一八一三年秋）にベルリン大学でおこなった、内的な感覚の拡大問題に関する講義録 *Einleitungsvorlesungen in die Wissenschaftslehre.* Vorlesungen im Herbste 1813 auf der Universität zu Berlin（『知識学入門講義』）に見いだされるという。

具体的には、シュタイナーは、フィヒテの、「この教説は全く新しい内的な感覚器官を前提する。これによって、普通の人間にとっては全然存在しない新しい世界が与えられるのである」[43]という言葉をとりあげ、かれのいう精神のための「新しい感覚の世界」が、自己認識を進めるなかで現われる重要な変化であることを認めている。シュタイナーは、自己認識を、「永遠で無限な本質へと至る道」ととらえており、正しい形での自己認識が「新たな感覚（neuer Sinn）」を生み出し、この感覚を通して、この感覚なくしては知られ得ない世界が開けるのだ、と語る[44]。

ここまで見てきたように、フィヒテは晩年に、「新しい感覚の世界」が新たな認識世界を開くことを予期したとされる。しかも、それは外から与えられた言葉を概念として受け入れる認識形態ではなく、事物からわたしたちに向かってくる言葉や現象の本質を、自己自身の内側からとらえる認識態度を意味するものであった。これは、外的な事物に対するわたしたちの表層的な知覚を閉じ、前提や偏見なく、自らが発するものだけに耳を傾け、そこに生じる変化を感じとる深い気づきの感覚ともいえる。そこで形成される内観的な判断は、その後の内外の状況推移や外的感覚に依存した自己の判断と考量・比較され、さらなる純化（偏見のない内観）を経て上昇的なスパイラルの道を歩むのである。しかし、高次の感覚と認識の問題は、フィヒテにおいては、理論（現実）と実践（理念）の乖離を克服する理念として体系的に総合されることはなかった。シュタイナーはひきつづき、そうした現実と理念の総合を、内観的アプローチの先に自己意識を展開するヘーゲルの認識論に見ていくことになる。ヘーゲルの場合、自己意識の極として設定される精神は、まさに思考の高次化の源泉となり、不完全な感覚や意志をも高進させていく原動力となる。しかも、そうした主客合一的な自我意識である「精神」は、個と普遍の弁証法的統一としてとらえられ、懸案であった反省理論のアポリアを克服するものとしても注目されるのであった[45]。

三　精神と自由の獲得に向けた具体的普遍の構図

――ヘーゲルの認識論の受容と克服――

1　ゲーテ的世界観の哲学者としてのヘーゲル

カント以降の観念論哲学において、ヘーゲル哲学は、ゲーテに見るメタモルフォーゼ（変態）の考え方を理念において表わそうとした点で「ゲーテ的世界観の哲学者」であると、シュタイナーによってひときわ高く評価されることになる。[46]では、「理念世界の浸透した経験世界」という認識源泉に基づいてダイナミックなメタモルフォーゼを構想するゲーテ的認識論と、ヘーゲルの理論は、シュタイナーによっていかに重なりをもって見られるのだろうか。

シュタイナーは、哲学の目的を、世界（自然）と人間とのかかわりや、世界における人間（個人）の生の意義・使命を理解することにあると考えている。このことについて、かれは、ヘーゲルの『自然哲学（*Naturphilosophie*）』の結語をあげ、それがゲーテの言葉の哲学的弁明に相当する、と述べている。

生きているものにおいて、自然は、より高次のものに変わることによって、自らを完成させ、平安を得る。精神は、かくして自然から生じた。自然の目的は、こうした外的なあり方から精神としてみずみずしく現れ出るために、自らを滅し、直接的なもの、感覚的なものの殻を突き破り、不死鳥としてわが身を焼きつくすことである。自然は、自らを再び理念として認識し、自己と和するために、自らを別のものに変容させる。……自然の目的として、それ（精神）は、まさにそれゆえに、自然以前に存在しているのであり、自然は精

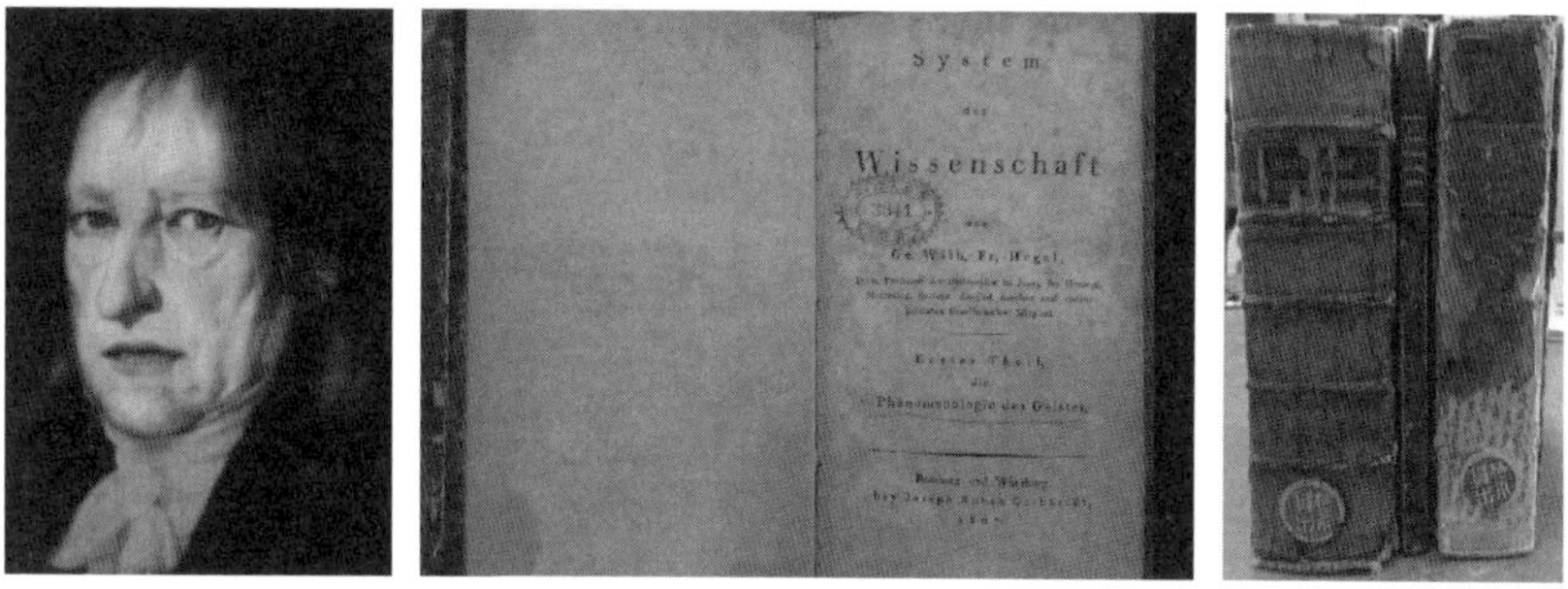

ヘーゲル（Georg Wilhelm Friedrich Hegel: 1770–1831）肖像と『精神現象学』初版本（広島大学文学研究科西洋哲学研究室所蔵）とカント・フィヒテ・ヘーゲルの初版本（同室所蔵）

神から現れ出たのである[47]。

こうした物の見方において、ゲーテとヘーゲルは互いに完全に一致していると、シュタイナーは見る。

しかし、第四章三で確認したように、シュタイナーは、ゲーテ論との相違点をも明示している。かれは、ゲーテがこのメタモルフォーゼの見方を自然に限定し、理論として、人間精神に適用できなかった点に思想上の限界を見る。そして、かれは、ゲーテが踏み込むことのなかった自己認識（汝自身を知れ）を担う「思考」のうちにこそ、最高のメタモルフォーゼがあると考え、その原理を、人間精神を含めた全宇宙（der ganze Kosmos）に適用するヘーゲルに共感を示していくことになるのである。

2 「汝自身を知れ」の哲学者としてのヘーゲル

（1）ヘーゲルに見る「汝自身を知れ」

シュタイナーは、ヘーゲルを、「汝自身を知れ」の道を歩む哲学者として位置づけている。このことは、ヘーゲル著『哲学史講義（*Vorlesungen über die Geschichte der Philosophie*）』（一八三三）における新プラトン主義哲学に関する記述へのシュタイナーの註解によっても裏づけられる[48]。シュタイナー自身、『近代の精神生活のはじまりにおける神秘主義と現代の世界観との関係

（*Die Mystik im Aufgange des neuzeitlichen Geisteslebens und ihr Verhältnis zur modernen Weltanschauung*）』（一九〇一）において、このヘーゲルによる『哲学史講義』のつぎの一節を引用している。

> 部屋で哲学者たちを口論させれば、そのような口論は言葉の抽象化にすぎない、と人々はいう。そうではない。それは世界精神の行為（Taten des Weltgeistes）であり、それゆえ、運命の行為であるのだ。哲学者たちは精神のかけらで身を養っている者たちよりも、主なる神の近くにいる。哲学者たちは神の勅令を原文で読み、ともに書く。哲学者たちは聖所（Helogtum）の内陣に入った秘儀参入者（die Mysten）なのである。(49)

まさにこの言葉でもって、ヘーゲルが自ら、古代以来の密儀的な道を歩み、古代の叡智を体験した、とシュタイナーは示唆するのである。

具体的には、シュタイナーが解する、このヘーゲルの密儀の道は、フィヒテ的な二元論に分化する物の見方ではなく、自由や倫理を含む理念を自我の運動軸で連続的につなぐ試みとして表わされる。それは、ソクラテスが善き生に向けてめざした「内へ、そして上へ」と飛翔する魂の翼による認識・道徳の総合運動（つまり「汝自身を知れ」の道）として哲学的に体系づけられる。そのことを、シュタイナーは、哲学の体系を論じたヘーゲルの『エンチクロペディー（*Enzyklopädie der philosophischen Wissenschaften*）』（一八一七／一八二七／一八三〇）に記される以下の言葉を援用して解説している。

> 外界に横たえられた道徳的な直観世界（Anschauungswelt）から徐々に身を引き離す努力をし、自らの内部へと突き進む。人間は自己を、自らの倫理性の源泉でもあるところの、自己の内部に作用を及ぼしている原

初存在の観点にまで高める。人間はもはや外界ではなく自らの心魂の内に、その道徳的命令（Sittengebote）を求める。人間は自己を、自らのみに依拠させるのである。それゆえ、この独立性、この自由は初めから人間に帰属するものではなく、歴史的発展過程において自力で獲得されるものである。[50]

では、つづいてシュタイナーによるヘーゲル認識論の構造理解を描出していくが、それに先立ち、シュタイナー自身における「汝自身を知れ」の哲学の意義についておさえておきたい。

（2）シュタイナーに見る「汝自身を知れ」

「汝自身を知れ」とは、周知のように、直接には、デルフォイの神殿に刻まれていた箴言「汝自身を知れ（*γνῶθι seautóv*: gnothi seauton）」をさす。シュタイナーは、この古代の神託の叡智が、「心像‐表象（Bilder Vorstellen）から思考による世界の秘密の把握へと進む、世界観の発展へ向けての促しを含んでいる」、と語っている。[51] 実際、シュタイナーによる認識論の考察過程をたどるならば、この象徴的な「汝自身を知れ」の理念を、哲学的に今日的な意味において再構築しようとする意図が感じられる。シュタイナーは、その理念の現実化の意義をつぎのように語る。

> 諸々の世界の謎と人生の問題を解くべく、これまで人間の精神的営為において成就されてきたものをたどっていくならば、観想する心魂（betrachtende Seele）に、「汝自身を知れ（*Erkenne dich selbst*）」という言葉が再三再四浮かんでくる。人間の魂がこの言葉を思い浮かべることによってある一定の作用を感じとることに、世界観に関する理解はかかっている。……わたしは「汝自身を知れ」という課題にその根本的性格が表

現されている世界との関係を、自らの内部に発展させるときにはじめて本当の意味で十全な人間（*ganz Mensch*）になる、と思わざるをえない。[52]

「汝自身を知れ」の哲学、それは、自らの思考を、外なる対象にではなく、直接自己自身の内面に向け観照する哲学的営為をさす。それは、ある意味、自己の内観を通した、普遍と特殊の即なる知的感応体験が是認される世界観でもある。シュタイナーは、自己認識の特質をつぎのように語っている。

自己認識において、かれら（高い精神性を獲得しようとする者：筆者註）に新しい感覚が開かれている。自己認識のなかにほかの認識と異なったものを見ない人には存在しない光景を、この感覚は見せてくれる。……ほかの認識において対象は外界にあり、自己認識においては自らの心魂（Seele）が対象となる。[53]

つまり、こうした認識においては、まさに心魂の問題がかかわりをもつことになる。すなわち、この見方では、普遍との静的な知的感応の事実を語ることが問題なのではなく、自己の心魂の深化とそれに基づく真理の見通しが「普遍と特殊の即応関係」のもとで問題となるのである。したがって、このような認識の図式では、「人はより善くなる」という動的な人格の上昇的発達が前提とされていることを理解しなければならない。ここでは、より善くなる程度に応じて、リアリティへの感応の度合いが増すものと考えられる。そして、このような認識（知）と人格（徳）の変容を、根源においてもっとも創造的に促す「思考」について、シュタイナーはつぎのように解説するのである。

人間は、そのまなざしを自然に向けるとき、自然の諸現象を人間に理解可能なものにする思考を最後に見いだすように、自己自身の深みで内省（Einkehr）をするとき、そこにも最終的に思考を見いだす。……それゆえ、思考は、人間の自我意識のなかに自らを見るのである。[54]

以上が、「汝自身を知れ」についてのシュタイナーの理解となる。次節では、シュタイナーによって、そうした「思考」を核とした「汝自身を知れ」の認識を哲学的に体系化したとみなされるヘーゲルの哲学について見ていきたい。

3　シュタイナーによるヘーゲル認識論の理解

ここでは、ヘーゲルの認識論について、シュタイナーが注目する「思考」作用に焦点を当て、シュタイナーの言に基づき描出してみたい。

シュタイナーは、自我の存在論的証明を通して理念的に客体をも追究したフィヒテと異なり、自我意識の変容を軸に、「精神」としての高次の「思考」作用を通して主客の即応連関を解説したヘーゲルの以下の考えに共鳴する。

人間は思考する存在なので……経験的世界観から神へと上昇する（erheben）権利を譲らないであろう。この上昇は、その基盤に、思考による――たんなる感覚的・動物的な作用を超えた――世界観照以外のいかなるものももたない。感覚的なものを超える思考の上昇、……感覚的なものを中断して（mit Abbrechung）なされる超感覚的なもの（Übersinnliche）への飛躍（Sprung）、これらすべてが思考そのものであり、この移行が思考にほかならない(55)。

フィヒテが通常の感覚を超えた「新たな感覚」による理解を予感しつつも、認識する自我を展開できず、神的な知的直観の容認によって自我作用を分断したのに対し、ヘーゲルは、上の言葉に示されるように、あくまでも感覚世界と超感覚的世界とを現実的な思考の展開において架橋することを構想していた。こうしたヘーゲル的認識は、シュタイナーによって、ゲーテ的メタモルフォーゼを自己意識‐精神の連続的な展開として認識論のうちに体系化するものと、理解されたのである。

そして、純化した精神をフィルターとして高次の感覚が事物の上に光を当てれば、事物の「本質」が照らし出されるという真実を承認しようとしない不可知論者に対して、シュタイナーはこう反論する。内的な思考体験の道に歩み入った者のなかで、事物は、垂直軸的な存在変容の度合いに応じる形で、素朴な実在を越え創造的に真なる姿を立ち現わす、と。それは、純化した深い洞察力と表現力をもつ詩人や学者や技術家が主客の溶解体験のもとに現象の本質を自己の内で感得し表に紡ぎ出す営みにも近い。シュタイナーがあげるつぎの内観体験の例は、そうした立ち現われの事態を解説したものとなる。

外に木が立っている。わたしはこの木を自己の精神のなかで把握する。わたしは己の内なる光を自己が把握したもののうえに投げかける。わたしの内部で、木は外界に存在するもの以上のものになる。感覚の門をとおって木から入ってきたものが精神的内容のなかに受け取られるのである。木の理念的対応物がわたしのなかに存在する。この理念的対応物は、木について、木が外界でわたしに言いえないことを非常に多く語る。わたしに照らされることで、木が何であるのかがはじめて明らかになる。木は外界に存在する唯一の存在ではなくなり、わたしの内に生きる完全なる精神世界の一部となる。木は自らの内容を、わたしの内に存在するほかの理念と結びつける。(56)

この説明によれば、「所与」は、精神との感応を可能とするまでに高まった深い感覚を介して、内側で精神の光に照らされ内在的対応物と呼応し、その精神像を立ち上がらせる。それがシュタイナーのいう「超感覚的な思考内容(通常の感覚を超え純化された感覚に基づく精神的思考内容)」の内実である。

では、こうした精神科学的な内的な理解の確からしさは、主観性の排除と同時に客観的な妥当性を謳う自然科学の明証性に比して、いかなる有効性を有しうるのだろうか。

事実連関の記述に徹する自然科学の抽象的客観的な認識内容に対して、シュタイナーは、内観としての「思考」が描き出す生き生きとした現実的で具体的な認識的内容を支持する。そして、そうした思考枠組みを、かれはヘーゲルの内に見いだすことになる。シュタイナーは、あらゆる認識作用は、もし、人間の内で生きた現実性を獲得しなければ、生命のない、硬直した、抽象的で観念的な産物にとどまると考えている。ヘーゲルもまた、そうした抽象的な認識の産物を「影の領域(Reich der Schatten)」と呼んでいる。両者の場合、認識における「現実性」は、所与を材料として人間が「思考」しつつ、自らに内在する真実在との理念的感応を体験するなかで担保されると考えられた。しかも、そうした恣意的な飛躍をはさまない純化した現実の内観体験は、たんに個別の個人的意義にとどまらない宇宙的意義をもつことになるという。さらに、そのような特殊を窓口として立ち現われる具体的普遍としての宇宙的意義は、人間の自己認識において、その頂点に、その完全性に到達し、この内観的な精神の営みによる完全性なくしては、その本質は断片にとどまることになるとされた。

加えて、こうした本質と現実的な人間認識とをつなぐ動的な世界観は、ヘーゲル、シュタイナーともに「自由」

の問題と重ね見られることになる。ヘーゲルは、シュタイナー同様、自由が生まれながらにして未来永劫人間に与えられた神の賜物ではなく、人間自身が自己の発展経過において漸進的に到達する結果であるとみなした。外界や低次の感覚・欲求に依拠した不自由な生き方から、内的な世界へと踏み込み、そこを経てさらに精神的な本質世界の把握へと上昇していく。そうすることによって、わたしたちは自己を外界から独立させ、自らの内的な精神の本質に従うことができるというのである。(57)

それゆえ、シュタイナーは、人間にとって一般な自由を語ることはできず、「わたしたちは、自由か不自由か」という問いに、「自由でもあり、不自由でもある」と回答するのである。人間は精神的な存在へと変容する以前は不自由である、という。そして、不自由な意志を自由の性格をもった意志へと変化させることが、人間の個体的な上昇、進化であると考えている。シュタイナーは、そのことをつぎの言葉でもって語っている。

> 自由は人間存在の事実として最初から存在するのではない。自由は目標なのである。自由な行為によって、人間は世界と自分との間の矛盾を解く。……自分と他者との間に不調和があれば、それはまだ完全に目覚めていない自己のせいだと感じる。……分離された自我として、自ら全我（All-Ich）へと拡張していかなければ、最高の意味において人間であるということはできないであろう。本源的に自分のなかにある矛盾を克服するのが、人間の本質に属することである。(58)

つまり、シュタイナーにおいて内観とは、自己自身、あるいは自己と世界（他者）との不調和とその原因への気づきをさす。しかも、その気づきは、「相手にとっても自己にとってもそれが自由である」かという自由の実現に向けた自己対話として焦点化され、自己の痛みを通して深まりをみることになる。ここにおいて、主客は未分節（無意識的様態）の状態から分節（対象意識）の状態に至り、そこでの認識限界の先に、吾我（とらわれの自己）の否定、無知の自覚、無分別知という認識と存在のゼロ・ポイントを経て、本源的な統一である主客合一（無分節かつ分節の二重見）の境位へと至るのである。(59)

以上見てきたように、認識と存在とモラルの一元的な上昇図式を支持するシュタイナーの認識論は、きわめてヘーゲル認識論の構造に近いものといえる。こうした理念と現実とをつなぐ動的な世界観は、ヘーゲルとシュタイナーにとって、外界や低次の感覚にのみ依拠した不自由な生き方から、精神的な理念世界の把握・体現（具体的普遍）へと上昇していく「自由」の問題と重ねみられるのである（特殊を窓口に「高次の精神」と「自由」の獲得をめざす具体的普遍の構図）。

しかし、シュタイナーは、同時に、ヘーゲルとの相違も語っており、次の4では両者における理論上の相違点について述べてみたい。

4　ヘーゲル的立場との相違点

これまでの考察によれば、シュタイナーの描く認識論の構造は、ヘーゲルのそれと類似なものであるということができる。しかし、シュタイナーは、ヘーゲルの国家論ならびに自由や絶対精神という物の見方に異議を唱えることになる。

ヘーゲルは、人倫（Sittlichkeit）の最高形態としての国家を構想した。かれにとって、国家は現実化された思考とされ、個々の人間は、民族精神が最高度に達した精神体としての国家のうちに部分として位置づくことになる。

こうした国家観においては、個々の人間に、国家の枠組みを超えて自らの行為の目的と使命を決定する無条件の権利（自由）は認められない。ヘーゲルのいう最高の国家体制は、即かつ対自的（an und für sich）な人倫で結ばれた共同体を意味し、そこにおいてはじめて各個人もまた自由を享有できるものと考えられた。そして、国家におけるそのような自由の現実こそが理性の目的とされ、そのプロセスは世界における神の歩みと解された。つまり、ヘーゲルの場合、国家という枠組みは、古代ギリシアのポリス思想同様、人倫を考える上で越え出ることのない所属者に共通の究極的な場所ととらえられたのである。

しかし、シュタイナーは、そうした倫理的共同体としての民族国家（ヘーゲルの場合はプロイセン国家の問題として語られる）を最終目的に設定すべきではないと主張する。かれにとって、国家や民族の枠組みは保持されつつも個々人の自由はそれを超えて展開しうると判断された。シュタイナーの場合、精神の自由はどこまでも個人の問題であり、終着点が「ある民族国家」であるという見方は受け入れがたかった。

加えて、シュタイナーは、ヘーゲルによる「人倫 - 国家」論の限界を、ヘーゲルの描く思考内容と現実の生との結びつきの欠如のうちに見る。シュタイナーによれば、ヘーゲルは思考の展開において、けっして事物そのものへリアルにかかわることなく、もっぱらその理性的・思想的内容にかかわったために、生の現実を見通すことができなかったとされる。より詳細には、この事態はシュタイナーによってつぎのように付言される。すなわち、ヘーゲルは、世界考察においてつねに思考を追い求めたように、現実の生もまた思考の観点のみから導出しようとしたために、不明確な国家理想や社会理想に対しても思考枠組みの中で戦いを挑み、自ら現存するもの（国家という現存形態）の擁護者を買って出ることになった[60]、と。

シュタイナーの人間発達論によれば、不完全な個々の感覚存在は、理念世界と呼応しつつ変容・展開し、高次の心的作用である精神を介して自由の領域へと貫入していくものと考えられた。そこでは、ヘーゲルの絶対精神のように、完全な原初存在（Urwesen）がどこかわたしたちの外に確固として存在するということは想定されない。シュタイナーによれば、存在するのは永遠の運動、すなわち不断の生成（stetes *Werden*）のうちにある原初存在のみ、と考えられる[61]。そのような見方においては、いかなる外からの制約や枠組みとも相容れない自由な精神の展開が一貫して支持されることになる。そして、こうした根本態度に照らして、ヘーゲル哲学もまたその限界が指摘される。

すなわち、哲学的思考操作のみによって構築されたかれの理論は人間の生の実態を掌握できず、最終的には血の気のない抽象に終わった、と。さらに、そこにおいては、世界内容のもっとも高次な形を各人の人格に求めず、国家や絶対精神といった外的なものに置いたために、真の自由は実現されない[62]、とも。

小括

第五章では、新たな認識論的視角の獲得をめざしたシュタイナーの本格的な哲学的格闘について見ていった。シュタイナーは、まず、その手がかりを、ショーペンハウアーの「生の意志」を、ヘーゲル哲学や無意識の哲学を基盤に再解釈し、カント的な認識の二元論を克服しようとしたハルトマンの認識論哲学に見ていくことになる。ハルトマンは、シュタイナーが、最初の哲学的著作『真理と科学』（一八九二）において、「尊敬の念を込めてこの本を捧げる」と冒頭で名前を明記し、つづく『自由の哲学』（一八九四）ではカント的認識論の克服をめざした人物としてどの哲学者よりも多く引用した人物である。シュタイナーは、非論理的なものと論理的なもの、感覚界と叡智界、意志と表象を、無意識の働きをも考慮して統合的に構造化しようとしたハルトマンの認識論的観点に注目することになる。

ハルトマンは、カントと異なり、物自体と表象は間接的ではあるが、意識の内奥に潜む無時間的な絶対的無意識としての宇宙的な意志を通じてかかわることができると考えた。しかし同時に、ハルトマンは、こうした意志作用を受けて見いだされた知覚内容を一般的な感覚経験の範囲内で規定することで、客観性が保持されうるとも考えた。

それゆえ、ハルトマンにおける認識論の構造は、無意識的な表象として本質にかかわる持続性と、それとは別に感覚によって制限された意識内容として表象される断続性とをあわせもつこととなる（そのような自己の立場をハルトマンは「超越論的実在論」と称する）。しかし、こうした構図は、シュタイナーにとって理解しがたいものとされた。つまり、そこでは、意志を介して主客を融合するとされる、たった一つの知覚内容（持続性）と、現実の認識において制約された形で現われる相対知（断続性）とが、カントの場合のように分断された形で並立的に想定されているからである（それゆえシュタイナーは批判を込めてこのハルトマンの立場を「形而上学的実在論」と称する）。

よってハルトマンの見解は、シュタイナーにとって、認識主体の動的質的な存在論的変容を視野に入れておらず、最終的には、「素朴実在論と観念論との矛盾に満ちた混合」の域を出るものではない、と結論づけられたのである。

感性・経験世界と理念とをつなぐものとしてシュタイナーが構想する「思考内容の一元論」のパラダイムと方法に関する探究は、さらに意識の重層的で可動的な構造を説明するフィヒテの認識論へと向けられることになる。

フィヒテは、シュタイナーが博士論文の主題とした哲学者であり、「学一般の学」（哲学）を基礎づけるため自我論を軸とする知識学を構築しようとした人物として知られる。かれの自我論では、絶対知としての理性はカントのように二元的に分断されることなく、認識は自我の変容を通して一元的に高進可能なものと考えられた。シュタイナーは、こうしたフィヒテの自我論のうちに、ゲーテが踏み込むことのできなかった内観的アプローチやハルトマンがカント的認識論を架橋する視点として保持できなかった意識の可動性＝自己意識の展開についての見方を期待した。

とりわけ、シュタイナーが注目したのは、フィヒテが自我論構築の際に採用する人間認識の二つの探究方法とそれらがもたらす帰結であった。その一つは、「根源的に意識から生じてくるもの以外を排除し自我の純粋概念を取り出す方法（自我意識の構造理解へ）」であり、いま一つは、「自己自身を観察することで自我の本性を見極めようとする方法（自己内観）」である。

まず、フィヒテは、前者の、自我の純粋概念を取り出す試みを通して、「自我は根源的に端的におのれの存在を定立する」（実在性）という第一原則、さらに、「自我に対して端的に非我が反定立する」（否定性）という第二の原則、そして「自我は自我の内で、可分的自我に対して可分的非我を反定立する」（制限性「理論的自我」と制限された自我による非我の限定・定立「実践的自我」）とする第三原則を見いだし、これらのプロセスを通して、カント的分断を自我の変容という次元で総合的に架橋していこうと考えた。

つぎに、後者の自己観察の方法とは、かの、「君自身に注意を向けなさい。君の目を、君を取り囲むすべてのものから転じて、君の内部に向けなさい」というメタ認識的な自己内観的アプローチをさし、フィヒテはそこに一般的な経験的明証性とは異なる内観的な洞察に基づく確からしさを追究することになる。

以上の二つの探究方法、「自我意識の構造理解」と「自己内観」を通して、フィヒテは、自我の根底に端的で無制約的な存在である絶対的自我（純粋自我）を措定した。そして、それを基底に、総合を可能とする構想力の力を得て、自我は非我の定立とその克服を繰り返し、知的直観としての自我（主客未分的自我）から個的自我（主客分化的自我）を経て、理念としての自我（主客合一的自我）へ、別言すれば、理論的自我を超えて実践的自我へと向かう、という道筋を示した。

しかし、こうしたフィヒテによる自我論の構造に対して、シュタイナーは、理論的自我の射程とその受動的性質に疑義を呈する。フィヒテは、理論的自我に、根源的な自我の能動性と、非我による限定の結果生じる自我の反省的能動性を見るが、その一方で、理論的自我は意識の先鋭化の果てに、「己の能動性の対象の中で自己を見失う」と述べるように、自我の能動性の喪失と受動性をも容認する。そして、その先に、構想力はふたたび神的な知的直観の力を外から得て実践的自我による総合を実現していくと考えられた。こうしたフィヒテによる理論的自我から実践的自我への変転は、シュタイナーにとって、わたしたちの個人性が消失し、理念としての自我である実践的自我が個人性を超えて機能し始めることを意味した。しかも、このような物の見方は、自我の存在定立のみが無制約的であり、自我から出発するところの他のすべてのものは制約される、という「自我作用の分裂」と、「無制約的なものから制約されたものへと至る飛躍」を示すものとしてシュタイナーによって批判される。

シュタイナーは、認識する自我という立場に立つ場合、自我は、自らの存在の事実（Tat）と自らによる定立の行為（Handlung）との統合性ならびに即応性を意味する「事行（Tathandlung）」の状態として静止しているのではなく、事行を遂行し、絶対的な決意とかかわり、能動性を発揮すべきである、と指摘する。そして、認識する自我が、即かつ対自的な能動性を身につけることによって、自己についてと同時に、非我に関しても根源的定立が可能となると主張するのである。

それゆえ、こうした知的直観という神的至上命令を通して自己に外から要請するフィヒテによる知の体系は、最終的にはカント同様、問題を認識とは別の領域に持ち込むことになった、とシュタイナーによって否定される。シュタイナーは、ひきつづき、自我が思考の形式をもって所与に歩み寄る場合にのみ、現実的な内容に達することができる、とする自らの構想をヘーゲル哲学のうちに模索していくことになる。

ヘーゲル哲学は、カント以降の観念論哲学において、ゲーテに見るメタモルフォーゼ（変態）の考え方を理念において表わそうとした点で「ゲーテ的世界観の哲学者」であると、シュタイナーによってひときわ高く評価される。加えて、ヘーゲルは、ゲーテが疑いをいだき、踏み込むことのなかった自己認識（汝自身を知れ）に「最高のメタモルフォーゼ」があると考え、その原理を意識変容の内に位置づけたとされる。さらに、シュタイナーは、ゲーテが自然と精神の観照から得たものを、ヘーゲルが自己意識の内に生きている明晰で純粋な思考に基づいて表現している点にとりわけ深い共感を寄せることになる。メタモルフォーゼに見る生成や発展の図式を、ゲーテが自然過程の解明に限定したのに対して、ヘーゲルは人間精神をも含めた全宇宙に適用し、それを思考作用によって発展的につなごうとした点に共鳴するからである。しかも、フィヒテが高次の感覚を予感しつつも、認識する自我を展開できず、神的な知的直観の容認によって自我作用を分断したのに対し、ヘーゲルが、「自己意識－精神」の一元的で連続的な変容のもとに認識論を体系化していったことに、シュタイナーは自らの描くパラダイムとの親和性を感じとったのであった。さらに、こうした理念と現実とをつなぐ動的な世界観は、ヘーゲルとシュタイナーにとって、外物や低次の感覚に依拠した不自由な生き方から、精神的な理念世界の把握・体現（具体的普遍）へと上昇していく「自由」の問題と重ね見られることになる（精神と自由の獲得に向けた具体的普遍の構図）。

　だが、このヘーゲルの理論もまたシュタイナーにとって十分なものとはならなかった。ヘーゲルによって、即かつ対自的な人倫の最高形態として個々人の自由を超えて設定される民族国家観や、人為を超えて歴史を導くものとして規定される絶対精神、さらには人間の生の実態と乖離した哲学的操作のみに基づく理論の抽象性について、シュタイナーは異議を唱えることになる。シュタイナーにとって、精神の自由はどこまでも生き生きとした具体的な個人の人格に帰されるものであり、導き手が絶対精神であったり、終着点がある民族国家であったりする外的で超越的な物の見方は受け入れがたいものであった。

以上が、哲学的格闘の末、構築された人智学的認識論の概要である。ここでの考察の結果、第一章で見た教育実践の諸特徴（可視の事物と不可視な本質の総合、主体変容論、意志と表象の総合、自己意識の展開、精神と自由の獲得に向けた具体的普遍の構図）に関する理論根拠、第二章で教育学における認否の論拠とされたシュタイナー的認識の在り方（精神科学派の認識射程）、そして第三章で教育科学の立場から問題視された人智学的認識論がもつ無前提な認識論・超感覚的な思考を通した直観についての意味と妥当性を、認識論哲学の視点から構造的に示し得たものと思われる。

第六章　人智学認識論の構造と読み解きのパラダイム

ここまで、シュタイナー教育（思想）の特徴をふまえた上で、その根幹にある人智学的認識論の科学性問題と哲学的構造を解明してきた。とりわけ、第四、第五章においては、シュタイナー教育思想の科学性をめぐる不毛な論争に、哲学という「共通言語」でもって対話可能な一つの道筋を示すことを試みた。そして、そこでの考察を通して、シュタイナーの認識論が、広く一般に理解可能なドイツ観念論ならびにゲーテの自然科学論の理論枠組みの内にいかに位置づき、その独自の認識基準が諸思想と比較してどの点にあるのかを見極めることができた。加えて、シュタイナーがたどった哲学的格闘の軌跡を通して、第一章で浮き彫りにされたシュタイナー教育思想の特徴である、①可視の事物と不可視な本質との総合、②総合の鍵としての主体変容論、③意志と表象の総合、④自己意識を軸とする総合、⑤精神と自由の獲得に向けた具体的普遍の構図や第二章で認否の論拠とされたシュタイナー的認識の在り方、そして第三章で争点として示された人智学的認識論がもつ無前提な認識論・超感覚的な思考を通した直観の妥当性問題について、理論上の根拠を示すことができたように思われる。

以上の考察を受け、本章では、シュタイナー教育を根底で支える人智学的認識論について、その今日的な哲学・科学上の意義を提示するつもりである。具体的には、一で、可視の事物と不可視な本質との総合を可能とするシュタイナー的一元論の構造を再度確認し、二において、第三章で提案された科学概念の拡張という見方をふまえ、この認識論がもつ現代的意義と読み解きの鍵となるパラダイムを提示してみたい。

一　シュタイナー的一元論の構造

1　特殊 - 普遍関係に見る具体的普遍の構図

近代思想の多くが、実在的領域（普遍）と主観意識の領域（特殊）を、認識主観の欺瞞性ゆえに分断するなか、シュタイナーは、それらの統一を理論的に構造化しようとした。しかも、その理論は、意識の自己展開を通じて、知と徳の合一、知と行為の一致、自己における知の本質的な内在化をめざすものであった。こうした総合的視点において、とりわけ、実在の理解とそれへのスタンスは、根本原理としての認識論の構築に密接なかかわりをもつことになるのである。それゆえ、シュタイナーがとる人智学的認識論の構造特徴と意義を明らかにするためには、その理論における特殊と普遍との関係を吟味する必要がある。

では、「自己認識から世界認識が生まれる。……わたしたちの有限な個体は、精神的に大宇宙の連関のなかに組み込まれている。わたしたちの個体を超え、個体を部分として含む全体を包括するものが、わたしたちのなかに生きているからである」(1)と、ミクロコスモスとマクロコスモスとの対応を語るシュタイナーの見解は、いかなる「特殊 - 普遍」図式を描くのだろうか。

まず、シュタイナー論の検討に先立ち、第四章二でとりあげた「特殊 - 普遍問題をめぐってなされた中世の普遍論争の論点」を再度確認しておこう。

普遍と個物との関係理解について、普遍論争で問題とされたのは、①「普遍は個物の先に」(universalia anterem)」、②「普遍は個物の中に」(universalia in re)、③「普遍は個物の後に」(universalia post rem)のうち、どのスタンスが妥当かということであった。シュタイナーの特殊即普遍のパラダイムは、結論からいえば、これらのうち、第一の「普遍は個物の先に」を顧慮した第二の「普遍は個物の中に」の立場であることが理解される。それは、普遍がたんなる名称にすぎず、わたしたちの認識において抽象の産物として記述されうるだけとする第三の見方と異なり、普遍が時間的位階的に根源的なものと見る一方で、現実の事物の内に客観的な法則性や本質が理念的原型として観取しうるとするアリストテレス的な物の見方を基本とするものといえる。

シュタイナーは、自らが描く、思考を仲立ちとした主客の連関的統一の構造原型について、アリストテレスに言及して述べている。この言葉も再掲しておこう。

アリストテレスにおいては、世界観への思考の浸透はすでに完結しており、……思考は、自らを源泉として世界の本質と諸事象を理解するための正当な全財産を相続している。……アリストテレスは諸存在のなかに沈潜しようとする。そして、魂がこうして沈潜していくなかで見いだすものは、かれにとっては諸々の事物の本質そのものなのである。……アリストテレスにとっては、イデアは諸事物と諸事象の中に存することになる(2)

ただし、注意したい点は、こうした普遍の内在と超越を想定する物の見方のうち、シュタイナーの立場は、普遍をたんなる超越と見る素朴な有神論的立場でも、普遍を全内在と見る汎神論的立場でもないということである。シュタイナーの垂直軸的一元論に基づく特殊即普遍の見方は、「内在に即してその超越を見る立場」ということができる。つまり、第四章でも確認したが、かれの場合、個物と分離された超越的普遍を前提とするのでも、個物の中に普遍がそっくりそのまま分有された静止状態や、普遍と個物とのたんなる相互関係の事実を語るのでもない。かれの理論においては、特殊（個）に内蔵された（あるいはいまだ不明の状態で顕現していない）普遍を、自我の認識衝動を初発とする思考作用を通した主体の自己運動によって「明」なるものへと展開する、という動的なパラダイムとして主客の呼応が構想されている。しかも、そこで展開される所与と思考の総合の営みは現実的な歩みであるゆえ、自己自身の特性は失われることはなく、自らの内で変容のレベルに応じてリアリティが体現されていくことになる。すなわち、このパラダイムでは、特殊（個）の内に普遍が実になる程度に応じてその特殊（個）はますます本来の意味でその特殊性を全うするものと考えられるのである。それゆえ、シュタイナー的一元論の構図は、徹底して、現実の感覚・思考体験の変容を重視するドグマ化回避の構造といえるのである。

　加えて、こうした「特殊‐普遍」関係における、知・徳・行の上昇的な一元化プロセスにおいて、シュタイナーの理論は、第五章三で見たように、外部に固定された原初存在（Urwesen）を前提とせず、永遠の運動、つまり不断の生成（stetes *Werden*）のうちに関係する原初存在を想定することになる。[3] しかも、それは、ヘーゲルの絶対精神のように「有目的なる者の計画によりて進行する」と普遍の側から理論づけるのでも、ベルグソン（Bergson, Henri-Louis）の「流動の哲学」のように不息不断の変化流転といった現象上の概念である「流動」を事物の本質とする立場でもない。シュタイナーの場合、変化の奥にわたしたちが立ち返りうる普遍（不変）が厳として想定されるが、その普遍と特殊はどちらの側にも比重はなく、相即・即応の作用としか理解しようがないものであった。両者の区別は、ながめる位相の問題であり、特殊と普遍を宿した唯一の実有のみがかれには確かなものとして感じとられていた。それゆえ、かれの場合、事象を、外から規定したり対象化したりする見方やその帰結としての概念は「抽象」でしかなく、主体と事象とが一つになる体験やそこから立ち現われる理念こそが

「具体的普遍（konkret-Allgemeine）」となり得るものと考えられたのである。

では、最後に、こうした関係論に立つ場合、シュタイナーが克服をめざした自然科学の物の見方はいかに位置づけられるのだろうか。かれによれば、自然科学の方法論を採用する現代の多くの諸科学は、客観的普遍的な真理が、自然の個物の中にあるとする合理主義（普遍論争の②の立場）を採用しながら、認識に際しては、知覚内容の記述にとどまろうとしている（③の立場）という。したがって、こうした②から③へ移行する自然科学の認識形式は、第四章二で確認したように、たんに「限界経験（Grenzerlebnis）」を示すのみで、対象である自然から活力を奪い、「生き生きとした表象の麻痺化（die Herblämung）」をもたらすものとして批判されることになるのである。(4)

シュタイナーの場合、アリストテレス同様、始動因でもあり目的因でもある普遍としてのエイドス（形相）がわたしたちを含む特殊内部に存在し即応すると考え、その存在のリアリティは、個を窓口として、上昇する主体変容の程度に応じて、生き生きとした具体的な姿を開示するものと考えられた。

以上が、シュタイナーの人智学的認識論がとる「特殊 - 普遍関係」の内実である。

2　思考内容の一元論の構造

ここでは、上述した、主体変容を軸とした普遍即特殊の上昇的図式をふまえ、人智学的認識論の基本構造である「思考内容の一元論」の内容をシュタイナー自身の言葉からおさえてみたい。まず、ここまで何度か引用した言葉だが、かれによる「思考内容の一元論」の構造を特徴づける以下の言葉を再掲したい。

一元論は、人間が素朴実在的に制約されるという事実を無視しない。一元論は、人間を人生のどの瞬間にも

存在全体を開示できるような完結した所産とみなさない。……一元論は、人間の中に発展する存在を認める。(5)

この記述から、かれの認識論は、固定した普遍を前提とせず、つねに不完全な感覚存在の創造的な変容の可能性を追究しつづける理論であるということができる。ここにおいては、認識に際する感覚的経験と理念認識としての思考体験は、科学－形而上学といった学問的分化を意味せず、精神の発達という系（＝知のヒエラルキー）の連続性のもとでの意識レベルの拡大に位置づけられ、両者の相違は同一系における位相の問題とされる。

さらに、そのような系における発達の程度は、表層的な感覚に左右されない高次の感覚や思考の程度にかかわることになる。そこでは、ものごとを知る・わかるといった認知の実態は、情報的抽象的な知の次元から、個人の感覚・身体・モラルをも含めた人間総体における存在論的変容を経て、真実在を体現するリアリティとなる次元へと上昇していく。つまり、知の究極目的である人格における存在価値の実現に向けて高進していくのである。(6)こうした主体変容としての知という視点において、認識の壁は一時的なものとされ、人間の意識レベルが日常的なレベルから高次の人格的・存在論的レベルに高まるにつれて克服されていくのである。しかも、そのような視点において、普遍的な法則と主体としての個が、さらには、存在と認識（あるいは行為と知）が内在的有機的に結びつけられる。

したがって、かれの場合、人間性の向上にとって知と存在の結びつきは必然であり、そこにおいて認識は主体の意識やモラルを含めた連続的な存在論的変容の次元と重なりをもつと考えられるのである。内観的な「汝自身を知れ」の道を歩むなかで、魂の浄化が促進され、そのプロセスを通して、表層的な感覚や経験に基づくあらゆる先入観や判断、さらには欲望に根ざした利己性が消失し（エゴの克服）、純粋な精神的存在へと向かうことができるとされる。まさに、こうした認識－存在－モラルの一元的変容プロセスにおいて、自己認識の問題が「問題や葛藤を解決するために、いかにわたしを変えねばならないか」という主体変容へ向けた行為の問題に直結していくのである。[7] それゆえ、意識や存在やモラルのヒエラルキー構造を前提とするこの認識論は、同一平面における認識視点の移し替えに終始することなく、わたしたちが種々の「わざ」を身につけるのと同様、水平軸的視点をふまえつつも、存在論的な行為知の次元へ比重を移していくことになる。つまり、この図式では、意識フィールドの問題は、存在内部で展開される垂直軸的な構造の組み替えとして考えられるのである。

　以上が、シュタイナーの人智学的認識論が支持する「思考内容の一元論」に関する構造である。したがって、シュタイナー教育思想をかれの主張に沿って吟味する際、以上見てきた、メタモルフォーゼ理論に依拠した主体変容としての認識、存在（行為）やモラルと結びついた認識という視点が理論理解の重要な鍵となるのである。

　最後に、このシュタイナー的認識論の妥当性について再度確認しておきたい。シュタイナーによれば、かれが構築した人智学的認識の明証性は、そこで得られた原理が、自らの虚構的な創作ではなく、現実の観察に基づき構成されたものであるゆえ、多の人が後から遡ることのできる思考形式をとっていると明言される。このことは、認識における明証性が、認識に先立つ一切の前提を根拠とせず、自らの「思考」を通した個人の内的観察能力やそこでの論理性に帰されていることを意味している。しかも、シュタイナーによれば、そうした帰結について、わたしたちはそのプロセスを追思考できるものとされた。かれは、このような事態と人智学的認識論がもつ垂直軸的パラダイムの知の本質をつぎのように語っている。

　主観的な活動でもある……追思考（Nachdenken）によって、対象の真の本性がわたしたちに開示される。……高次の認識段階が活性化しだすと、多様にみえるすべてのものは一なるものとして本質を顕わにする。それは実証できる類のものではなく、体験されねばならないものである。逆説のように聞こえるかもしれな

いが、これは一つの真理である。(8)

以上のことから、シュタイナーの人智学的認識論は、部分(特殊)と全体(普遍)、意識と無意識、知情意と身体とモラルを、動的な主体変容において有機的に止揚・総合するホリスティックな一元論の構造をもつものといえる。しかも、このパラダイムは、いまもって線形的な科学観やニュートン物理学の単線的な因果律に固執する自然科学の限界を見通し、時空を超えた共振現象や無意識の作用など未知な現象にも認識の可能性を開く開かれた認識論ということができる。

二 現代的意義と読み解きのパラダイム

1 現代的意義

この課題に答える前に、思想の現代的意義という言葉が意味するところを確認しておこう。一般的に、今日、わたしたちが思想について「現代的意義をもつ」という場合、つぎの事態をさす。広義には、その立場が、「近代(あるいはそれ以前)の思想を相対化し、ドグマ性を回避する」ものであること。より限定的には、因果性については進歩・発達・啓蒙・普遍性という概念を内に含む目的論的志向構造を、認識論に関しては客観・主観世界への単純な信仰を、また方法論においては生気論に見られる現象学的方法を、さらには分析性に関する形而上学的アプローチを疑い、現実に立脚し自己批判的に事象を相対化し、認識前提のドグマ性を問い直すことを意味している(「科学性論議」でとりあげた教育科学の立場に立つウルリヒの漠たる批判もこうした文脈においてなされたものといえる)。

それゆえ、こうした近代思想の批判的相対化をねらう多くの思想は、認識主観の欺瞞性と状況相対主義的な現実があるという事実を受け入れる。ただし、以下で、可視の事物と不可視の本質との総合を試みるシュタイナーの人智学的認識論がこの現代的意義を有するか否かを論ずる場合、さらなる二つの方向性をあらかじめ区分し確認しておく必要がある。

一つは、現象面における状況相対的な事実を受け入れた上で、常識（common sense）を根拠に共同体の利益を最大限配慮しつつ判断を下す功利主義や、生活にとっての有用性（utility）を判断指標とするプラグマティズム、そして可視的な明証性（evidence）をメルクマールに事象の解明をめざす経験的実証科学に代表される立場が第一の方向となる。こうした思考の方向性を、現象世界に立脚し個を超えた合意や明証性に依拠して判断するという意味で、ここでは「水平軸の思考」と呼びたい。いま一つは、特殊相対的な個を容認しつつ、その個を窓口として、内観を通じた主体変容によって各々の普遍をめざしうるとする立場があり、そうした「内から上へと向かう思考軸」を「垂直軸の思考」(9)と規定したい。

では、本書で検討してきた、可視の事物と不可視の本質を総合しようとするシュタイナーの人智学的認識論は、こうした現代的方向といかにかかわるのだろうか。

一見したところ、特殊と普遍（現実と理想）の即応的総合、主体変容にともなう認識・存在的発達、精神のヒエラルキー、等の要素を内包するシュタイナーの認識論は、前近代的なドグマ性をもつパラダイムに位置づくかに見える。しかも、しばしばこのような思想は、第三章で見たように、現代ではその内実を検討されることもなく、「神秘主義」(10)という一括りの語でもって、「非科学・非論理」という意味合いを含んで評されることになる。

しかし、古代からの哲学的営為を偏見なく追思考するならば、ドグマ化を回避する方向は、「水平軸」的な指標だけにとどまらないことがわかる。内観的な「垂直軸」の方向において、事象の内的な相対化に努め、形而上的な領域への一足飛びの飛躍を否定し、現実的な視点からの構造化とドグマの回避に寄与してきた思想が存在するのである。加えて、その立場は、わたしたちが今日においてさえ無自覚である「無意識の層」や「超‐時空的な現象」をも含めた理論の構造化を推し進めてきた。シュタイナーは、まさにそうした思想系譜に光を当て、現実的な思考のレベルで理論を構築したということができる。

シュタイナー的な神秘主義は、通常の知覚を超えて存在するとされるリアリティを、忘我や陶酔体験によってとらえようとする方向を否定し、あくまでも自己の明るい個我意識のもと、現実の思考・感情・意志をメタモルフォーゼさせ、心的深化・純化の先に創造的に見いだしていく方向を支持する。(11) それゆえ、この立場は、形而上的構造化を否定し、現実的な視点からの構造化とドグマの回避を模索するポストモダン以降の哲学の方向に位置づくもう一つの方向とみなすことが可能である。(12) しかも、かれの試みは、神秘主義のもつ哲学的意味を哲学自体の問題として、とりわけ、脱（再）構築というきわめて現代的な哲学の問題としてとらえていく立場ということができるだろう。

では、次の**2**において、このようなポストモダン的な脱構築理論としての可能性を保証するパラダイムについて見ていこう。

2　読み解きのパラダイム

ここでは、シュタイナーの人智学的認識論を解読するのに有効だと思われる今日的な垂直軸的パラダイムとして「現代的ホリズム」をとりあげる。まず、この現代的ホリズムの定義に先立ち、このパラダイムが提示された背景について解説しておこう。

一九七〇年代に入り、現代の自然科学者の側において実証科学の限界を超えた説明のできない現象を有意味的に解明する今日的な理論枠組みが模索・提唱され始めた。ケン・ウィルバー（Wilber, Ken）の言を借りるならば、「かたい科学（hard science）」[13]を、精神的な、つまり超越論的なリアリティと直接に向き合わせる、というもっとも真剣で精度の高いパラダイムの創築が試みられたのである。具体的には、スタンフォード大学神経科学教授のK・H・プリブラム（Pribram, Karl H.）が従来の「分析的モデル」に対して提唱した「ホログラフィック・モデル」や、量子論を背景としたロンドン大学理論物理学教授D・ボーム（Bohm, David）の物理理論によってその理論枠組みが諸研究分野に注目されることとなった「ホログラフィック・パラダイム（holographic paradigm）」がその代表的なものである。

ここでいう「分析的モデル」とは、デジタル型コンピュータのように、情報が一群の可能性に基づく特定のプログラムに従って単線的に選択・フィードバックされると考える理論モデルである。一方、「ホログラフィック・モデル」は、情報に関していえば、個々の状態が互いに不可分に相互作用をおこない、単線的モデルに還元できないアナログ型のシステムを意味する。さらに、このモデルは、心理学的には、従来の分析的モデルが個別の日常意識の次元と超個人的な次元との関連を説明できなかったのに対し、事象間あるいは特殊と普遍との相互連結の内実を説明可能にする理論モデルと見られている。分析的モデルがデータの単線的な因果記述と可視化に徹する「水平軸」の思考を先鋭化したものとすれば、ホログラフィック・モデルは、禅（Zen Buddhism）、道教（Taoism）、神智学（Theosophy）等の東洋思想や西洋の神秘主義思想が従来述べてきた、部分（特殊）と全体（普遍）の相補性や相同性を容認する「垂直軸」の物の見方を理論の中核に据えることになる[14]。現在、この新たなパラダイムに基づく学問は、当初の神経科学、量子論、素粒子論を超えて、精神病理学、心理学、倫理学、社会学等にかなりの広がりを見せている。

では、ひきつづき、本書が人智学的認識論の読み解きの鍵とする「全体論的パラダイム」について、ホログラフィック・パラダイムを視野に入れたバティスタ（Battista, John R.）の理論分類を通してその特徴を描出し、さらには、このパラダイムと上述の二つの理論モデルとの関係を記述してみたい。

バティスタは、パラダイムの定義づけと分類に際して、その構造と現代的意義をクリアにするために、科学哲学上の三つの問いをあげている。(15)

［科学哲学の三つの問い］

一、何が存在するのか。あるいは、何が実在の本質なのか。

二、存在するものをわたしたちはどのようにして知るのか。あるいは、何が知識を構成するのか。

三、存在するものの変化と安定を説明するものは何か。

バティスタによれば、上記の設問に関して、第一の問いへの回答はそのパラダイムの存在論（ontology）を構成し、第二の問いに対する答えはそのパラダイムの認識論（epistemology）を、第三の問いへの回答はそのパラダイムの因果性（causality）・分析性（analysis）・説明の方法（methodology）」もしくは「力学（dynamics）」を構成するとされた。

そして、かれは、この科学哲学の三つの問いから要求される存在論、認識論、方法論、因果性、分析性、力学といった理論上の視点を「西洋的思考の三つのパラダイム」として次頁の表に整理する。(16)

上記の分類において、バティスタは、表の最下位のパラダイム「全体論（holism）」を、現象の理解に有効な今日的理論枠組みであると考えている。そのパラダイムにおいては、存在論は一元論的（monistic）、認識論は相互作用的（interactive）、方法論は類比的（analogical）、因果性は確率論的（probabilistic）、分析性は構造的（structual）、

西洋的思考の三つのパラダイム

パラメーター	存在論	認識論	方法論	因果性	分析性	力　学
生気論（vitalism）	二元論	主観的	現象学的	目的論的	形而上学的	ゼロエントロピー的
機械論（mechanism）	二元論	客観的	経験的	決定論的	還元主義的	エントロピー的
全体論（holism）	一元論	相互作用的	類比的	確率論的	構造的	負エントロピー的

力学は負エントロピー的（negentrapic）な見方をとるものとされた。バティスタは、この「全体論的パラダイム」について、つぎのイメージでもって語っている。

全体論的パラダイムによれば、宇宙全体は相互に連結し階層的な組織をもつ。物質とエネルギー、生きているものと生きていないもの、心（mind）と身体（body）と精神（spirit）、これらはすべて同一の系の相異なるレベルをさす。わたしたちは、この宇宙系と相互作用をおこなうがゆえに、この系について知っている。不確実性（uncertainty）はこの系に対するわたしたちの関係に内属する部分であるが、これはこの系が過程であり、しかもわたしたちの知ろうと努めている当の過程にわたしたち自身が部分として含まれていることによるものである。わたしたちがこの不確実性を減らすことができれば、それだけ世界過程に関しての情報が増える。……世界は、ビリーヤードのボールの玉突きのように単純で線形的な仕方で古典力学的に決定されてはいない。むしろ、宇宙系のそれぞれのレベルが互いに作用しあっている。……したがって、わたしたちは、どんなものにせよその絶対的な原因をけっして知りえないし、ある事象が完全に決定されているかどうかすら知りえないのである。(17)

このパラダイムでは、「部分は全体への手がかりをもつ」ものと解され、「差異のうちの統一（unity-in-diversity）」と「統一のうちの差異（diversity-in-unity）」が即なる関係として容認される。さらに、この理論枠組みにおいては、時空は完全に開かれ、一切の区切りは実体的でなく、機能的・暫定的なものと理解される。それゆえ、空間的制約から生じる、自己‐他者、自己が属する有機体‐その他の環境、身体‐心‐精神の区別や、時間的制約によって生まれる過去‐未来、生‐死、存在‐無といった区別は本質的ではなく、同一系の相異なる位相とされる。すなわち、そこでは全体として唯一のリアリティを備えた唯一の実有が存在し、そこに精神（Geist）や死をも包み込む上昇的で円環的なヒエラルキーが構成されるのである。ここにおいて認識の壁は一時的なものとされ、認識主観の高進の程度に応じて存在のリアリティは開示されていく。つまり、経験的認識（知）から超越論的存在認識（知即在）への架橋は、「至高の同一性（supreme identity）」[18]をめざす連続的な認識主観の存在論的変容プロセスとして解説できるのである。

加えて、こうした見方においては、リアリティに関する情報量の質的拡大は、意識階梯の問題と考えられるため、冒頭にあげた分析的モデルは否定されることなく、ホログラフィック・モデルとともに意識の「垂直軸」的な上昇図式のうちに位置づけられるのである。しかも、このパラダイムは明確な現代的意義をもち、旧来の生気論がとる、目的論的な因果性や形而上学的な構造化とは明らかに一線を画し、二元的存在論・相互作用的認識論・構造的分析性・確率論的因果性・類比的方法論・負エントロピー的力学というポストモダンとしての全体論的一元論の枠組みで論じられることになる。

以上見てきた全体論的パラダイムは、現実の諸学問領域において広く適用されつつあり、第三章の科学性論争にてラバグリィが今後に期待した「従来の経験的実証科学と精神科学との境界を見通した新たな理論地平」として十分機能しうるものと考えられる。したがって、本書では、この全体論的パラダイムを、シュタイナーの人智学的認識論を解説する上でわたしたちが共有できる有効な理論枠組みとしてとらえていきたい。

三　新たなる〝Wissenschaft（科学・学問）〟論の可能性

　ここでは、理論と実践の分断の要因とされてきたシュタイナー教育思想の科学性について、この思想と時代が有する《Wissenschaft（科学・学問）》の観点からその意義を再度確認することで、シュタイナー教育（思想）の精神科学としての有効性と可能性を示唆したい。

　本論で述べたように、シュタイナーが生きた十九世紀後半には、自然を対象化・客観化する近代自然科学の一方向性に対して、ロマン主義や観念論哲学が新たな《Wissenschaft》としての科学的知を提供していた。そうした新たな見方は、まなざしを自己自身の内奥に向け、いっさいの前提や偏見を排除し純化した「精神」のうちに真実在の認識という役割を見いだした。それゆえ、この立場は、可視の事物に限定された推論的な思考や主客の分離を前提とする自然科学的な対象視とは一線を画す。むしろ、無時間的で直観的な思考を支持することになる。そこで採用される「特殊（個）と普遍（全体）の即応的認識」の在り方は、自然科学的立場からは、「新プラトン主義」「神秘主義」という漠たる前近代的枠組みにはめられがちであるが、内実は、人格的な善さへと向かうギリシア的な「内観の知」が、近代の科学的観察と反省的思考のフィルターを通して、今日的意義をもって再構築されたものととらえることができる。本章で、シュタイナー教育思想を読み解くための理論枠組みとして紹介した「現代的ホリズム（ホリスティックパラダイム）」もまた、そうした拡張する科学の知の系譜に位置づくことになる。(19) したがって、このような科学上の背景をふまえるならば、シュタイナーによる《Wissenschaft》としての人智学や精神科学は、近代以降顕著となる《science（サイエンス）》としての自然科学の知と異なり、古代の神秘的叡智に発し、十九世紀の《Wissenschaft》論において磨かれ発展を遂げた今日的なホリスティック・パラダイムに位置づくものといえる。

シュタイナー自身、「感覚に生じ来るものは、正しく認識されるならば、それがつねに精神的なものの開示であることを教える[20]」、「自然科学の方法が、精神領域に対して誠実に適用されるなら、この方法もまた認識を通して精神領域へと導く[21]」と考え、自然認識と精神認識とが本質的に重なりを有するものと理解している。そのことは、シュタイナーが内観的洞察を通して自らの認識論哲学を体系づけた『自由の哲学』の副題に記した、「自然科学の方法による心の観察結果（Seelische Beobachtungsresultate nach naturwissenschaftlicher Methode）」という表記にも見いだされる。それは、W・ジェームズ（James, William）が高次の意識の神秘的状態（mystical states of consciousness）について、「感情の状態に似ているけれど、経験した人にとっては、知識の状態でもあるように思われる[22]」と言明するように、そうした高次の意識状態のうちに認識的性質（noetic quality）を見いだすという事実が、当時、識者の間では共有されつつあった。

さらに、この深化・拡張された"Wissenschaft"としての知は、シュタイナー教育においては"Kunst（術）"と融合することになる。かれにとって"Wissenschaft"は、思考を通じて理念をもたらす人間の精神活動の産物であり、"Kunst"はその理念を、存在世界から採られた素材に刻印し表象化するもの（不可視な本質の可視化）と解される[23]。つまり、ここでの両者の関係は、"Wissenschaft"が具体的普遍の内実から紡がれた理性的な知であるのに対して、"Kunst"は方法論としてのメカニズムであり、行為に応用された具体的な実践科学（praktische Wissenschaft）という位置づけになる[24]。

対象視に徹する通常の自然科学の知が、認識に限界を定め、現象の表層的な事実の記述に終始するのに対し、この"Kunst"としての"Wissenschaft"は、その記述された文字の背後にある本質へと歩み入り、理念を実践へと還元する力をもつ[25]。それゆえ、シュタイナーの教育術（Erziehungskunst）においては、知は"Kunst"的創造の領域に接近し、融合することになる。それは、認識行為と“Kunst”的行為が、ともに、所与の現実を介して、わたしたちを真実在の領域に引き上げることを意味する。このことは、源泉である内奥の観照を通して、わたしたちは創造されたものから創造へと、偶然性から必然性へと昇っていき、そこにおいて自然の統一性（Natureinheit）が精神的なまなざしの前に立ち現われる、とシュタイナーによって表現される[26]。

以上が、“Wissenschaft”のフィルターを通して見たシュタイナーによる教育術の意義となる。このことをふまえた上で、今日の実践上の評価に鑑みれば、シュタイナー教育（思想）は、分断された知・情・意・身体・モラルを総合し、本来的な生や精神を回復する有効な教育理論としての可能性を有するものといえる。

小括

シュタイナーの認識論は、かれ自身、「一元論は人間が素朴実在的に制約されるという事実を無視しない。一元論は人間を人生のどの瞬間にも存在全体を開示できるような完結した所産とみなさない。……一元論は、人間の中に発展する存在を認める」（*Die Philosophie der Freiheit*）と述べるように、固定した普遍を前提とせず、現実的な思考を軸に、不完全な感覚身体を精神的人格的な存在へと高めつづける動的な主体変容の知として構想されている。こうした人智学的認識論の在り方は、現象面における状況相対的な事実を受け入れた上で、事象の内的な相対化に努め、形而上学的な領域への一足飛びの飛躍を否定し、現実的な視点からの構造化とドグマの回避に徹する点で、ポストモダン以降の今日的な脱（再）構築哲学の方向の一つに位置づくものといえる。

加えて、この立場は、わたしたちが今日においてさえ無自覚である無意識の層や超 - 時空的な現象をも含めた理論の構造化を教育学の領域で推し進めてきた。そこにおいて、感覚的経験と理念認識としての思考体験は、科学－形而上学といった学問的分化を意味せず、精神の発達という系（＝知のヒエラルキー）の連続性のもとでの意識レベルの拡大に位置づけられ、両者の相違は同一系における位相の問題とされる。

以上のことから、シュタイナーの人智学的認識論は、部分（特殊）と全体（普遍）、意識と無意識、知情意と身体とモラルを、動的な主体変容において有機的に止揚・総合するホリスティックな一元論の構造をもつものといえる。

ただし、シュタイナー自身は、当時、自らの教育思想を言表する際、科学（Wissenschaft）と形而上的領域をも解説する神秘主義（Mystik）の両領域は「同じ道の別の姿」であると主張するにもかかわらず、それらを架橋する具体的な理論やパラダイムの提示には至っていない。その整合的な理解は、究極には、各人の個別な内的体験（Nachdenken 追思考）に委ねられた。

それゆえ、シュタイナー的認識論の内実をふまえ、その今日的意義を一般に解説できる理論枠組みの提示が必要となる。今日、各学問領域で注目される「現代的ホリズム」がそれに該当するものと思われる。

このパラダイムは、一九七〇年代以降、実証科学の限界を超えた説明のできない現象を有意味的に解明する今日的枠組みとして、自然科学者の側（スタンフォード大学神経科学教授の Pribram, Karl, H. や量子論を研究するロンドン大学理論物理学教授 Bohm, D. など）から提唱されたものである。従来の分析的モデルが個別の日常意識の次元と超個人的な次元との関連を説明できなかったのに対し、このホリズム的モデルは、東西の神秘主義思想が従来述べてきた事象間あるいは、部分（特殊）と全体（普遍）の即応的な相互連結や変容の内実を説明可能にする「特殊即普遍のパラダイム」を採用する。その見方は、一元的存在論、相互作用的一元的認識論、類比的方法論、確率論的因果性、構造的分析性、負エントロピー的力学という「全体論的一元論」（Battista, J. R.）の構造をとる。この理論モデルにおいては、シュタイナー理論同様、認識の壁は一時的なものとされ、認識主観の高進の程度に応じて存在のリアリティは漸次開示されていくという認識図式が支持される。つまり、このパラダイムでは経験的認識（知）から超越論的存在認識（知即在）への架橋は、至高の同一性をめざす連続的な認識主観の存在論的変容プロセスとして解説されるのである。

以上のことをふまえるならば、正しく理解された人智学的認識論は、無意識の領域をも射程に入れ、現象の有機的連関や生成発展の一回性の意義を説明できる先駆的な教育学理論に位置づく可能性を秘めていることが理解される。しかも、ここで示された全体論的一元論のパラダイムは、ラバグリィが、今後、シュタイナー教育思想の解読に向けて期待した「従来の経験的実証科学と精神科学との境界を見通した新たな理論地平」として十分機能しうるものと考えられる。

さらに、この「現代的ホリズム」は、シュタイナーの立場同様、人格的な善さへと向かう古代の神秘的叡智に発し、近代の〝Wissenschaft（科学・学問）〟論において、科学的観察と反省的思考のフィルターを通して磨かれた、拡張する科学の知の系譜に位置づくことになる。しかも、この拡張された〝Wissenschaft〟としての知は、シュタイナー教育において、普遍の具象化を担う〝Kunst（術）〟と融合して構成され、実践的な効果を上げていく。この意味で、シュタイナー教育思想は、具体的普遍の内実から紡がれた理性的な知としての〝Wissenschaft〟と、方法論としての〝Kunst〟を総合する「新たな実践科学」の可能性を含みもつものといえるのである。

おわりに

本書では、特殊な概念ゆえ理論理解への接近をはばむシュタイナー教育思想について、その根幹に置かれ、科学性論争の対象ともされる人智学的認識論を軸に、その全体的構造と学理論的な妥当性を検討してきた。それは、教育をめぐる諸問題の克服に向けたシュタイナー自身の歩みについて、かれの思考過程に寄り添いつつ格闘した上でその原理を導出し、現代の学問的枠組みに翻訳する、という営みでもあった。そして、そうした分析プロセスを経てはじめて、かれやかれ以降の時代がなしえなかった、シュタイナー教育思想の今日的意義と可能性を示し得たものと考える。

おわりにあたり、シュタイナー教育思想の根底に据えられ、本書が考察の軸とした人智学的認識論の特徴を再度確認した上で、この認識論を基盤とするシュタイナー教育思想の学理論としての可能性と教育学的意義について言及してみたい。

まず、シュタイナー教育思想の根底に置かれる人智学的認識論の構造原理を総括してみよう。

- 認識論の創築に際していかなる前提（神的直観、実践理性、経験、超経験、自我、絶対精神など）も置かないこと＝これが「無前提」の根拠となる

62歳のシュタイナー

第2ゲーテアーヌム

・認識論を規制するものは理論構築における論理性のみであること
・感覚や意識や経験の連続的拡張によって高次の認識が獲得されること
・精神を含めた主体のメタモルフォーゼによって不完全で特殊な個が特殊なまま具体的普遍へと向かいうること
・制約された素朴実在的な断続的形態の把握から持続的な形態を理解する高次の存在認識に到達しうること
・無制約的なもの（絶対的自我など）から制約に至る認識形式は容認できないこと
・思考と所与の循環を通して現実的で具体的な普遍が実現されること
・低次の感覚・経験に基づく認識から高次の感覚・経験を通した理念認識への移行は自由や道徳性の獲得プロセスでもあること

これらの理論構造のうちに、科学論争で問題とされた、「超感覚的な思考を通した直観」や「無前提な認識論」(1)や、実践上の観点である、「可視の事物と不可視な本質との総合」「知・情・意・身体・モラルのホリスティックな総合」「自己認識を軸とする自由な精神の獲得に向けた主体変容」ならびに「教育学上の位置づけ」が、意義と妥当性をもって解説された。さらに、これらの考察を通して、シュタイナー教育思想の学問的妥当性を語りうる「新たなる知の枠組み（現代的ホリズム）」の有効性を提示できたものと考える。加えて、この理論は、現実の教育実践において、分断された知・情・意・身体・モラルを総合し、本来的な生や精神を回復する、今日有効な教育理論としての可能性を有するものといえる。

　以上の考察の結果、人智学的認識論を軸に、シュタイナー教育思想の全体構造と学理論的妥当性を明らかにするという本書の目的はほぼ果たされたように思われる。このことは、同時に、本書の「はじめに」で述べた理論と実践をめぐる分断的評価の現状に対して、理論の側から両者を架橋する道筋と可能性を示し得たことを含意する。しかも、あいまいさの原因であったシュタイナーによる神秘主義的記述をいっさい排して、教育学・科学・哲学上の一般的な概念でもってシュタイナー教育（思想）を基礎づけたことは、この理論枠組みが実践的にも理論的にもバックボーンとなり得ることを意味し、諸立場に対して対話の一契機を提示し得たものといえるだろう。

　最後に、ここまでの研究を振り返り、対象としたシュタイナーその人に思いを馳せてみたい。本書では、いまだ評価の定まらないシュタイナー教育思想について、その根本原理である人智学的認識論を基礎づけることで、学理論的な位置づけと現代的意義の解明をめざしてきた。過去の多くの教育学者たちの取り組みにもかかわらず、

シュタイナーのデスマスク

シュタイナーの墓

シュタイナー教育思想の草創期・受容期には果たせなかったこの目的を本書は幾ばくかでも果たすことができたであろうか(2)。しかも、シュタイナーの非凡さをその一端でも、今日のわたしたちの言葉で語ることができたであろうか。

今から約九十年前、ドイツのすべての教職員に向けられた雑誌『ドイツの学校（*Die Deutsche Schule*）』に「シュタイナー逝去」の記事が掲載されている。最後にその言葉をあげ、本書を閉じることとしたい。

人智学運動の創設者であり、指導者であるルドルフ・シュタイナー博士は、長年の苦しみの末、バーゼル近郊のドルナッハで三月三十日、六十四歳で亡くなった。かれは、もっとも高い尊敬に値する警告者であったが、かれの人柄、意志、活動がその真意に反する形でかれの同時代人から判断されたように、まったく、歴史においてもかれの性格描写は定まっていない。……しかし、かれの教えの信奉者となりえない人もまたすべてを承認しなければならない。つまり、かれは確かに平凡な人間ではなかったということを(3)。

補論　戦前の日本におけるシュタイナー教育思想の受容

この補論では、まず、シュタイナー教育思想の日本における紹介・受容[1]の過程と内実を明らかにした上で、つぎに、その親和性が問題視されるナショナリズムとの関係ならびに分岐点を理論的に示してみたい。ここでの考察を通して、これまで手つかずのままであったシュタイナー教育思想の日本的受容の全体構図や特殊性、教育思想史・学説史における意義ならびに問題点が明らかとなるものと考える。

補論1　日本における影響と教育学上の位置づけ

はじめに、第一の課題である日本的受容の過程・内実を考えるのに先立ち、シュタイナー教育思想の発信地ドイツにおいて、その思想がいかなる時系列でもって成立・発展していったのかを、第一章一の**3**「シュタイナー教育思想の表明と社会三層化運動の展開」での考察結果をふまえ略述しておきたい。

それによれば、まず、シュタイナーによる教育思想表明の時期が一九〇六年ごろであったこと、シュタイナー自身による実質的な教育展開がなされたのが一九一九年であったこと、さらにはシュタイナーの死（一九二五年）を経てナチスによる人智学協会の解散が一九三五年におこなわれたこと、そしてかれらの手によって自由ヴァルドルフ学校が一九三八年に閉鎖されたこと、を主たる時間的経緯として確認される。加えて、その教育実践が、認識論や社会システム上の問題意識に根ざした活動の一環として展開されていたという内実をふまえ考察を進めていきたい。

では、以上確認した、第二次世界大戦前におけるシュタイナー教育理論・実践の展開時期において、わが国ではいかなるシュタイナー教育思想の紹介や受容がなされていったのかについて以下に検討していこう。

一　日本で最初のシュタイナー教育思想紹介者
――隈本有尚・吉田熊次――

1　最初の研究者――隈本有尚

わが国で最初のシュタイナー教育思想の紹介者は、筆者の研究によれば、明治・大正期に教育界で活躍した隈本有尚（一八六〇 - 一九四三：東京帝国大学理学部准助教授、福岡県立修猷館初代館長、山口高等中学校教頭、文部省視学官、東京高等商業学校教授、長崎高等商業学校初代校長、京城中学校初代校長を歴任）であると思われる。隈本の詳細な履歴については、拙著『松本清張にみるノンフィクションとフィクションのはざま――「哲学館事件」（『小説東京帝国大学』）を読み解く』（御茶の水書房、二〇一五年）、ならびに拙論「隈本有尚とシュタイナー思想との関係について」『日本仏教教育学研究』（第八号、二〇〇〇年）に詳述したので、本項では隈本とシュタイナー教育思想との出会いと展開についてのみ言及することとしたい。

隈本は、一八九二年の「哲学館事件」[2]後、文部省視学官の任にありつつ、東京高等商業学校教授を兼務し、商業道徳の研究という名目で一八九三年に欧米留学をおこなっている。しかし、その留学の内実については、かれ自身、「官命に依て英、仏、独、白、米に留学数ヶ年、傍ら彼の地の先哲に就き神秘諸学の源泉に酌み」[3]と語るように、商業道徳の探究よりも、従来からの考星学的関心に根ざした神秘主義的な思想研究に比重があったものと推測される。そこでの学問的成果は帰国後、哲学思想の専門雑誌『丁酉倫理会倫理講演集』（以後、『丁酉』と表記する）に公表されていく。その記述において、シュタイナーの教育思想が展開され始めるのは、一九一二年の「宗教的、道徳的情操の教養上見神派の心理学の応用」『丁酉』であるものと思われる。この論文においては、いまだシュタイナーの名前はあげられてないものの、記述内容から判断すると、第一章**一**の**3**で確認したシュタイナーの「精神科学の観点から見た子どもの教育」(原文は、一九〇七年の論文版 "Die Erziehung des Kindes von Gesichtspunkte der Geisteswissenschaft") の抜粋であることがわかる(4)。

しかも、隈本の論文においては、神秘主義的概念(ノスチシスム〔gnosticism〕、ミスチシスム〔mysticism〕、セオソフィー〔theosophy〕)が英語表記されていることから、かれが参照・援用したのは、神智学協会の機関誌『セオソフィスト』に掲載され、一九一一年に出された「精神科学の観点からの子どもの教育」("The education of children: from the standpoint of theosophy." London, 1911) の論文版英訳本であることが理解されるのである。ここから、英語に堪能な隈本がシュタイナー教育思想の英語版の成立をまって翻訳・紹介にあたったと考えることができる。したがって、わが国におけるシュタイナー教育思想の最初の紹介は、「精神科学の観点からの子どもの教育」(一九〇七年)を参照しまとめた隈本の一九一二年の論文「宗教的、道徳的情操上見神派の心理学の応用」『丁酉』であるといえるのである。

隈本有尚 (1860-1943)

また、教育思想の紹介とは別に、この時期、わが国の社会改革の動向に呼応するかのように、シュタイナーの社会改革思想もまた注目されていく。それは、具体的には、一九二二年に、隈本が主として自らの哲学的立場を主張してきた『丁酉』誌上に表われてくる。そこに訳者匿名としてではあるが、シュタイナーの「社会有機体の三層化論」(法・政治生活には平等、経済生活には友愛、文化・精神生活には自由の原則をもって臨む社会システム) がショー・デスモンドの論文「国家に関する一新説」として紹介されている(5)。この訳者についても断定はできないが、その後この『丁酉』誌上でシュタイナーの国家社会有機体の三層化論を展開するのは隈本のみであることを考えると、かれとシュタイナーとのかかわりを推測することは十分可能である。ただ、シュタイナーの三層化論（著作としては『現在および将来の生活にとって急務の社会問題の核心』一九一九年がある）については、ロンドン版「三重組織の国家（"The Threefold State"）」をもとに、一九二二年三月の時点で「三重組織の国家」『三重組織の国家と責任国家論』（大日本文明協会）として浮田和民編集のもとに坂本義雄が翻訳しており、かれらの活動と隈本とのかかわりも想像される。しかも、シュタイナーについて、浮田が、「三重組織の著者は独逸の思想家ルドルフ・スタイネルといふ人で従来著作甚だ多く知名の士たるは言ふ迄もない[6]」と記述しているように、当時、国内の有識者たちの間にシュタイナー思想がすでに広く知れわたっていたことも推察される。

筆者の調査によれば、事実、出版にたずさわった大日本文明協会を創設した大隈重信（顧問は井上哲次郎、高田早苗、姉崎正治、澤柳政太郎など）や編者の浮田和民は、シュタイナーの社会三層化論を思想上、視野に入れ活動していた松村介石主催の「道会」（東西思想の融合をはかる：旧日本教会）と深いかかわりをもっていた。この「道会」には直接的に社会三層化を基盤とし、社会・国家改革を目指した大川周明や、シュタイナー思想の根幹にある「神智学」をわが国で広めた平井金三、野口復堂らが組織の中軸におり、学界・政財界では、先の浮田和民、大隈重信はじめ、三宅雪嶺、元良勇次郎、新渡戸稲造、下田歌子、安岡正篤、押川方義、渡辺国武、床次竹次郎、島田三郎、尾崎行雄、井上友一、大倉孫兵衛、森村市左右衛門らが名を連ねていた。

このうち、もっとも積極的にシュタイナーによる社会三層化の実現をめざした大川周明（とりわけ「行地社（会）」等の活動：一九二四－一九三一年）においては、さらに、宇垣一成、荒木貞夫、板垣征四郎、八代六郎、土肥原賢二ら軍参謀本部メンバーや、右翼思想家頭山満やインド国民会議派といった政治・社会運動家たちとの関係を確認することができる（これについての詳細は、拙論「大川周明の国家改造思想にみるシュタイナー思想とナショナリズムとの関係（1）（2）」『下関市立大学論集』を参照のこと）。したがって、浮田の言に表われたように、当時、大日本文明協会の名で出版された三重国家論をはじめ、シュタイナーの著作・思想がかなり広くわが国に浸透していたと推察することができるのである。

では、わが国初のシュタイナー教育思想紹介者である隈本と、こうしたシュタイナーの社会改革思想の水面下での広がりとは、いかなる関係にあったといえるのだろうか。河西善治によれば、このようなシュタイナー思想の知識階級への普及は、隈本と深いかかわりがあったとされる。河西は、当時の大学図書館や国会図書館へのシュタイナー関係寄贈図書の納本時期や寄贈者の分析を通して[7]、隈本がドイツやアメリカの人智学関係者と連絡をとり、「シュタイナーのこの社会有機体三層化運動を日本に知らせるために、運動の通信やシュタイナー著作の出版目録を大学図書館や知人達に配布していた[8]」と見ている。隈本が論を張った『丁酉』においても、その古参会員で隈本と親交のあった桑木厳翼や浮田和民がこの活動に関与していたとされる。このような隈本の積極的な働きかけによって日本国内におけるシュタイナー関係の文献は着実に整備され、一九二〇年代以降、シュタイナー思想研究の条件は整っていったものと見てよいだろう。

だが、隈本は自らがおこなった最初のシュタイナー教育思想紹介（一九一二年）から十年経過した一九二二年の時点（『社会問題の核心』が日本で紹介された年）でもまだシュタイナー思想支持者として自らの名前を表に出すに至っていない。それは隈本自身が、あまりにも特殊な概念でもって語られるシュタイナー教育思想を当時の学術界が受け入れることがまだ不可能であると判断していたためではないかと推測される。そのことは、隈本の、「歳月を重ねるに随って愈々学理として諸君が御同意を与へらるるならば、そこで始めて私の考へて居る最終究境の断案まで御話する機会が到来せうかと思います[9]」という一九一三年の叙述や、一九一五年の「『ロジー（筆者註：考星学）』の……背後に於て之を統一する一大原理……此の根本原理に就きては既に学者の説あり、之を紹介するが為には更に一著を要す(10)」という論文上の記述からも理解できる。

わが国において、シュタイナーの社会三層化論が一九二二年に世に出たとはいえ、隈本は、自らの名でシュタイナーを語るにはまだ機が熟していないと考えていたものと思われる。しかし、次項で見ていくように、この一九二二年の時点において、隈本のまいた「シュタイナー教育思想」という「種」は確実に地中で根をおろしつつあったといえる（隈本がシュタイナー思想を直接語るのは、一九二五年の論文「瑜伽の修練と其の結果（一）」『丁酉』以降であり、以後の隈本による膨大なシュタイナー関連の論文の分析については拙著『松本清張にみるノンフィクションとフィクションのはざま——「哲学館事件」（『小説東京帝国大学』）を読み解く』（御茶の水書房、二〇一五年）、拙論「隈本有尚とシュタイナー思想との関係について」『日本仏教教育学研究』第九号、二〇〇〇年にゆずる）。

2　最初の教育学者——吉田熊次

隈本と同じ「丁酉倫理会」の会員であった東京帝国大学の吉田熊次（一八七四‐一九六四）は、一九二三年四月二十二日に開催された哲学会春期公開講演会において「精神に関する哲学的見解の新傾向について」と題して講演をおこなっている。その講演内容は、一つが『哲学雑誌』（第三八巻四三七号、同年七月）において、いま一つが著書『増補最近教育思潮』（教育研究会出版、一九二四年）の付録（一九二三年七月十八日付）において筆記録という形で残っている。

このなかで吉田は、最近のドイツにおける精神観に関する一般的特徴として、反主知主義的方向とそれにともなう一種の神秘主義的解釈を欲する傾向と、反自然主義的・超自然主義的傾向とをあげ、これらの傾向を示す人物として、シュタイナー、メッサー（Messer, A.）、シュテルン（Stern, W.）を援用し、比較・考察しているのである。とりわけ、シュタイナー教育思想に関して、「最近南方独逸のスツットガルト市に建てられたる「自由ワルドルフ学校」（Freie Waldolf Schule）と云ふのはシュタイネル氏のアントロポソフィーの原理を応用して児童を教育して居ると云ふことであるが、大いに教育界の注意を惹いているらしい[11]」、「此の学校は、一種の神秘主義に基づいて居るもので、其の本義は人智学会員にあらざれば十分に知ることはできぬのであるが、独逸の教育雑誌や最近の教育書などに依って其の一般を知ることが出来る[12]」という記述をとどめている。

しかも、この一九二四年の著作において、吉田は、当時ライプチヒ大学の教授であったハンス・ドリーシュ（Driesch, Hans）教授による一九二三年の哲学会での招待講演の言葉、「メタフィジックの無い哲学は最早欧州の哲学会に影を絶った[13]」を付録掲載（この付録部分でシュタイナー教育思想に言及）の根拠としてあげ、「精神を直接又は間接に教育上の根本原理とみなす所の見解を紹介し、併せてその価値を考究してみたい[14]」と、ヨーロッパの先見的な緒論を紹介・解説するのである。このハンス・ドリーシュとは、シュタイナーによる「社会有機体の三層化運動」の積極的な支持者であり、吉田がシュタイナーとならべて精神の新傾向をもつものとしてあげるA・メッサーもまたヘッセン・ルードヴィッヒ大学の学生カール・ホフマン（Hoffmann, Karl）の論文「ルドルフ・シュタイナーの人智学と『現代の精神科学』」（一九二八年[15]）に博士号を与えた審査教授なのであった。

吉田熊次（1874-1964）

さらに、吉田は一九二五年には、『晩近の教育及教育学』（教育研究会）において、ドイツにおける自由教育論として、オットー、ガウディヒとならべてシュタイナーの教育論をカールゼンの『現在ドイツの実験学校』（一九二三年）を手がかりに具体的に述べることとなる。しかも、かれは、「独逸の心学は英国の経験的心理学に支配せられてから、従来独逸人が持っていた自我（Ich）の観念は失われた……此自我はシュタイネルとメッサーとに依りて再び発見された[16]」というデューリッヒの言葉を引用し、とりわけ、この論文においてドイツ的自我の再発見を近年のドイツ教育学の趨勢に見てとったのである。これらの叙述より、吉田におけるシュタイナー的な物の見方は、ドイツ的自我再興というかれの構想のうちに浮上してきたといえそうである。ただし、この吉田においては、シュタイナー教育思想は、その神秘主義的な理論背景からか、「学的価値については深き疑問の存することは恐らく学会の公認するところではあるまいか(17)」と語られ、一九二五年以降、距離がとられるようになっていく。

二　日本における積極的展開者
――谷本富・入澤宗壽――

1　日本独自の仏教的教育学理論として――谷本富

さらに、この時期、吉田につづいてシュタイナー教育思想に言及した教育学者としては谷本富（一八六七－一九四六）をあげることができる。一般に谷本の教育思想は、「ヘルバルト派の盲信盲崇時代」（山口高等中学校教授～高等師範教授時代前期［兼東京博物館主事・文部省視学官］一八九〇（明治二十）年代前半）、「一国の隆盛繁栄を旨とする教育学説の時代」（東京高等師範教授時代後期：一八九〇（明治三十）年代後半）、「新教育即ち新個人主義の時代」（留学後～京都帝国大学教授時代：一九〇六（明治三十九）年－一九一三（大正二）年）、「実験を尊重する時代」（一九一三（大正二）年の辞職後～一九二三（大正十二）年の『最新教育学大全』出版まで）と四つの時期に区分される(18)。この区分において、第四期（一九二三（大正十二）年）以後の谷本の教育思想は、「宗教通俗講演等に堕した」とされ考察の対象から外されている。しかし、谷本自身の記述を見るかぎり、明らかにかれは自らの思想変遷に第五期を見ているのである。すなわち、かれによれば、自らの度重なる思想転換には、「宗教教育」の探求という一貫した姿勢が底通しており、第五期においてそれが結実するとされるのである。(19) シュタイナー教育思想も、その「宗教教育の完成」という第五期において語られることとなる。(20) 谷本の詳細な思想変遷については、拙論「谷本富におけるシュタイナー教育学の受容過程——谷本の「宗教教育」観を基軸として」『仏教教育学研究』（第九号、二〇〇〇年）にゆずり、本項では直接的なシュタイナー教育思想との出会いについて言及していきたい。

　谷本の構想した「仏教教育学」は、一九〇二年の欧米留学以後本格的に進められていく。具体的には、「実験を尊重する時代」と称される第四期（一九一三－一九二三年）において、プラグマティズム思想のうちに、その理論的基盤が求められていく。さらにこの時期、谷本は、ベルグソンの思想に注目し、パラダイムの糸口を見いだそうとするが、結局、そこからは確たる基礎づけを得ることはできていない。この仏教教育学の構想は、第五期において文化教育学や精神科学的教育学の文脈において理論的な指針を見いだすに至る。そして、その成果は、一九二九年に出版された『宗教々育の理論と実際』（明治図書）のなかで示されることとなる。

谷本富（1867-1946）

　その記述に従うならば、谷本は、無意識を対象とした心理学研究の過程で、精神科学的心理学に関心を抱くようになり、最終的にシュタイナーの人智学に出会い、そこに自らの教育哲学の雛形を見た、とされる。このことについて、かれは、「実は目下早已に第五期に入って、教育哲学の建設に努めているが、それは同じディルタイ（Dilthey,

Wilhelm Christian Ludwig）流でも、スタイナーのアントロポソヒーを斟酌するので、東洋固有の哲学味を加え様としている」[21]と語っている。そこでめざされる東洋的な教育哲学の建設とは、かれのいう「日本独立の教育科学としての仏教的教育学」の創建に相当し、その思想的基盤にシュタイナーの人智学的精神科学に依拠した教育学が構想されていたのである。そして、従来、かれにおいてあいまいなままであった「宗教教育」の方法論は、「学校における宗教教育の方法としては、スタイナーのワルドルフシューレを参考にしたらば宜しかろう」[22]と述べられるようにシュタイナー教育思想を参考とすべきとされたのである。

では、ここで、谷本が採用したシュタイナー教育思想の理論的基盤の妥当性を考察するに先立ち、シュタイナー教育思想に向けられたかれの「宗教教育」への関心が、いつごろ、何を契機に生じたのかについて見ていきたい。

谷本が、自らの第五期に掲げる「仏教的教育学の建設」において、シュタイナー教育思想を理論的な視野に入れたのは一九二六年ごろであることがわかる。すなわち、『宗教々育の理論と実際』（明治図書、一九二九年）によれば、「自分の此の（筆者註：仏教的教育学建設の）考え方は、本年（筆者註：一九二六年）春頃より漸く萌し出し、従って夏期大学においては、早く此処かしこで、その一端を披露したこともあるが、さらに今秋龍谷大学教育学会の公開講演に方つて、稍々取り纏めてこれを提出し、敢て大方諸賢の叱正を仰がうとした次第である」[23]と記されている。また、雑誌『宇宙』（一九二七年）においても、「これ（筆者註：シュタイナー）に関しての小冊子は色々と続々出版される様で、自分の手許にも両三年幾部か到着している」[24]と記述している。

これらのことより、かれが何らかの理由で、一九二四年前後にシュタイナー思想に関する文献を取り寄せることが可能となっていることが判明する。これに関しては、谷本と先にあげた隈本との関係を考えてみる必要があるかもしれない。谷本は隈本とは、一八九〇年から一八九四年まで山口高等中学校で職を同じくし、ともに学生たちの暴動事件にかかわり、隈本の方はふたたび修猷館館長として転出し、谷本は東京高等師範教授に勤務を代わっている。しかも、興味深いことに、かれらが山口高等中学校に在職した一八八九年当時、シュタイナーの人智学に深い関係をもつ神智学の指導者H・S・オルコット（Olcott, Henry Steele）が山口で講演をしており[25]、実際に、谷本の著作『宗教教育の理論と実際』の中に、「明治二十年代（筆者註：明治二十二年）に、印度からオルコットという人が来て、頻りにこれを説き廻ったことを記憶する」[26]という記述を見いだすことができる。したがって、一八八九（明治二十二）年にこの神智学の指導者オルコットの山口講演を両者が聴講した可能性が考えられる。こうした両者の関係から、同窓で旧知の仲である隈本が一九二二年ごろシュタイナーの思想や活動を日本に知らせるために関連文献や目録を送付した知人に谷本も含まれていたと推察することも可能といえる。

また、一九二四年ごろから谷本の手に届き始めたシュタイナー文献とは別に、自らがシュタイナー思想を知るきっかけについて、谷本は、先著『宗教々育の理論と実際』の中でつぎのように語っている。「数年前（筆者註：一九二五年以前）、入澤宗壽氏が『哲学雑誌』か何かで簡単に紹介せられたのが始めてのようだ」[27]、と。つまり、この記述に基づくならば、谷本がシュタイナーの名を直接知りえたのは、入澤の記述からであるという。しかし、入澤の当時の雑誌論文や著作から、関連の記述は見いだすことはできず、この叙述は谷本の記憶違いで、先に見た吉田熊次の『哲学雑誌』（第三八巻四三七号、一九二三年七月）である可能性が強い。その一九二三年当時、谷本はシュタイナー教育思想に関する情報を得るために、大正末に世界の新しい学校を視察した明石女子師範学校主事の及川平治に照会したり[28]、ザウベの『新時代の独逸教育学者』や乙竹岩造の『文化教育学の新研究』に書かれた「斯道新諸名家の小傳」をあたったりしているが[29]、そのどちらからも情報が得られていない。谷本が、はじめてシュタイナー教育思想の全体像を知りえたのは、一九二四年ごろのことであり、勤務先の龍谷大学の教育学研究室に買っておいた、ゲーテアーヌム（スイスにあるシュタイナーによって創設された研究施設）におけるシュタイナーの冬期講習会の筆記の小冊子（一九二二年）からであるという。かれは、そのときのことを「早速一読したところが、初めて万事明瞭となったのは、大に嬉しい。これは偏に大学研究室の利益だと信ずる[30]」と述べている。ここからは、一九一三年のいわゆる京都帝国大学七教授の馘首事件により職を去り、隠棲して研究活動するという困難な状況の中でシュタイナーに関する研究が進められていた様子がうかがえる。以上のことより、谷本が一九二三年に吉田の論文でシュタイナーの名を知り得、一九二四年ごろから、何らかの理由でシュタイナー関連の文献を手元に置くようになったいきさつがわかるのである。

では、つぎに谷本におけるシュタイナー教育思想の理解について見ていきたい。

谷本が宗教教育的な関心を生涯抱きつづけていたことは先にふれたが、そうした宗教教育論の核心となる人間理解に際して、かれは自然科学的な「経験」の範疇を超えて、より深いレベルでの心と身体の変容をともなう「体験」の次元について理論化することを希求しつづけていた。そうした研究衝動は、精神科学という学問領域に向けられ、最終的にその立場の最たるものとしてシュタイナー教育思想を注目するに至ったのである。そのことをかれは、「今現に独逸に於て大に流行している精神科学流の諸科学者、例えばスプランガーにしてもステルンにしても、それは皆直接間接にディルタイの門流に外あるまい。然かもそれも精神科学としては、或はまだ中途半のもので、若し更に徹底したものといはば、自分はルードルフ・スタイナーを挙げたい[31]」と語るのである。

では、ここでいわれる「より徹底した精神科学」とは、具体的にいかなる見方をさし、それはかれの宗教（仏教）教育観においてどのように結びつけられ、理論化されるのであろうか。

谷本のいう徹底した精神科学とは、深層心理的、超感覚的な次元をも包摂するもので、「人間本具の心霊[32]」、「人間固有の霊性[33]」というシュタイナー的な用語でもって表わされていく。しかも、そのような人智学的概念を、かれは自らの宗教教育理論における人間理解、人間陶冶の中心概念に据えようとしたのである。そのことは、「スタイナーのアントロポソフヒーに依らうとして居り、それは人間固有の霊性を徐に発揮しやうといふので、只今ではそこに宗教々育の基礎を捉えたい[34]」という言葉に集約される。

谷本は、従来から抱きつづけてきた仏教的人間理解の鍵概念を、こうしたシュタイナーの「霊性（精神）」を含んだ人間構造に重ね見ようとしたのである。そのことは、シュタイナーが人間理解に際して用いる「物理的身体（肉体）」「心」「霊魂（精神）」「霊魂（精神）的人間」といった人智学（神智学）的な概念区分を、同じくかれが宗教的な関心でもって注目する弘法大師の『心経秘鍵』中の「色」「受想行識」「空」「涅槃」に対応させたり、シュタイナーの人智学的な人間認識の瞑想的側面を評して、「座禅観想の如きもの[35]」「一切皆空の極致[36]」と表現したりすることからもうかがわれる。

だが、最晩年における谷本のシュタイナー的宗教教育論への熱い思いとは逆に、かれは自らのシュタイナー理論に対して向けられた「オツキュルチズムで、純粋な科学とは云へない[37]」という批判に対して、それを克服するだけの厳密な理論を構築し得ていない。それは、かれのおこなうシュタイナー教育思想に関する説明が、神秘主義的な人智学用語に偏していたことや、重ね見られる仏教概念との論理的な体系化が不十分であったことによるものと思われる。とりわけ、かれが参照したシュタイナー文献の偏りは、以下のような問題点を含んでいる。

谷本の著作における記述内容や引用文献から、かれのシュタイナー教育思想理解の経緯がつぎのように判明する。かれはまず、リッテルマイヤーの著である *Von Lebenswerk Rudolf Steiners*（一九二一）によって、シュタイナーの人物と事績の概観を知り、レーマン・イッセル（Lehmann, K. Issel）の *Theosophie*（一九二七）を通して、シュタイナー思想の根幹にある「神智学（Theosophie）」理論を理解したことがわかる。また、シュタイナー思想に関しては、シュタイナー自身の著となる *Theosophie*（一九〇四）、*Wie erlangt man Erkenntnisse der höheren Welten?*（一九一三）、*Die Rätzel der Philosophie in ihrer Geschichte*（一九一四）、*Lehrerkursus am Goetheanum*

（一九二三）、*Gegenwärtige Geistesleben und Erziehung*（一九二七）、*Anthroposophie*（一九二七）などを理論理解に参照していたことが理解される。

しかも、そうした文献には、神秘主義的用語をいっさい用いることなく、当時趨勢を占めていたドイツ観念論との理論的対決を試みたシュタイナーの初期哲学著作である *Goethes Naturwissenschaftlichen Schriften*（一八八四‐一八九七）、*Grundlinien einer Erkenntnistheorie der Goetheschen Weltanschauung*（一八八六）、*Wahrheit und Wissenschaft*（一八九二）、*Die Philosophie der Freiheit*（一八九四）、*Goethes Weltanschauung*（一八九七）などが欠落しているのである。従来、谷本が西洋哲学概念の厳密な分析のうちに求めようとしてきた宗教教育上の哲学的基礎づけは、まさに、これらの初期著作のうちに見いだされるべきであったといえる[38]。

実際、自らの理論構築上の不備とさらなる研究の必要性について、谷本は、「ワールドルフ学校を……自分は他日参観の機会をえたいと念じている。……スタイナーの東洋印度思想との関係、並にその教育学説の詳細等は、更に機会を見て、改めて世に問ふつもりである[39]」と語り、研究の発展を今後にゆだねている。

以上見てきた状況から、最晩年に谷本は、自らの宗教教育学理論の完成を精神科学としてのシュタイナー教育思想に見、それを仏教理論と融合し体系化しようと構想したものの、かれがめざした妥当性をともなう宗教教育学理論としての確立には至らなかったものと結論づけることができるであろう。谷本は、シュタイナー教育思想解明への希望を抱きつつも、一九二九年以降、かれのシュタイナー教育思想の理論的発展は閉ざされていく。谷本的仏教教育学は、かれ自身、「宗教の正当性は現今の人智にては合理的に証明する能はずとも、知識一層深遠にして充実する時は、必ずしも期し難きにあらず[40]」と述べるように、その妥当性の証明は将来に託されたといえる。

2　日本的体験的文化教育学として――入澤宗壽

ここでは、谷本がシュタイナー思想紹介者と勘違いした入澤宗壽について検討を加えてみよう。これまで、広瀬俊雄・新田貴代の先行研究によって、入澤の『現代教育思潮大観』（同文書院、一九三一年）と、新教育協会編『新教育汎論』（同文館、一九三一年）、大志万準治との共著『哲学的人間学による教育の理論と実際』（モナス、一九三四年）がシュタイナー教育思想に言及している点が指摘されていた。

では、一九三一年以前、とりわけ、谷本が入澤にシュタイナー教育思想紹介の嚆矢を見たとされる一九二五年前後の入澤の教育学研究の状況はどうだったのだろうか。入澤は、一体どの時点で、いかなる形においてシュタイナー教育思想と出会ったのであろうか。

一九二一年に、入澤は東京帝国大学の教育学講座の拡張にともない、指導教官であった吉田熊次によって、その第四講座の助教授として伊勢の神宮皇學館から招聘されている。かれは、そこにおいて講義のほかに教育問題・教育思潮の研究を課せられ、『教育思潮研究』の中でその成果を表わしていくこととなる。とりわけ、大正年間（一九一二－一九二五年）の入澤の研究関心は、新教育やディルタイ派の文化教育学の理論的分析や、田島小学校における教育実践に向けられていた。しかも、かれはその当時を振り返って、「大正初年と末年とに於いて十余年の歳月は流れた。その間に論理的基礎を重視した私は、体験を注視するに至った(41)」と語るように、教育思潮研究を通して大正末（一九二五年前後）には「体験」という概念を自らの教育思想の中核に置くに至っている。その「体験」とは、入澤によれば「経験の徹底」「内面的経験」「思惟以前の具體であり、直観」「分析的活動でなく、總合的の活動」「始めより知情

入澤宗壽（1867-1946）

意合一の活動であり、生命が具體的總合的に対象を把握する作用」と規定された[42]。

以上の研究方向に基づく大正末期のかれのいくつかの論文からはすでに、かれが後のシュタイナー教育思想の分析に用いた無意識や非合理の領域をも射程に入れた有機的全体的な視座を読みとることができる。具体的には、かれは当時そうした概念を、自ら、新心理学と称するドイツの精神科学的心理学（構造心理学）・精神分析学・形態心理学のうちにすでに見てとっていたことがわかる[43]。

しかし、それらの叙述の中には一九二九年から一九三〇年にかけての欧米視察以降顕著となる、シュタイナー教育思想の精神科学への位置づけや新教育の諸概念による分析は見いだすことはできない。しかも、外遊に先立ち、従来の教育学研究であまり顧慮されなかった新進教育学者を紹介・批判したかれの『現代の教育哲学』（一九二九年）のうちにもシュタイナーの名を見つけることはできない。これらのことより、かれがシュタイナー教育思想に言及し始めるのは欧米視察以後であるとほぼ確定できる。

では、なぜ入澤は欧米視察以前、シュタイナー教育思想に関する体系だった論述を著わしていないにもかかわらず、その視察の際シュタイナー派の学校を数多く訪問したのであろうか。この問いについては、『教育思潮研究』（第五巻、第一・二輯）に叙述された入澤の教育学談話会講演（一九三〇年十月一日開催）「欧米視察談」の抜粋が回答を示してくれる。それによると、「ドイツのルドルフ・スタイナー派の学校は、吉田先生より予めお話を聞きましたので彼の伝記思想を読まずに行きました。この学校は、スツットガルト外四校とハーグ一校、ロンドン、紐育共に二校あるということで次第に行われつつあり、最近益々この種の学校が広がりつつあります[44]」とされ、入澤が欧米視察にあたって、東京帝国大学の恩師であり先輩教授でもある吉田熊次からシュタイナー学校の情報を得ていたことがわかる。

しかも、かれは帰国後、「リットが私に語った如く、この学校の活動はたしかに目覚しい。リットはシュタイナー主義との関係を稍消極的にとっているが、私はそれとの連絡をこの学校及び他のこの派の学校に見るを得た。田園家塾のビーバーシュタインのドクトルドンニー君もシュタイナー主義に教育上の長所を見ていたが、同感である[45]」、「リットのいふ如く新学校としていい学校であるのみでなく、私にはシュタイナー思想が生きて働いていると思はれる[46]」と記述しているように、留学時にこの地で改革教育運動をリードした精神科学派のリットや田園教育舎の関係者と会い、その運動とシュタイナー教育とのかかわりについて考究していたことが理解できる。実際、かれはそうした情報を得て、ジュネーブの世界教育会議やヘルシンゲールの世界新教育会議でシュタイナー派の学校の玩具類を観察したり、学校見学を積極的におこなったりしているのである。一九二九年十一月二十五日と二十六日の両日には、シュトゥットガルトの自由ヴァルドルフ学校（当時二十八学級で教員六十四名、児童生徒一一五五人[47]）を見学し、エッセンのシュタイナー学校（一九二九年、参観時十一学級、教員二十名、児童生徒三五六人）、一九三〇年一月二十日にはベルリンのシュタイナー学校を、同年四月一日にはハノーバーの自由ヴァルドルフ学校（一九二九年の参観時五学級、教員五名、児童生徒一四五名）を、さらにオランダのハーグにあるシュタイナー派の自由学校を見学している。

そして、新教育視察という目的での留学から戻ってきた入澤は、一九三〇年以降、シュタイナー教育思想の学問的位置づけを含め、その思想内容を積極的に紹介していくことになる。かれは、「ドイツの新教育ではシュタイナー派の学校の進出を看過することはできない。それは作業学校の性質も帯び、文化の尊重に立ち、芸術とも手を携える。それ故芸術教育運動の節に一言したが、体験を主とするものともみられる[48]」と総括し、シュタイナー派の学校を「新教育」の一つにあげている。さらに、その学問的立場を、「ディルタイなどの意味の精神科学で哲学的なものであり、歴史を基礎とするに於いてリットの意味の哲学的人間学でもある」、「シュタイナーの思想は正しく心身一元の人間観に出立」し人間全体を研究対象とする「哲学的人間学」である、とも位置づけている[49]。

そして、「今日シュタイナー等が児童を芸術的に見、少なくとも分析的科学的取扱でなく、總合的、芸術的、感情的取扱をせんとするところに現代的意義を認めねばならない[50]」と語るように、入澤は、このシュタイナー教育思想に大いなる現代的意義を見るのである。

こうした入澤のシュタイナー教育思想への共鳴は、研究雑誌『教育論叢』(第二四巻第五号、一九三〇年)、『教育思潮研究』(一九三一年以降[51])や、著書『欧米の印象』(教育研究会、一九三〇年)、『世界に於ける新教育の趨勢』(同文館、一九三〇年)、『最近教育の思潮と実際』(明治図書、一九三一年)、『現代教育思潮大観』(同文館、一九三一年)、『新郷土教育原論』(明治図書、一九三二年)、『哲学的人間学による教育の理論と実際』(モナス、一九三四年)、『世界に於ける新教育の趨勢』(同文館、一九三五年)、『全体観の教育』(同文書院、一九三六年)、『新教育の二十五年』(明治図書、一九三七年)において理論化され、公表されていくことになるのである。

しかし、一方で、ここでの理論は実践に活かされることなくナショナリズムの波にのまれて埋もれていく。入澤の実践的な事績として、欧米視察以前からかかわっていた川崎市の田島小学校(一九二三年-)と鳥取県倉吉市の成徳小学校(一九二五年-)での実験学校の指導があげられるが、帰国後の現場の実践記録からは、具体的なシュタイナー教育の内容を確認することはできない(詳細は二で確認していく)。さらに、シュタイナー教育を主唱したこの一九三〇年代を経て、入澤は一九四四年九月(一九四四年九月から一九四七年三月までの東京帝国大学の教育学講座の担当者は不明となっている[52])まで東京帝国大学の教育学科教授の職を務め、国家教育の政策決定にもたずさわることになるが、その後、戦時色が増すにつれて、シュタイナー教育思想への言及は姿を消していく。そして、入澤は、東京空襲による被災や過労のため一九四五年五月十三日に終戦を待たずして亡くなることとなる[53]。

以上の考察をふまえ、わが国教育学界にかぎってシュタイナー教育思想移入の経過を略述するとすれば、つぎのようになるであろう。すなわち、自我論の探究より、一九二三年、精神を直接間接に教育の根本原理とする新傾向としてシュタイナー教育思想をいち早く紹介した吉田熊次、その吉田の助言を受け海外視察の際シュタイナー派の学校を観察し、後に心身一元の全体観的人間観という視点より日本的体験文化教育学として新教育に位置づけた入澤宗壽、そして自らの最晩年において長年の課題であった「宗教教育」の完成をシュタイナー教育思想に見いだし、日本独自の仏教的教育学理論を構想した谷本富というふうに。しかも、かれら三者、とりわけ、入澤、谷本がともに、当時の教育学における人間理解の限界を先取りし、「非日常」・「非合理」・「無意識」の領域をも視野に入れた「全体観」的なシュタイナー的人間理解のうちにその克服をめざしたことも特記すべきであろう。

三　その他の人物

1　伏見猛弥

一九二〇－三〇年代においてシュタイナーの教育思想に言及したものとして、城戸幡太郎編集の『教育学辞典』（岩波書店、一九三九年）があげられる。そこにおいて、国民精神文化研究所所員伏見猛弥が「シュタイナー」と「ヴァルドルフ・シューレ」という項目でシュタイナーとその教育について詳細な紹介をしている。かれの参考・引用文献には、シュタイナー教育に関する主たる原著が網羅されている（*Die Philosophie der Freiheit*, 1918, *Theosophie*, 1904, *Die Kernpukte der sozialen Frage in den Lebensnotwendigkeiten der Gegenwart und Zukunft*, 1919, *Mein Lebensgang*, 1925, *Die Gegenwärtige Geistesleben und Erziehung*, 1927, *Die Erziehung des Kindes vom Gesichtspukte der Geisteswissenschaft*, 1921, F. Karsen, *Die neuen Schulen in Deutschland*, 1924 等）。加えて、和文献においては、入澤宗壽・大志万準治『哲学的人間学による教育の理論と実践』（モナス、一九三四年）や入澤宗壽『世界に於ける新教育の趨勢』（同文館、一九三五年）が参考文献としてあげられていることから、先に見た入澤との関係が想像される。伏見と入澤との関係についていえば、伏見が東京帝国大学教育学部助手時代（一九三一年ごろ）に入澤が助教授としてかれの上司にあたり、当時東大で推し進められた「教育思潮研究」のなかで入澤からシュタイナーについて何らかの助言を得ていた可能性が考えられる(54)。

しかし、伏見に関しては一九三九年を前後して、かれの他の著作・論文からシュタイナーについての記述を見いだすことはできない。当時の伏見は、国民精神文化研究所の所員としてナショナリズムを推進する役割を担っていた。こうしたかれの思想傾向は、『大東亜教育政策』（国民精神文化研究所、一九四二年）において顕著に示されている。かれは、マルクス主義派台頭の原因として政治教育の欠如をあげ、「ドイツもナチスの教育は、そのまま政治であり、ヒットラー＝ユーゲントの如き、実に徹底した政治教育を受けている。……教育を受ければ受けるほど、国籍が明瞭となり、国家の意図する政策の具現者となるのである」、「教育は教育として人間の理性を陶治するので、寧ろ現実の国家とか政治とかとは無関係であると云ふ態度が、次第に思想的に国籍を超越する人間を養成したのである(55)」と、コミュンテルンの活動に走る学生を想定し批判する一方でヒトラー的政治教育を支持するのである。さらに、旧ソビエトと中国が日本という具体的な敵をつくることによって民族の団結と政治的目標を達成したことを例にとり、同様のたとえとして、「ヒットラーが僅か七、八年の間にあの輝かしきドイツの復興をなしとげたのも、青年に対して具体的な敵、ヴェルサイユ平和条約の強制者たる敵英国を与へたからであった(56)」と、ヒトラー的政策を評価している。しかも、この点について、「我が国の教育に於ては、かくの如き目標を欠いている。……寧ろ米英の放送による正義、人道論を額面通り受け取って、敵を作らないことが教育の本道であるかの如く考えた。勿論なんでも敵を与へればよいと云ふものではない。ただ日本の国体の顕現にとって障害となるものは、これを敢然敵として、国民を教育するに非ずんば、決して正しい教育とは云へないであらう(57)」

と、国体維持のために米英を敵視することを主張するのである。こうした国家観や排他主義はシュタイナー思想の本質とは相容れず、伏見がシュタイナー思想の本質理解に及んでいなかったことが分かる。

2　高橋里美

また、この『教育学辞典』（一九三九年）には、「人智学」の項目でシュタイナーの思想が東北帝国大学助教授高橋里美（一八八六－一九六四）によって紹介されている。かれもまた、シュタイナー自身の著作（*Das Christentum als mystische Tatsache und die Mysterien des Altertums*, 1902, *Theosophie*, 1904, *Wie erlangt man Erkenntnisse der höheren Welten?*, 1905, *Von Seelenrätseln*, 1917, *Die Kernpunkte der sozialen Frage in den Lebensnotwendigkeiten der Gegenwart und Zukunft*, 1919）や人智学の専門雑誌 *Die Drei* 等を確実に読み込んでシュタイナーの人智学を記述している。しかし、かれの場合も、この記述以外にシュタイナーに言及した形跡は見受けられない(58)。

3　日田権一

もうひとり、この辞典には元東京高等師範学校教授で当時文部省事務官の職にあった日田権一（一八八七－一九六六）が、「郷土教育」の項目でシュタイナー教育の実際を紹介している。この「郷土教育」やそれにともなう「合科教授」は、当時教育界でかなりの趨勢を占めており、その先駆的紹介者が先にあげた入澤宗壽であり、日田もまたこの辞典において入澤の「合科教授の研究」『教育思潮研究』（四巻二輯、一九三〇年）を参照し、そこにあげられたシュタイナー教育の実際を記述している。日田の中心思想は文化教育学であり、とりわけかれはシュプランガーの理論を支持した。この文化教育学のパラダイムにおいて人間固有の構造を精神科学的認識によって理解しようとする日田ではあるが、文化教育学に関するかれの他の論文からはシュタイナーについての記述を見いだすことはできない[59]。また、かれは一九二九年から三〇年にかけてアメリカのコロンビア大学をはじめ、欧米の教育視察をおこなっており、その報告の一端は『教育年報』の「海外視察談」においてうかがい知ることができる。そこにおいて、ドイツの学校はとくに目を惹くものがあったとされるが、それは実業補習学校についてであり、シュタイナー教育のことはどこにもふれられていない。「或る市で視学に、新教育を行って居る学校はないかと聞いてみたが、別に見るべき程のものは得られなかった[60]」と語られるように、留学時にシュタイナー派の学校を訪問したという記述は見いだせない。

4　大志万準治

また、入澤宗壽との関係から、入澤と共著でシュタイナー教育について著述した大志万準治についてかれの立場を確認しておく必要があるだろう。大志万の履歴は、後年の著作『集会と会議の開き方・進め方』（文教書院、一九六一年）によってその概略を知ることができる。それによれば、かれはジュネーブ大学文学部教育科学専攻、東京市嘱託（筆者調査：一九三一年ごろ）、日本大学法文学部倫理科教育科卒業（筆者調査：日本大学学籍簿より在学期間は一九三三年から三六年）、東京市教育局、興亜院文化部勤務、大東亜省調査官。外務省管理局、文部省学校教育局兼務、神奈川県社会教育課長兼県立公民館長を経て、文部省図書館職員養成所長、社会教育課長補佐、この間欧米教育事情調査、世界教育会議に二回出張、と記載されている[61]。

その大志万の事績について前掲著作以外で現在筆者がわかることは、一九三四年に入澤との共著で『哲学的人間学による教育の理論と実際』（モナス）を著わしていることと、一九四二年の雑誌『興亜教育』（第一巻第一号、第三号）に興亜院文化部第二課の所属として興亜教育座談会に参加し、大東亜教育体制の確立について、皇道主義に基づく日本精神を基盤として興亜民族全体の教育を主張していることである[62]。さらに、大志万が、一九三〇年に野口援太郎を会長とし、入澤宗壽を副会長として創設された「新教育協会」に加盟し、新教育協会編『日本精神と新教育』（明治図書、一九三四年）において、会の主要メンバーとの座談会で同じく皇道を中心とした新教育観を展開したことも確認できる。

加えて、筆者の調査によれば、先の履歴に示された通り、大志万は第六回の世界新教育会議（世界新教育協会本部ロンドン）に日本代表部として参加していることが確認された。この会議は、世界の五十か国あまりの国から進歩的教育の研究と実践にたずさわっている者が三年おきに集う会議であり、大志万が派遣された第六回は一九三二年七月二十九日から八月十一日まで二週間にわたりフランス南部の都市ニースで開催されたものであった。日本代表は物理学者で元東京帝国大学名誉教授の田中舘愛橘（国際連合智的協委員）を団長として高田休広（文部省専門学務課長）、羽仁もと子（自由学園長）、川崎利市（日本新教育協会主事）、榊原喜久治（岡崎師範）、足立一平（神戸高商船教授）、書上喜太郎（玉川学園教授）、山崎博（田島小学校）、そして大志万準治（東京市嘱託）の九名で構成されていた[63]。こうした新教育開発のための一団を見るとき、とりわけ山崎博と大志万準治が入澤と深い関係をもちえていたことが予想される。つまり、ふたりはともに、入澤を副会長とする日本の新教育協会と入澤の具体的な研究活動にかかわりをもち、とりわけ、山崎の派遣は入澤ならびに新教育協会の推薦であったことが明記されている[64]。では、以下、この大志万と入澤とのつながりを検討するに先立ち、関連する入澤と山崎の関係について整理してみたい。

5　山崎博

山崎博は、入澤が自らの新教育理論を実験学校として展開した田島小学校の校長であり、その実践内容は入澤との共著『体験教育の理論と実際』『体験教育における個性及個性教育の実際』（ともに内外書房、一九二五年）となって後に著わされることとなる。この田島小学校での実践は世界新教育会議でも公表される。一九二九年にデンマークのヘルシンゲールで開催された第五回世界新教育会議においては入澤が、「日本における体験学校と田島小学校の個性的教育方法」と題して代表講演をおこない[65]、つづく一九三二年の第六回世界新教育会議では山崎が日本代表として「日本における一体験学校について」と題して田島実験学校の報告をしているのである。つまり、この世界新教育会議においては第五回（一九二九年）、第六回（一九三二年）を通じて、入澤の実践が日本の事例として、自身と実践学校長山崎において報告されたのである。

さらに、山崎においては、第六回大会終了後、一行とともに欧州諸国を巡視した際、入澤の推薦を受け、シュツットガルトの自由ヴァルドルフ学校を参観する機会を得ていることもわかる[66]。すなわち、一九二九年に入澤がシュタイナー学校を訪ね感銘を受け、自らが指導する田島の体験学校においてその実践の可能性を探るべく、かつ自らの実験学校の実践内容を世界新教育会議に報告させるべく、一九三二年に校長山崎博を新教育協会に推薦し再度渡欧・訪問させたと考えられるのである。この報告は、山崎の『最近新教育の諸相』（明治図書、一九三三年）に詳細に記され、そのなかでシュタイナーによるヴァルドルフ・シューレの設備等について若干ふれられている。しかし、山崎の田島実験学校の記録からは、シュタイナー教育思想の影響をうかがい知る記述を見ることができない。ここからは入澤と山崎のシュタイナー教育への温度差が感じとれる。

6　大志万準治と入澤宗壽

では、つぎに大志万準治と入澤との関係について見ていこう。これについては、入澤と大志万の共著『哲学的人間学による教育の理論と実際』（一九三四年）が有効な示唆を与えてくれる。まず、この共著の序文において、一九二九年の欧米留学に際し訪問したシュタイナー学校について、入澤が、「ドイツのシュタイナー学校に、和蘭のフリースクールに驚異の目を見張ったのは著者等のみでない」（序）と記述していることからも入澤と大志万がともにいくつかのシュタイナー学校を訪ね、見聞をともにしたことは事実であると理解してよいだろう。つまり、大志万は、この一九二九－三〇年におこなわれた入澤の欧米留学に際しても同行していたと思われるのである。したがって、先に見たように、大志万の履歴において世界教育会議に二回出張とあるのは、第五回大会の入澤の発表にも立ち会っていたと解することができる。

では、何ゆえに大志万はシュタイナー学校訪問や世界新教育会議に際して入澤に同行することになったのであろうか。当時の大志万の身分は、先の履歴と第六回の世界新教育会議の所属からジュネーブ大学を経て東京市嘱託の任にあったものと推測される。しかも、かれの渡航目的は「欧米教育事情調査」と明記されている。しかし、この欧米訪問を前後してかれが欧米教育の実情について詳細に言及しているのは前掲の入澤との共著『哲学的人間学による教育の理論と実際』（一九三四年）のみであり、かれ自身に何らかの調査課題が課されていたとは考えにくい。そうした疑義は、このシュタイナーの人間観やシュタイナー教育の理論と実践を簡潔に紹介したこの共著の構成からも推察される。この著作は、序、緒言、第一章「ルードルフ・シュタイナーの人間観と教育思想」、第二章「人間学の立場よりせる児童の教育」、第三章「シュタイナー学校の実際」、結語から成り立っている。だが、その内実を見た場合、第一章第一節「シュタイナーの生活及び事業」（ピヒトの『シュタイナー文献』一九二六年の略歴による）、第二章の「人間学の立場よりせる児童の教育」（シュタイナーの『精神科学の観点から見た子どもの教育』*Die Erziehung des Kindes vom Gesichtspukte der Geisteswissenschaft*, 1907 のフランス語版 *L'Education de L'enfant au point de vue de la Science Spirituelle*, Paris, 1922 の翻訳となっている）ならびに、第三章の「シュタイナー学校の実際」（ノルウェーの『オスローのシュタイナー学校から』“Fra Steinerskole I Oslo” 1931 の翻訳）といったように、ほぼすべての章がシュタイナー教育に関する欧文献からの翻訳で構成されているのである。しかも、この著作が、日本の教育学界を代表する入澤と、大学を出たばかりで学術界においては無名な一青年官吏（嘱託）である大志万との共著であることを考えあわせると、大志万に課したシュタイナー関係文献の翻訳を入澤が監修したと見るほうが妥当であろう。したがって、ジュネーブ大学で学びヨーロッパの教育情勢や語学に長けていた大志万が、入澤の欧米教育視察や第五回・第六回の世界新教育会議の際、ガイド的通訳的な役割を果たしたといえるのではないだろうか。ともあれ、入澤と大志万には、シュタイナーに関する共著はあるものの、大志万が主体的にその後シュタイナー教育思想にかかわっていったということはいまのところありえないと考える。

7　伊佐田甚蔵

入澤との関係でいえば、もうひとり注目してみたい人物がいる。それは、入澤が新教育を実践するもう一つの実験学校として選んだ成徳小学校の訓導、伊佐田甚蔵である。成徳小学校とは、入澤の郷里鳥取県の倉吉にある町立小学校であり、入澤はそこで一九二〇年代半ばから一九三〇年代にかけて文化教育学の理論に基づいて生活、体験、労作、作業を重視した文化科教育を指導・展開している。その成果が伊佐田との共著『文化科教育と郷土教育』（教育実際社、一九三一年）である。ただし、この著作は伊佐田がまとめたものに入澤が手を加えるといった手続きで書かれたもので入澤の見解は直接には大きく展開されていない[67]。したがって、ここからもシュタイナー教育思想との連動は見いだせない。

8　フリッツ・カルシュと高橋敬視

ほかに、シュタイナー思想の紹介者としては、旧制松江高等学校（現・島根大学）で、傭外国人教師として一九二五年から一九三九年までドイツ語を教えたフリッツ・カルシュ博士（Karsch, Fritz）[68]の存在が確認できる。

フリッツ・カルシュ（Karsch, Fritz: 1893–1971）

カルシュは、マールブルク大学で新カント派・現象学派に属するN・ハルトマン（Hartmann, Nicolai: 1882–1950）のもとで学位を取り、わが国でも、『ハルトマンの哲學』（長屋喜一訳述、中文館、一九三六年）等を著わしたN・ハルトマン研究者として知られ、西田幾多郎や鈴木大拙との親交も確かめられる[69]。なかでも、かれの哲学的な影響は、同僚の哲学・ドイツ語教授で、後にN・ハルトマン哲学をわが国に紹介する高橋敬視（一八九一―一九四八）[70]のうちに見てとれる。そうした両者とシュタイナー思想との関係は、かれらが在職した旧制松江高等学校の蔵書からうかがい知ることができる。筆者の調査によれば、旧蔵書を引き継いだ島根大学図書館には、一九〇〇年代初頭のシュタイナーの文献が多数存在している。これらの本の購入は、シュタイナー思想に傾倒した人智学徒カルシュとの関係が推察できるが、そこに書かれた日本語での書き込みや、寄贈印から判断して、記録上は高橋の所蔵図書となっていたことが判明する。それゆえ、当時、高橋は、カルシュとの関係でハルトマン哲学に傾注する一方、同時にシュタイナー思想にも関心を広げていったことが理解できる。

その高橋は、宮城県出身で、仙台一中、二高第三部（理乙）を経て、京都帝国大学哲学科を卒業後、二高教授を経て、松江高等学校教授に転じ、その後、一九二五年四月から一九二六年十二月にかけて欧米留学をおこなっている[71]。このことをふまえれば、カルシュが赴任した一九二五年十月と

高橋敬視（1891-1948）

その翌年にはちょうど高橋は留学していたことになる。実際、一九二六年の松江高等学校編『松江高等学校一覧』によれば、その年に、カルシュが在籍し、高橋は在外研究に出ていたことが明記されている[72]。それゆえ、断定はできないが、高橋のシュタイナー哲学やハルトマン哲学の受容は在外研究から帰国後、カルシュとの出会いを通じてである可能性が高い。その高橋のシュタイナー思想理解の程度は、島根大学に残るシュタイナー原著への高橋の書き込みを通覧するかぎり、かなり高く、かれが、当時、シュタイナーの思想や神智学の概念に精通していたことが読みとれる。ただ、その後の高橋の講義や著作・論文等の業績においてシュタイナーを主題として論じた形跡はなく、ハルトマン哲学の紹介や倫理思想史の編纂がかれの主たる研究成果となる。

ただし、主たる著述としてではないが、シュタイナーの原著を詳細に読み込んでいた高橋の倫理思想史や晩年の著書の内に、わずかではあるがシュタイナー思想研究の形跡を見いだすことができる。まず、高橋の倫理思想史には、通常では取りあげられることが少ないヤコブ・ベーメ、マックス・シュティルナー、エドゥアルト・フォン・ハルトマンそしてイマニュエル・ヘルマン・フィヒテ（フィヒテの息子で人智学の命名者）といったシュタイナーと思想的に近い人物が正当に位置づけられる。このことは、シュタイナー同様、神秘主義や倫理的個人主義や無意識の理論、それに事実と価値の一元論的視点を含む理論射程を、高橋もまた保持していたことを裏づけるものといえる。つぎに、高橋の著作『肉体自体の哲学』（光の書房、一九四八年）の第七章「生命の発生と其の機構」の七節に、「シュタイナーの生気説に対する批評」と題した論述が記載されている。高橋は、そこにおいて、シュタイナーの“Anthroposophie”関連文献からの引用でもって、生命の全体性を重視するシュタイナー的視点(「構成要素が夫々特殊の機能を有しつつしかも全体が一つの者に統一されているを云ふ」[73])をゲーテ的認識と同様に評価している。だが、同時に、その立場が「事実の説明のための学説である生命の機械説」について、アプローチの相違をふまえずに否定する点に批判が加えられている。また、『心と生命の哲学的研究』(山口書店、一九四八年)でも、夢分析や生命観(生気説など)の文脈で、同じく“Anthroposophie”からの言葉がとりあげられている[74]。ただし、高橋の著述全般を通覧するかぎり、カルシュ同様、シュタイナー哲学についての体系的記述は見受けられない。

そして、松江高等学校教授時代の高橋に注目すれば、かれの研究・教育生活は順調であったわけではないことがわかる。かれの「徹底した自由主義」的思想と言動があだとなり、一九四一年に文部省の意向で強制退職を命じられ、一九四六年に占領軍の勧告によって復職を果たすまで休職状態がつづいている。その休職期間中の成果がハルトマンの主要著作の翻訳(『可能性と現実性』山口書店、一九四三年、『実在的世界の構造』山口書店、一九四五年、『歴史哲学基礎論』理想社、一九四八年、等)であるが、この時期の心労からか胸を患い、復職後も健康にすぐれず五十七歳の若さで亡くなることになる[75]。

9　今井兼次

ほかに、直接、シュタイナー教育思想の受容にかかわるものではないが、シュタイナーの精神科学について建築の視点からいち早く紹介した人物として、元早稲田大学建築学科教授・今井兼次(一八九五－一九八七)[76]の名前をあげることができる。かれは、一九二〇年七月二十三日刊行のイギリス建築誌『ビルダー(*The Builder*)』に掲載されたシュタイナーによる第一次ゲーテアーヌム（スイスのドルナッハ）の記事にふれ、感銘を受け、一九二六年に当地を訪問している。その詳細については、以下の著作・論文に記されている。「海外に於ける建築界の趨勢」『新興芸術』（一九三〇年、二・三月合併号）、「感動した建築」『日本短波放送』（一九六三年十一月放送）、「ルドルフ・シュタイナーと其の作品探究――ゲーテアヌムの建築」『日本建築学会論文報告集』（一九六三年九月）、「ルドルフ・シュタイナーとその作品――ゲーテアヌムについて」『近代建築』（一九六四年五月号）、『建築公論』（一九六五年、七・八月号）、「『世界観としての建築――ルドルフ・シュタイナー論』序のことば」上松祐二『世界観としての建築――ルドルフ・シュタイナー論』（相模書房、一九七四年）、「私の建築遍歴」『建築雑誌』（一九七七年八月号）、今井兼次『作家論I――私の建築遍歴』（中央公論美術出版、一九九三年）。ただし、これらのうちにも、シュタイナー思想に関する体系的で構造的な記述を見いだすことはできない。

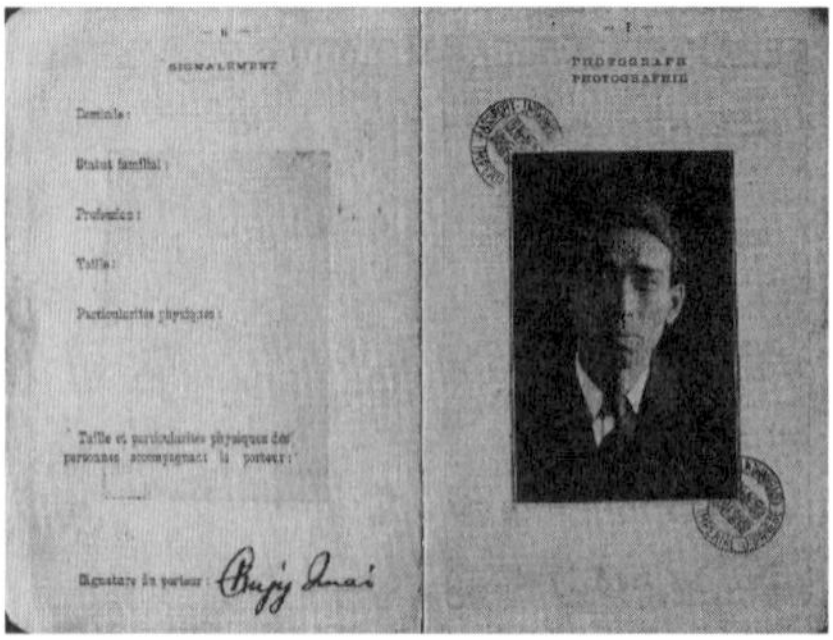

今井兼次（1895-1987）

補論2　シュタイナー教育思想とナショナリズムとの分岐点

――入澤論との比較を通して――

本章では、シュタイナー教育思想の今日的妥当性を考えるいま一つの視点として、この思想とナショナリズムとの関係性について論じてみたい。なぜならば、グラント兄弟（Grandt, Guido/Grandt, Michael）による批判書『黒書人智学ルドルフ・シュタイナーのオカルト的人種差別的世界観（*Schwarzbuch Anthroposophie Rudolf Steiners okkult-rassistische Weltanschauung*）』（一九九七）に表わされるように、シュタイナー教育（思想）に対して、その民族主義的な国粋性が今日においてもしばしば指摘されるからである（ただし、かれらの書はその記述の誤りから高等裁判所によって違法判決を受け出版が禁止された）。

このナショナリズム問題を解明するために、ここでは、文化（精神科学的）教育学におけるシュタイナー教育思想の位置づけを再考することが有効であると思われる。というのは、補論1で確認したように、シュタイナー教育思想は、「精神」「文化」「民族」「体験」を重視するゆえ、新教育、とりわけ文化教育学（精神科学的教育学）の支持者たちに受容され、しかも、このタイプの教育学は、当時、同様の思想傾向をもつナショナリズムの潮流にのみこまれていったからである。

そして、そうした文化教育学の潮流に位置づく人物のなかでも、本章では、シュタイナー教育思想に精通し、わが国の文化教育学を理論的にも実践的にもリードし、行政面において国体の推進にかかわりをもった東京帝国大学の入澤宗壽に焦点を当て、かれの思想変遷を考察の対象とする。この入澤による日本的文化教育学の形成とシュタイナー教育思想の受容過程を分析することを通して、台頭する闘争的排他的なナショナリズムとの同値化の経緯とともに、そうしたナショナリズム的立場とシュタイナー教育思想との理論的な親和性あるいは異質性を明らかにできるものと考える。このような作業を通して、補論の課題であるシュタイナー教育思想の日本的受容における特質がより重層的・多元的に浮き彫りにされ、同時に、シュタイナー的文化教育学（精神科学）と闘争的排他的ナショナリズムとの理論上の位置が示され得る予定である。

さらに、入澤に関しては、かれの思想に対する当時の教育学研究評（「講壇的教育学」と称され、「時代の苛烈な教育現実との緊張関係から遊離・逃避し、外国の教育学理論に依拠して観念論的哲学的思索を展開した」として「近代日本における負の教育遺産」と裁断）に対して、このような評価とは別の、実践的で有効的な視点が提示でき得るものと考える。(1) また、入澤的な文化教育学に対して、「理念の非合理性と方法論の現代性或は科学性の逆説的な結合」といった理論構造ゆえファシズム教育体制下にあってもその立場を確保し得た、とするこれまでの表層的な構造理解に対しても、異なる観点からの評価を示すことができるものと思われる。(2)

一　一九二〇－三〇年代におけるわが国教育学の一傾向としての文化教育学

一般に、明治・大正期のわが国の教育学は、欧米の新しい教育学説の影響を多分に受けていたことが知られている。そうした欧米の新進思想は、わが国の歴史を通して振幅を繰り返し内在化していった儒教・神道思想の教育上の影響をふまえたとしても、井上哲次郎が「単に優勢と云ふ位でなく、……洪水の如く侵入してきた[3]」と説明するようにわが国学術界に急速な広がりと浸透を見せていった。

大正期以降においても同様に外国教育学移入の傾向がうかがえる。この時期に共通した趨勢としては、従来の主知主義、生物学主義、個人主義、社会本位主義への偏重傾向に対して、批判的、総合的、調和的、生活本位的な視点が教育学において強調され始めた点にある。こうした教育思潮は、科学的哲学的に先鋭化された、公民教育論、作業教育論、人格教育学、実験教育学、社会的教育学、プラグマティズム、教育科学、文化教育学等の諸理論の移入として現われていく。しかし、そのような教育学理論の乱立状態にあって、とりわけ第一次大戦後の一九一〇年代後半以降においては、教育学理論の移入元はアメリカからドイツに比重を移していくことになる。そして、このドイツ教育学の流入は、人格教育学、新カント派教育学として現われ、一九三〇年代には文化教育学が日本の教育界に広く根を下ろすことになった。

また、この一九二〇－三〇年代のわが国は、日清・日露、さらには第一次世界大戦を経て、金融危機、農村の経済的疲弊、学生の左傾化等の危惧を受け、「日本精神の高揚」といった方針が意図的・無意図的に社会に広がりつつあった。教育学においても同様に、この「日本精神」の原理は、教育学解釈や指導原理に反映されていく。そうした当時の状況について、一九二七・二八年に出版された『日本現代教育学大系』（モナス）は「日本現代の教育学」の項において、「教育学研究の態度が著しく批判的総合的になり、且つその業績としての教育学が日本的タイプを示すに至った[4]」と説明している。すなわち、この時代、わが国の教育学は、従来の欧米教育学の模倣から脱して近代的な批判精神や反左傾化の影響を受け、独自の日本的教育学の建設をめざし始めたと見ることができるのである。そして、ここでとりあげる入澤もまた、「文化教育学の隆盛」と「日本精神の教育的涵養」といった時代的傾向に沿う形で自己の教育学を展開した。当時のかれの思想的成熟を、教育史家の藤原喜代蔵は、

「欧米的教育学者の日本文化への還元」「文化教育学の日本的転動」であると特徴づけ、高く評価している。(5)

二　入澤宗壽の文化教育学の成立

入澤は、一九二〇－三〇年代に文化教育学を展開していくが、それはかれの思想変遷においてどのように位置づくのであろうか。かれによれば、自らの本格的な欧米教育思潮研究は、大学卒業後、吉田熊次の斡旋により選ばれた東京帝国大学特選給費学生と、つづく教育学事項取調嘱託の時代（一九一二－一九一四年）に始まるとされる。かれは、当時十七世紀から現代までの教育学書を専心読破していったという。その後、赴任した神宮皇學館（一九一四－一九一九年）でも、かれはひきつづき西洋教育史研究を推し進め、処女作『輓近の教育思潮』（弘道館、一九一四年）において、のちの文化教育学に発展・連動する「生活本位」「人格教育」「芸術教育」「作業教育」「公民教育」「職業教育」「児童中心教育」等の新教育的な概念を打ち出していく。しかし、一方で、「神宮皇學館時代では、西洋教育史研究とともに日本教育思想史の研究もした(6)」と語るように、欧米教育学の紹介と同時に日本的教育学の可能性をも当初から一貫して追求していった。そのことは、神宮皇學館時代の初期著作『現今の教育』（弘道館、一九一五年）の、「吾々は現今に於ける幾多の教育問題を思ふとき、よく我が古来の歴史と教育とが養って来た国民の性格を考へて見ることは極めて必要」という言葉からもうかがい知ることができる。ただ、入澤は、そこにおいて古来の日本的思考を基盤とすべきと主張しつつも、一方で当時の日本の教育が儒教的啓蒙教育に偏しがちであることを危惧し、合理的知的教育や科学的教育の導入によって国民性はさらに補完されるという主張を加える。(7)こうした入澤における日本精神と欧米の教育思潮との融合といった学問姿勢は、すでに東京大学の卒論題目「教育思想家としてのジョン・ロックと貝原益軒」からも推察されるが、第一次大戦を経たこの一九一五年の時点においては、確実にそうした衝動は日本国民の独自性追求として理論的に展開されていくのである。

この神宮皇學館時代の後、入澤は一九一九年に、母校東京帝国大学に教育学講座拡張のため助教授として赴任することになる。ここでは、入澤に主として欧米の教育思潮研究が課され、欧米教育思想と日本思想の融合といったかれの研究衝動は表だって現われることはなくなり、多くは欧米教育思潮の紹介といった側面のみが際だつことになる。こうした事情が、『日本現代教育学大系』の入澤に対する、「紹介的方面の学者であることは到底争へんのである」(8)という評価をもたらしたものといえる。

しかしながら、この東京帝国大学における欧米教育思潮研究の初頭においても、伏線的ではあるが、入澤は、『欧米教育の新潮』（弘道館、一九二〇年）の付録「欧米国民精神と教育」や、『国民教育の新潮――修身訓練の根本問題』（教育研究会、一九二三年）の中で、欧米の国民精神や国民教育の実態を通してわが国の教育方法を模索していっていることが判明する。

では、そうした欧米の教育学理論を通して日本独自の精神性を考究しつづけた入澤は、文化教育学的な教育思想といつごろ出会うのだろうか。

入澤がディルタイ派文化教育学を総括した著作としては、『ディルタイ派文化教育学説』（教育思想叢書第二編、広文堂、一九二六年）が存在する。そこに、精神科学派とされるリットやシュプランガーと並んで、シュテルン、フリッシュアイゼンケーラー、ケルシェンシュタイナーの三名が文化教育学派に属するものとして列挙されている記述を初見できる。それゆえ、入澤がまとまった形で文化教育学的思考を受容し始めるのは、上記の人物の思想と出会う時期であると想定することができる。では、この体系化に至る以前に、入澤は、文化教育学に対してどのように注目していったのだろうか。その経緯を追ってみよう。

それ以前の著作では、処女作『輓近の教育思潮』（弘道館、一九一四年）において、労作教育で知られるケルシェンシュタイナーの作業学校が紹介され、その「生活本位」で「現実主義」的な視点が支持されている。この記述が、かれの文化教育学的な概念形成の萌芽といえる。さらに、当時の日本の教育問題に対応すべく著わされた『現今の教育』（弘道館、一九一五年）においても、「理想主義と現実主義のバランス」の問題を克服するものとしてケルシェンシュタイナーの事例がとりあげられる。加えて、一九二一年の著作『教育新思潮批判』（隆文館）でも、ケルシェンシュタイナーについて説明する一方、「理想主義と現実主義」の章において、はじめて、ドイツ精神科学派のシュライエルマッハーの教育論がとりあげられている。そこでは、この立場が、「合理的見地よりも感情を力説」するとしながらも、「経験的色彩もあざやか」であり、「教育てふ仕事の二元的説明を持し、保護と抑制、自発と受容、内的発達と外的影響とを等しく見て居る」と、その調和的性格が評価される。[9] つづく『新教授法原論』（一九二二）において入澤は、ドイツの理想主義教育やアメリカの進歩主義教育を克服する自らの立場を、ついに「現実的理想主義」という言葉で明確にし、それと合致する立場としてフリッシュアイゼンケーラーとケルシェンシュタイナーをとりあげる。具体的には、前者がオイケン派の新理想主義に位置づくとしながらも現実を重視する点（「ケッセラーの力説に見る如く現実を閑却せざるもの」[10]）や、後者が現実主義をとるデューイの影響のもとに自らの作業学校構想を成立させたにもかかわらず現実生活の重視に加え理想を追求しようとした点（「ケルシェンシュタイナーの如き実際的価値と共に、真善美の価値特に人格、品性を力説する」[11]）に自己の理想を重ね見るのである。そして、そうした「現実理想主義」の立場こそが、当時欧米の教育論として流入し趨勢を占めていたオイケン流の理想主義教育学と、現実の経験や生活有用性を重視するプラグマティズム教育学の両理論を克服する見方であると考えたのである。

このような経緯に根ざす入澤の教育学構想は、一九二三年以降、シュプランガーを含めたディルタイ的な文化教育学概念に傾注していくこととなる。そのことを、かれは、「我が国に於て文化教育学が注意されて来たのは大正十二（一九二三）年ごろからである。この年私が公にした『新教育の哲学的基礎』の結論の章にはスプランガーに論究した」[12]と述べている。そして、一九二五年の『文化教育学と新教育』（新教育協会）においてはじめて「文化教育学」という名称が明示され、一九二六年の『ディルタイ派の文化教育学説』が出版されるに至って、これまでのディルタイ派文化教育学理論がかれにおいて集大成したといえるのである。

しかも、入澤はこの文化教育学との出会いを通じて、欧米の新教育研究以来着目してきた「現実理想主義」という自らの立場に新たな主張を加えていくことになる。そのことは、つぎのように語られている。「大正初年と末年に於て十余年の歳月は流れた。その間に論理的基礎を重視した私は体験を注視するに至った」[13]と。ここにおいて、かれはこれまでの「現実理想主義」に加えて「体験」概念を自らの教育思想の中核に置くに至ったのである。

さらにそうした「体験教育」の提唱は、かれの場合、先の節で述べたように、日本的文化教育学の建設という衝動とも重なりをもち、一九二三年以降展開される川崎田島の体験学校や一九二五年から始められた鳥取県倉吉の成徳小学校の「文化科」「合科学習」の実践となって現われる[14]。しかも、これらの学校の成立経緯について、入澤自身、一九二四年以降、「ドイツにおいてリットやエーベルハルト・ベーレンドなどの著書で紹介された体験教授・体験学校とは別に創唱されたものである」[15]と語るように、当時進められていたドイツ体験教育運動とは起源を異にし、日本に特有の要素を含みもつものと主張された。

そのことは、『日本現代教育学大系』（モナス、一九二七・二八年）の「日本現代の教育学」中にも、「吾が国の体験教育は、必ずしも独逸体験教育の輸入を俟って勃興したものではない。……体験教育は、日本従来の教育から見るときは、きはめて重要なる思想である。……日本現代の体験教育は、入澤宗壽氏、山崎博氏、本吉、井上二氏、その他渡部政盛氏等に依て提唱し主張せられてをる」[16]と記されている。入澤に関するこうした評価は、かれの学校実践がたんなる欧米流の体験教育の移入ではなく、新教育研究を経て文化教育学にたどりつく長期的な入澤自身の欧米教育思潮研究から生みだされた独自な実践であることを意味した。このことは、後年、入澤がこの学校の創設について、「ディルタイ派の思想を汲み、文化教育、体験教育を標榜し施設した(17)」としつつも、いまだ文化教育学を体系的に理解する以前である一九二三年（シュプランガーにはじめて言及した年）に田島体験学校を、つづく一九二五年（はじめて「文化教育学」という概念を用い始めた年）に成徳小学校で文化科や郷土教育の具体的実践をスタートさせていたという事績からも裏づけられる。

そして、入澤によって始められた独自な体験教育は、一九二八年当時、「従来の文化教育学は新カント派の系統に属するもので、現下のそれはディルタイ派の系統に属するものである。また……従前のは批判的文化的教育学であるが、現下のは体験的文化的教育学である。「生」本位の形而上学的文化教育学である。また従前のは理想的文化教育学であるのに対して、現下のは理想現実的文化教育学である。……この思潮が、吾が国教育学、中にも教育学の実際的方面に相当の影響を与へるであろうことは、今から予測するに難くない(18)」と記述されるように、社会的な期待を集めていくことになる。

ここで、入澤による文化教育学に基づく体験学校がどれほどの反響を呼んだのかを当時の資料から確認しておこう。入澤の指導による体験学校の実践は、山崎博が一九二二年に川崎の田島小学校に校長として赴任したときから始まる。一般に、体験教育の実践校であったことから田島小学校は「田島体験学校」と呼称され、全国の教育者の注目を集めていた。そのことは、「全国から日々十五、六人内外の教育者が参観のために集まって来た。多い日には、四、五十人もあって、参観係の先生は悲鳴をあげた(19)」という当時の記録からも推察することができる。また、その学校が入澤の実験学校であったことで、当時の東京帝国大学の教育学専攻の学生が参観と研究に毎年来ていたとされる。さらに、内地留学の目的で一、二週間滞在していく者や、遠く九州、東北、朝鮮から長期研究員として派遣されてくる者もあったとされる。しかし、参観や研究に追われ教員の負担が過剰となり、一九三一年には参観謝絶の決定をするに至っている。

以上見てきた田島体験学校の取り組みは、先に指摘したように、一九二五年の、山崎との共著『体験教育の理論と実際』（内外書房）を皮切りに、一九二六年の『体験教育と体験学校』（桜岡校の実践とされるが、これについては不詳）、一九三一年の倉吉小学校訓導伊佐田甚蔵との共著『文化科教育と郷土教育』（教育実際社）、一九三三年山崎との共著『生活指導小学校行事の研究』（明治図書）として公開されていく。かくして、一九三〇年代前半の日本の教育界において入澤が主唱する「体験教育」を中心とした文化教育学が浸透していくこととなる。そして、この体験教育実践期において、入澤は、シュタイナー教育思想に出会うことになるのである。入澤とシュタイナー理論とのかかわりについては、かれの体験的文化教育学の構造理解を含め次節で検討していきたい。

三　入澤宗壽の文化教育学の構造とナショナリズム

1　入澤の体験的文化教育学の構造

入澤の文化教育学の構造を明らかにするためには、かれが「現実理想主義」の教育論と称する「体験的文化教育学」の内実を解明しなければならないだろう。

まず、入澤のいう「現実理想主義」と文化教育学のものの見方との関係について見ていきたい。これまで見てきたように、入澤における文化教育学的発想の根幹には、かれ自身、「現実理想主義」と称する立場があり、それについてかれは、「著者（筆者註：入澤）の現実理想主義、それは現実と理想、経験と合理、主観と客観、特殊と普遍とを連絡して考へる立場に一致するものである[20]」と述べている。かれにとって理論上分断された二項対立は内的衝動として受け入れがたく、そうした二元論的立場は、教育を「人間の現在、現実を理想化する過程[21]」と解する自らの根本的な立場と相容れないものとして否定される。そして、そのような対立図式を克服する理論的枠組みとしてディルタイの文化教育学にたどりついたのである。そこにおいて、かれは自らの「現実理想主義」を支える方法論と二元的対立を克服する理論上の枠組みと概念を模索していくのである。

では、二元論を克服する方法論とは、さらにはその鍵概念とは何であったのだろうか。入澤は、教育現実の解明にはたんなる物理現象とは異なる人間実在のあらゆる事象理解が必要となるという問題意識に基づき、「人間の精神が自然現象と異なる方面を有する以上、……教育学は自然科学的研究のみを以て建設することは出来ない[22]」、「事実の本質を追究し、それと他の文化事象との関係、交渉を吟味する総括的研究はここに哲学的研究に這入て来る[23]」とし、事実の記述に徹する自然科学的アプローチとは別の、文化教育学の方法論を体系づける精神科学によるアプローチが必要となると考えたのである。つまり、先の二つの問いの回答はこれまで見てきたようにディルタイの精神科学、しかもその「体験」概念に求められていくことになるのである。

その精神科学は、人間の精神活動にかかわるすべての精神的文化的事象を対象とし、「理解（Verstehen）」によって生の本質を表出させようとする立場であり、その認識の根源的在り方として「体験」が重要視されるのである。入澤もまた、認識の根本前提はこの「生」としての「体験」において与えられているという考えに共鳴する。この経験の深みに位置づく「体験」において、現実と理想、経験と合理、主観と客観、特殊と普遍は総合されると見るのである。かれの場合、「体験」は、思考、感情、意志のどの作用にも偏することなく、「始めより知情意合一の活動であり、生命が具体的綜合的に対象を把握する作用」とされ、「思惟以前の具体であり、直観」と記述される[24]。つまり、悟性的な思考によっては「生」の内実を知ることは不可能とされ、生を生そのものから理解するものとして「体験」概念が用いられるのである。

このことについて、入澤は、認識を悟性の作用に限定したカント派の認識形式と比較して持論をつぎのように展開している。つまり、「ディルタイはカント及び新カント派が思惟の先見的形式（範疇）を出立点とするに対して思惟以前の直観的、具体的なる内面的直接経験、体験によって支えられる意識の事実が出立点である。体験、生、生活単位が哲学並に精神科学の対象となるのである。この生活の表現であるところの言語、行為を再体験し、思考的に把握するのが哲学、乃至精神科学の任務である。……即ち意志し感じ表象する全人的立場である。知情意統一の活動を見ている[25]」と。

ここにおいて「体験」は、感覚知覚に依拠する自然科学的な「経験」と区別され、「内面的経験」「経験の徹底」を通して表出される「意識の事実」に根ざすものと理解される。つまり、この立場は、「意識の事実」を自然科学的な抽象化から解放し、「生の体験」として認識しうると考えるのである。入澤は、こうした認識の根底を問い直すディルタイ的精神科学の理論構造に着目し、本源的な所与である「体験」に立脚した教育の実現をめざしたといえる。

しかし、入澤による体験教育の記述を見るかぎり、ディルタイとの相違もまた確実に存在する。かれは、ディルタイが「体験は目的全体を構成する」としつつも「目的又は意義の客観性、超主観的なる系統を認めることが少ない[26]」ことに不満をもち、「吾人は目的、価値を内在的活動の状態に見ると共に、客観的、超主観的の系統に於て眺める点に於てディルタイと異なる[27]」と、ディルタイ的精神科学との相違を明言するのである。すなわち、ディルタイにおいて体験は「客観の方向への主観の状態が目的」とされるが、入澤においては、「体験」は「意義充実即ち価値に関しての活動」と位置づけられ、有限なる主観がまったき客観へと導かれることが容認されるのである[28]。そして、こうしたかれの主張は、「人間を了解する全部は個人体験世界の全体よりは大なるもの[29]」で、「了解は個々の精神の主観的存在、体験及び態度の忠実な再体験と同意義でなく[30]」、「超個人的・法則的精神連関の媒介により、それによって単なる主観性を超えようとする」[31]ものと解するシュプランガー（『青年の心理学』）の見方と重ね見られるのである。

したがって、入澤が自らの教育学の特徴として「現実的理想主義」とともに示した「体験による体験にまで」[32]というスローガンは、超経験的な体験作用を含み、「主観的体験の客観化」と同時に「客観法則としての体験が主観的体験を導きうる」とする双方向の「体験教育」の実像を徴表しているということができる。具体的には、この「体験にまで」の教育によって、入澤は、「文化を創造しうる力を教養すること」[33]が課題とされ、そうした文化創造力の形成を通じて、たんなる精神的能力・態度の形式陶冶を超えた、豊かな精神内容・文化内容の習得といった実質陶冶が可能となると考えたのである。

では、ディルタイが、あえてドグマを回避すべく、主体による内的経験を超えた認識を否定し、意識の事実に向けたとらわれざる内的経験（体験）のみを確実な方法としたのに対し、入澤のいう「超経験的な体験認識」「主観の客観への合一」といった物の見方は、いかなる理論的妥当性をもちうるのだろうか。次の**2**では、一九三〇年代の入澤の体験的文化教育学の展開を、シュタイナー教育思想との出会いと理解という視点から見ていきたい。

2　入澤のシュタイナー教育思想理解

入澤は、一九二九年から三〇年にかけておこなわれた文部省在外研究としての欧米視察以後、シュタイナー教育思想に関して、十本以上の論文・著作を通して紹介・解説していく。

しかも、これらの執筆時期は、入澤の体験教育概念が成立した一九三〇年代とほぼ重なる。では、この時期の入澤によるシュタイナー理解はかれの実験学校に何らかの影響を与えていたといえるのだろうか。

結論からいえば、先述したように、かれが指導・実践した田島体験学校（一九二三年－）や成徳小学校（一九二五年－）について著わされた、山崎との共著『体験教育の理論と実際』『体験教育に於る個性及個性教育の実際』（ともに内外書房、一九二五年）、『生活指導小学校行事の研究』（明治図書、一九三三年）と、『体験教育と体験学校』（一九二六年。桜岡校の実践とされるがこれについては不詳）、伊佐田甚蔵との共著『文化科教育と郷土教育』（教育実際社、一九三二年）からは、シュタイナー教育思想の影響を示す記述を見いだすことはできない。ただ一点、入澤の指示を受けて、第六回世界新教育会議（一九三二年）に参加した田島体験学校長山崎博が、シュトゥットガルトのシュタイナー学校を訪問し、著書『最近新教育の諸相』（明治図書、一九三三年）に「ワルドルフ・シューレ」と題して施設の一端を紹介した記事を見つけることができる。しかし、それが実践にいかに反映されていったのかについて文献上は確認できない[34]。したがって、ここでは実践レベルでのシュタイナー教育思想のかかわりではなく、入澤における理論レベルでの移入・受容過程が検討の対象となる。

入澤は、欧米にシュタイナー派の学校を訪問した一九二九年時点でディルタイ派の文化教育学の理論構造について理解を終えており（『ディルタイ派の文化教育学説』一九二六年）、しかも、そうした理論に基づき、この時期、田島小学校（一九二三年－）と成徳小学校（一九二五年－）での体験教育や郷土教育、そして文化科の実践が全国的な注目を集めて進められていた。したがって、入澤のシュタイナー教育思想理解もそのような文化教育学的あるいは新教育的観点からおこなわれていく。

シュタイナー教育思想に関する新教育としての入澤の評価は、「この校教育の秘奥は全人の形象に存する[35]」、「今日シュタイナー等が児童を芸術的に見、少なくとも分析的科学的取扱でなく、總合的、芸術的、感情的取扱をせんとするところに現代的意義を認めねばならない[36]」、「リットのいふ如く新学校としていい学校である[37]」「ディルタイなどの意味の精神科学で哲学的なものであり、歴史を基礎とするに於いてリットの意味の哲学的人間学でもある[38]」、「シュタイナーの思想は正しく心身一元の人間観に出立……その内容は哲学的人間学でもある[39]」、「ドイツの新教育ではシュタイナー派の学校の進出を看過することはできない。それは作業学校の性質も帯び、文化の尊重に立ち、芸術とも手を携える。それ故芸術教育運動の節に一言したが、体験を主とするものともみられる[40]」という記述からも確認される。

しかも、「現実理想主義」「体験による体験にまで」の標榜に加え、「日本的教育学の建設」をも自己の体験的文化教育学理論の中核に据えていた入澤にとって、欧米視察で出会ったシュタイナー教育思想とその実践は、この観点からも大変興味を喚起するものとして迎えられる。なぜなら、かれは、シュタイナー教育思想のうちに東洋思想と共振する全体論的一元論の理論構成を感じとっていたからである。つまり、この一九三四年当時、かれは、「ドイツのシュタイナー校に……教育の目を見張ったのは著者等のみではない。何がかかる業績を上げしめたか。世界の教育者の注意を惹起せしめたか。東洋思想に似通ったその根本思想のためか。シュタイナーの精神の力か。……本書が棄石として我が教育界にその研究の起こるべきことを予想しつつ、敢えてこれを世に問ふ[41]」、「今や、日本精神の教育が高調せられて居る。ドイツにはドイツ民族の教育、……それは必ずしも排他的教育ではなく、先ず自己にかえって出立せんとするのである。……しかし、それは決して個人主義ではない。民族と人間とをバックにもつ個性の立場である。……シュタイナー思想に東洋思想と共通するところを見ないか。仏教の時代、日本精神の時代、日本人の時代、われわれは静かに考へ、猛然として吾々の道に活躍せねばならぬ[42]」と、かれの著述としては他に例を見ないほど感情を込めて語っているのである。まさに、理論のみから実践を構成してきた入澤が、自らの構想する日本的体験的文化教育学理論の実践化への雛形をこのシュタイナー学校に見いだした興奮を伝えているかのような記述である。

しかし、同時に入澤は、「棄石」とまで称した自らのシュタイナー教育思想普及へ向けた決意表明に反して、シュタイナー教育思想を構成する特殊な人智学概念のためか普及の可能性について否定的・消極的な発言をもしている。つまり、人智学的用語を用いて展開されるシュタイナー理論について、「彼等の概念にとっては、厳格に積極的な思索の結果のごとく思われるであろう。しかしながら、吾人は何の躊躇もなく、いまのところ純然たる空想と見なされざるを得ない[43]」と、現在の学術界に理解されることの困難さを吐露するのである。だが、こうした入澤の否定的態度の表明は時代的制約に基づくものといえる。なぜならば、かれはこの言葉の後に、シュタイナー教育思想は今日的な「皮相的な研究ではその凡ての真価が判明しない」が、逆に、この思想への深い検討が進めば、「今日の諸概念に固着する矛盾を暴露」し、「将来においては何等の反対にも出会うことはないであろう」と、願いを込めて語っているからである[44]。ここからは、かれのシュタイナー論への期待と確信がゆるぎのないものであることが判明する。そして、入澤は、当時の人々が、シュタイナーの人智学的精神科学を学術レベルで受容するためには、「精神科学に対する偏見の消滅」が必要で、偏見をなくし、「真面目に精神科学を研究する人は精神科学が想像せるが如き愚論の集合物ではないことを認めるであろう[45]」と、将来における正しい精神科学理解に期待を込めるのである。

以上見てきたように、入澤によって、「日本的教育学の建設」「現実理想主義」「体験による体験にまで」にかない、先見的な精神科学理論であると理解されたシュタイナー教育思想は、学術界への浸透の困難さを予期されつつ一九三〇年から一九三七年にかけて最重要視されたのである（一で見た入澤の指導教官である吉田による、「学的価値については深き疑問の存することは恐らく学界の公認するところではあるまいか」というシュタイナー評を想起してほしい）。

では、最晩年の入澤によるシュタイナー理解とナショナリズムはいかにかかわりをもつことになるのであろうか。

四　入澤的文化教育学とナショナリズムとの分岐点

まず、入澤の論の変遷とナショナリズムとの関係を検討するに先立ち、議論を厳密にする上で、一般的なナショナリズムの定義をしておきたい。

1　ナショナリズムの定義

文化教育学とナショナリズムの問題を問う際、まずもってナショナリズムとは何かを定義しておく必要があるだろう。ここでは、とりわけ第二次世界大戦に向かうナショナリズム的志向そのものの傾向を問うことを目的としており、そうした視点からナショナリズムを考察するバートランド・ラッセル（Russel, Bertrand Arthur William）における人間の根本衝動論と後藤嘉也の全体化論を参照にナショナリズムの規定をおこなってみたい。

ラッセルによれば、人間には大きく「所有衝動（possessive impulse）」と「創造衝動（creative impulse）」といった二つの根本衝動が存在するとされる(46)。そして、後者が建設的な形で発動されたときには文化的発展へと向かうのだが、前者が「調和よりも衝突を好む衝動（an impulse to conflict rather than harmony）」とされる破壊的な衝動に突き動かされたときには権力や戦争につながるとされる(47)。では、「調和より衝突を好むに至る個人の所有衝動」は、戦争へ向かうナショナリズム（全体化）といかなる関係を有し得るのであろうか。

後藤は、「全体化」についてつぎのような定義を示している。「全体化」とは、悪意によるにせよ善意によるにせよ、「全体が個人を取り込み、その独自性を奪い、ときには排除すること(48)」であり、より厳密には、「自分（たち）が全体だと誤解ないし自称し、自分以外のものの独立性を奪い、自分の中に呑み込んだり、自分の外に排除したりすること[49]」、と規定する。

つまり、個人の内における「所有衝動」の拡大の末にたどりついた「類的認識」、すなわち「同質的な全体性の認識[50]」が、類の外と判断した者に対して「強要あるいは排除の原理」を適応するとき、ナショナリズムは闘争の状態を引き起こすとされるのである。本節で対象とする文化教育学の方向性もまた一方で、この文化的な「創造衝動」と、全体的均質へと向かう「所有衝動」といったアンビバレントな関係を内的に保持しつつ展開されているものと思われる。したがって、本書第六章において、シュタイナー的認識論を解読するための理論枠組みとして紹介した「現代的ホリズム」と区別して、ここでいう全体主義的ナショナリズムを、「排他的ナショナリズム」「闘争的ナショナリズム」と呼ぶこととしたい（ただし、文脈上、たんに「ナショナリズム」と記述する場合も同様の排他的な全体主義を意味している）。

2　入澤論とナショナリズムの関係

ここでは、いよいよ「現実的理想主義」と「体験による体験にまで」を二大特徴とし、一九三〇年代にシュタイナー教育思想に接近していった入澤と当時のナショナリズムの関係を検討してみることとしたい。

まず、わが国のナショナリズムの加速について時期と状況を確認しておきたい。第二次大戦へ向けたわが国のナショナリズムは、一九三〇年のロンドン海軍軍縮条約調印を境に、軍部の台頭、政党政治の崩壊、柳条湖事件に端を発する満州事変（一九三一年）を経て、国際連盟脱退（一九三三年）に至り、軍国主義、国際的孤立の傾向をより強めていくことになる。加えて、天皇機関説の問題化を受け、それを排撃する目的で国体明徴声明（一九三五年）が出され、これ以降、政府による思想統制は一層強化されていく。さらに、日中戦争（一九三七年）、国家総動員法（一九三八年）またはこれに基づく国民徴用令の公布（一九三九年）、大政翼賛会の設立（一九四〇年）を経過し、ナチスの教育制度を模した国民学校が成立（一九四一年）し、ついには太平洋戦争に突入していくことになる。教育界もまたこうした流れに従い、戦時体制に組み込まれ、政策決定に際して、入澤等教育学者の多くが関与していく。しかし、一九三七年の日中戦争以後、政府が推し進めた教育改革の中心機関である教育審議会の構成メンバーを見てもわかるように、教育学関係者が政策に関与することはほとんどなくなり、その年以後、政策決定の中心は軍事政権側に立つ官界・政界の長老、実力者、文部高官経験者に移っていったといえる(51)。

こうしたなか、文化教育学は、その理論的親和性から、文化的な「創造衝動」と、全体的均質へと向かう「所有衝動」といったアンビバレントな関係を内的に保持しつつこの時代に展開されていくことになる。では、そのような傾向において、入澤的な体験的文化教育学は、先に定義した「創造衝動」と「所有衝動」から、「同質的な全体性の認識」を経て「強要・排除の原理」に従う闘争的ナショナリズムへと向かう潮流にいかにかかわるのであろうか。

まず、一九二〇年代から三〇年代初頭における入澤の国家・国民教育観について言及してみたい。入澤が、文化教育学受容を経て自らの著述において国家思想を直接的な形で述べ始めるのは、一九二六年の『教育思想問題講話』における公民教育論からである。それは、「此の大戦の影響として著しき刺激を与へられた教育問題の一つは……公民教育問題である(52)」とされるように、第一次大戦の急激な国内の社会ないし思想変動を背景として語られることになる。ここにおいて、入澤は、すでに一八八六年に忠君愛国主義に基づき公布されていた小学校令（「国民教育」）、中学校令（「国民道徳の涵養」）、高等学校令（「国民道徳の充実」）、帝国大学令（「国家思想の涵養」）を根拠として、個人主義、物質主義、主知主義に傾きがちであった戦前教育の見直しを、国民教育、国家の一員としての公民教育の視点から説くのである。かれの公民教育論は、皇學館時代から研究対象としてきたケルシェンシュタイナーやライに多く依拠しており、そこでは従来の個人主義を排した社会有機体の一員として利他主義・奉仕の念に基づく共同責任の教育がめざされた[53]。

では、入澤は、第一次大戦を受け、一九二六年当時広まりつつあった排他的な国粋主義に対してどういった立場にあったのであろうか。かれは、そのような「保守的思想家」を「頑迷派」と呼び、「単に過去と伝統とのみを見て将来を見ない。彼等は自惚の御国自慢を以てせざれば郷土心も愛国心も教育が出来ないやうにいふ。……世界一の国でなければ愛国心が起こらぬと考へるのは誤である。……他国民を軽蔑し侵害するが如き心を起こさしめ[54]」ると痛烈に批判するのである。だが、一方で、自らの公民教育の立場は国家制度の打破を方針とする急進的な国際主義とも異なるものとし、「急進派の懐く世界主義、国際主義、国際主義の教育の意味における国際教育は、そのままに於ては危険千万である[55]」と反意を示す。そして、自身の立場は、四海同胞主義に立つ国際協調主義であると主張するのである[56]。そして、こうした表明をする時期に、入澤は欧米留学を経て、西洋と東洋、無意識と意識、自己と世界を総合的にとらえ、心身一元に立つシュタイナー教育思想に自ら立場を見いだしていったのである[57]。

では、満州事変（一九三一年）、国際連盟の脱退（一九三三年）を経て「日本精神へ帰れ」のスローガンが教育界を覆い始めた時期、入澤の「四海同胞主義」はいかにそうした流れに対応していったのであろうか。

入澤とともに日本新教育協会をリードした野口援太郎によれば、「日本精神に帰れ」という標語は「新を捨てて旧を追ふ」と理解され、「折角進まんとしつつある新教育を以て日本精神に反するものとなし、動もすれば所謂旧来の伝統的教育を益々墨守せんとする」ものとして危惧される[58]。しかも、そうした状況は、「日本精神とファッショ気分とを結びつけて、新教育に反対する[59]」勢力をもたらす、と批判するのである。

このような思想風潮を受け、入澤は、この一九三〇年代前半にかけて、「新教育」と「日本精神」をつなぐ持論を展開していくことになる。「新教育と日本精神」（新教育協会編『日本精神と新教育』明治図書、一九三四年）と題する論文は、まさにそのことをテーマとしたものであり、そこでもまた、教育の生活化という視点から、従来の物質生活に対する精神生活の重視を説くシュタイナーの精神科学が理想的立場として取りあげられる。入澤は、シュタイナーにならい、「精神」とは、思考や感情的といった心的なレベルを超え、さらに霊（精神）的な深みを意味するものと解し、この精神の次元に至ってはじめて生活は適切化すると考えた[60]。この質的変容をともなう一元的心身観は、一九三四年の時点で、入澤にとって、自らが描く体験的文化教育学と新教育的方向の基盤に置かれることになる。

加えて、そうした精神性の深みに方向づけられたシュタイナー的まなざしは、同時に、「日本国民精神……民族精神、民族意識[61]」の涵養に向けられていく。しかも、こうした民族精神は個人の内的な精神体験の深まりと呼応して育まれるものとされ、そこに個人と社会とが連続的に関係を維持し得ると構想されたのであった[62]。このような「個からアウフヘーベンされた民族あるいは全体」といった入澤の見方において、事象は部分に分断されず、全体を全体として体験的に了解するといった「全体観」思想に結びつけられるのである。

このような精神の止揚図式を支持する入澤は、「頑迷派」と呼ばれる復古主義的な保守派とキリスト教的な博愛派に対して、排他性や強要をともなうかれらの支配から脱する必要を説くことになる。入澤にとって日本精神は、かれらが固守する「静的なもの[63]」ではなく、つねに流動的発展的な変容においてとらえられるべきとされた。つまり、入澤のとる精神変容のヒエラルキーは、本論で見た「現代的ホリズム」の発想同様、固定的絶対的なものではなく、つねに個の意識変容の状態に応じて相対的に開示され、それ自身流動的なものと解されたのである。

では、国民精神や民族精神の高揚を説き、またそれと矛盾しないものとして排他・強要を否定する入澤の共感的な教育論は、排他的闘争的なナショナリズムに対して、あるいはドイツのヒトラー的動向に対して、一九三〇年代後半以降どのような反応を示していったのであろうか。結論からいえば、入澤の従来の姿勢は、一九三五年を境に時代状況を受け変化を余儀なくされていく。これは、ちょうど天皇機関説の排撃や思想統制を目的として、強力な国体明徴を示そうと思想局に創設された「教学刷新評議会」（一九三五年設置）に入澤がたずさわった時期と重なる。

この一九三五年においても、入澤は、自身が描く「体験的文化教育学」の東洋的解釈の切り札とみなすシュタイナー教育思想について言及している。だが、そこには、異質な者同士が多様性を保ちつつ共生するホリズム的見方から、特定の立場が異質な者を呑み込んでいく全体主義への移行が感じとられる。つまり、ここでの記述をあげるならば、これまで同様、シュタイナー教育思想について、教育学的な観点から、「主知化から情意、体験へ、分析から綜合への傾向はこの派（筆者註：シュタイナー派）に特に著しい。物質的、功利的立場に対する精神主義もその特色である。精神主義というも、決して身体を無視しない、身心一元、霊肉一致の点から考える(64)」と描かれる一方、「ヴァルドルフシューレの起源がマルクス主義反対、反物質主義であるから、ドイツ文化、ドイツ精神を中心とするにおいて共同体学校のようにデモクラシーから出立するものと思想的背景を異にして、ナチスの世にも進展する可能性を有している(65)」というように、その教育がナチス的全体主義に適合するものとして評価されるのである。

では、入澤はナチスの教育をどう理解していたのであろうか。当時の入澤は、ナチスの全体主義教育について、反個人主義・反自由主義に基づく国民本位主義と、反マルクス主義による精神主義と、反主知主義に立つ情意主義という三つの立場を理論的に強調していること、教育内容において民族に根拠を置く教科構成がなされていること、民族教育に徹底した情熱をもつ「ナチス教員連盟」を結成したこと、そして献身的感情を培う「労働奉仕」と民族精神の統合と内面化をはかる「儀式祝祭」を重要視していることを評価している(66)。しかも、こうした「全体観」的な文脈に合致する見方として、シュタイナー教育の実践形式が着目され、「全体の概念より出立し、この全体から部分に及ぶ(67)」授業構成に高い評価が与えられるのである。

では、入澤は、当時、自らの文化教育学理論と重なるとみなしたナチズム的民族教育の在り方や、ヒトラーの推し進める排他的なナショナリズムの方向について何らかの危険性を感じとっていなかったのだろうか。ロンドン軍縮会議からの脱退（一九三六年一月）も決まり、対外的に戦時体制を強化しつつあった一九三六年当時、入澤は教学刷新評議会の委員として全体主義的潮流のただ中にいた。そうした状況下で、かれは、同じ神を尊敬し、宗教において結束をするファッショ的動向を防衛的な意味で容認するに至ったのである(68)。

ユダヤ人大量虐殺等を通して、ナチスの排外政策が顕著な形で現われるのが一九三九年十一月九日以降であることを考えると、この一九三六年当時にナチスがもつ排他的全体主義の傾向を見通すことは教育理論研究者としては困難であったといえるのかもしれない。ただ、入澤は、当時のナチス的教育を全面的に支持したわけではなく、「ナチス治下のドイツ教育はこれを他国の状態からみれば行き過ぎて居るやうに感ぜられる(69)」と自らの立場との違和感をもこの時点でも表明しているのである。

さらに、最晩年にあたる一九三七年の著作『日本教育の伝統と建設』（目黒書店）においては、日本精神の涵養としての神道・儒教・仏教の教育的意義が重ねて強調され、一九三八年の論文「日本教育の黎明」『教育論叢』（四〇巻五号）では、同じく神・儒・仏に基づく日本教育の必要を説く一方で、「皇軍百万大陸にあって聖戦に邁進し」と明記され、入澤の「四海同胞主義に立つ国際協調主義」は「聖戦」の名のもとに反抗勢力を亡ぼしていく闘争的全体主義と同値化していく。これまで、「偏狭なる排他心、敵愾心、国民の利己心が世界平和を攪乱し、人道的精神を害ふ(70)」と語っていた入澤が、当時の危機的な国防意識や義憤からか、日本的正義という均質思想を暴力でもって他国に強いる排他的闘争的全体主義の潮流に融合していくのである。その後、入澤は一九四四年まで東京帝国大学教育学講座の教授を務め、同年五月十三日に、東京空襲での被災が原因で終戦を待たずに亡くなることになる。

ただ、入澤の普段の言動を知り、かれを慕う郷土の新聞には、「入澤の晩年には、日本にはファシズムの嵐が荒れ狂った。入澤は、その時流に乗ることはなかったらしい(71)」という聞き書きが掲載され、そうした入澤の全体主義的同調は否定されている。

3　入澤論から見たシュタイナー教育思想とナショナリズムとの分岐点

本節では、一九二〇－三〇年代におけるわが国のシュタイナー教育思想理解とナショナリズムとの関係を解明し、闘争的排他的ナショナリズムを克服する精神科学的な物の見方を提示することを目的とした。その際、とりわけ、そうした両者のかかわりを理解する手がかりとして、三〇年代にシュタイナー教育思想を紹介・受容することになる入澤の文化教育学を考察の対象とした。なぜなら、当時の文化教育学は時代の趨勢を占め、理論の全体論的性格ゆえナショナリズムとの親和性が指摘されていたからである。

では、その入澤の文化教育学は排他的全体主義といかなる関係をもちえたといえるだろうか。

前項までの考察をふまえた場合、入澤における思想変遷の特徴はつぎのように整理することができる。かれは、まず、一九二〇年代半ばに、課題とする認識・存在の二元論を克服する糸口をディルタイの「体験」概念を

入澤宗壽博士、頌徳碑（己を虚しくし他を聴く）

含む精神科学に見ていく（「現実理想主義」）。しかし、了解概念を主観的体験の範囲に限定するディルタイ論はさらに克服すべき思想とされ、つづく二〇年代後半に、「主観的体験の客観化」と同時に「客観法則としての体験が主観的体験を導き得る」とする内在と超越の双方向の体験を包摂するシュプランガーの精神科学（文化）的教育学に傾注していく（「体験による体験にまで」）。しかし、その後、三〇年代に、欧米留学を経て、入澤は、東洋思想がもつ全体論的一元論に通じ、内在と超越を自由への精神のプロセスとしてつなぐシュタイナーの精神科学と教育実践に大きく振れていくことになる。入澤にとって、認識や体験に限界を設定しないシュタイナー的ホリズムは、まさに「個的体験」において「普遍」に到達しうるとする入澤の体験的文化教育学の思考に添うものであったからである。しかし、時代的な制約からか、入澤は、文化、精神、民族、反唯物主義を標榜するナチス的全体主義をシュタイナー理論と重ね見るのである。その結果、最終的には、「全体性の均質化」を「聖」なる行動として、個人の自由に優先させる「闘争的ナショナリズム」へと向かっていくことになる。

だが、こうした入澤の見方は、シュタイナー思想の根幹、とりわけ、「個と全体」の関係理解を時代的制約ゆえに見誤ったものと思われる。

『自由の哲学』（一八九四年）に、シュタイナーの「個と類」をめぐる理論が展開されている。ここにおいては、「類に対する個の優位」と「類概念の単純な個への適応の不可」が述べられる。しかも、シュタイナーの場合、徹底的な個の独自性についての主張は、もっとも重要な「自由」の問題につながっているのである。

つまり、シュタイナーは「人間はこうした類的なものから自由となる。……わたしたちが類的なものから自分を自由にする程度に応じてのみ、公的団体の内部における自由な精神の度合いが問われるのである。……すべての人間は自らを支配する権威の命令からも自己の本質部分をしだいに自由にしていく[72]」べきであると主張する。

すなわち、内的で精神的な進化の末に普遍的な真理を開示できるのは、共同体の無意識に浸透した「全体」としての類概念ではなく、あくまでも自己の精神活動という窓口を通してのみであるとされるのである。しかも、そのことは、人間が個として生まれ、個として生きていくことの存在根拠であり、それこそが「自由」の本義であるとされる。

それゆえ、シュタイナー的ホリズムが精神的次元においてとらえる民族の問題は、類としての国家やその保持を政策上めざす政治とは本来別の問題として扱われる。シュタイナーが「法（政治）、経済、精神文化の三層化論」を説くのも、そうした相互の不当な干渉が不幸な闘争や自我の抑圧を生みだしたと考えるからである。とりわけ、かれの構想する三層化論においては、教育の問題は、政治や経済領域とは別の精神領域に属し、「個における精神の自由」の原理が貫かれねばならないとされたのである。

さらに、ここで問題視する極端な全体主義志向や排他的な全体主義は、シュタイナーにとってどう理解されるのであろうか。

かれは、「そのような自由（筆者註：動物的生活や権威的命令といった類的なものからの自己の解放）を獲得することができない人は、自然有機体か精神有機体の一分肢になる」[73]という。つまり、ここで克服の対象とした排他的全体主義の状態は、類によって自己の本来の自由が制約された様態と解されるのである。

しかし、こうした入澤による文化教育学の不完全さとは別に、これまでの考察から、入澤論の有効性も理解できるだろう。ぎりぎりまで精緻化をはかるかれの文化教育学理論に対して、政治現象面のみから、「理念の非合理性と方法論の現代性の逆説的結合ゆえナショナリズムの時代にその立場を確保し得た」とする一方的解釈も、かれを講壇的教育学者に位置づけ、活動全体を称して「近代日本の負の遺産である」とする評価も不適切な表現であるといわざるをえない。入澤的文化教育学が追究した「民族精神の教育」「体験教育」は、シュタイナーが語るように、純粋に「自由な精神の実現」の問題として検討されねばならないし、内観的体験を根拠とする精神科学の学問的可能性は純理論的な課題として追求されねばならないものと考える。つまり、精神科学のとる自省・内観を通した個人内の意識進化の過程ならびに、そうした認識に至る方法、そしてそこで得られた知識の妥当性に言及することなしに、この立場をあいまいな「全体主義」という概念の内に位置づけようとする論評は意味をもちえないのである。シュタイナー的ホリズム思想はその立場に沈潜し、自己との対話を通して内側から理解するといった非常に個的体験的な認識を基盤として成立するものなのである。個を窓口として、主体変容の程度に応じて普遍が実現されるという「具体的普遍（普遍即特殊）のパラダイム」は今日においてこそ、検討されるべき物の見方といえるだろう。

小括

補論では、日本へのシュタイナー教育思想の移入過程とその特質を略述した。わが国におけるシュタイナー教育思想の主要な紹介者としては、密教的瑜伽的観点からいち早くシュタイナー思想に言及した隈本有尚、つづいて自我論の探究より、一九二三年、精神を直接間接に教育の根本原理とする新傾向としてシュタイナー教育思想を教育学者としてはじめに紹介した吉田熊次、さらには、その吉田の助言を受け海外視察の際シュタイナー派の学校を観察し、後にその実践内容と新教育における位置づけを心身一元の全体観的人間観という視点より明らかにし、最終的に自己が樹立をめざす「日本的な体験的文化教育学（精神科学的教育学）」の理想に位置づけた入澤宗壽、そして最晩年において自らの長年の課題であった「宗教教育」の完成をシュタイナー教育思想に見いだした谷本富があげられる。とりわけ、この時期、日本を代表する谷本、入澤といった教育学者らがシュタイナー教育思想に着目し、新教育、体験教育、精神科学的教育学、文化教育学、日本的仏教教育学の文脈において、シュタイナー思想を自らの教育思想の基盤に据え、日本独自の教育学の樹立をめざしたことはわが国の教育史上、特筆すべきものと思われる。

加えて、注目すべき点は、これらシュタイナー教育思想の受容者がともに、当時の教育学における人間理解の限界を見通し、「非日常」「非合理」「無意識」の領域をも視野に入れた「全体観」的人間学を採用するシュタイナー的教育思想に、問題克服の可能性を見いだしていることである。しかも、かれらの受け入れ姿勢に共通していることは、たんにドイツの一教育学の受容といったものではなく、わが国固有の精神（密教、仏教）に馴染むものとして紹介される点である。このことは、本書で示した東洋的ともいえる全体論的パラダイムの観点から、シュタイナー教育思想を読み解く有効性を示唆している点で興味深いものといえる。

つぎに、日本的受容とナショナリズムとの関係について考察を進めた。一般に、理論上の親和性ゆえ、文化・精神・民族を重視する教育学（文化教育学や精神科学的教育学など）とナショナリズムとの関係がしばしば指摘される。わが国においても、シュタイナー教育思想は、一九二〇－三〇年代に、「子どもからの教育」や「体験」を基盤にした世界的な新教育運動、さらには文化教育学（精神科学的教育学）の隆盛に呼応する形で移入され、そこで有効視された精神主義的解釈ゆえ、シュタイナー思想の本質とは別に、紹介者自身は最終的にナショナリズム的立場に組み込まれていくケースを見いだす。

その代表的な人物として、わが国の新教育・文化教育学を理論的にも実践的にもリードし、行政面において国体の推進にかかわりをもった東京帝国大学教授入澤宗壽があげられる。かれの思想は、はじめディルタイ派の精神科学に基づく文化教育学に取り組むなかで、一元的な「現実的理想主義」や、経験の垂直軸的な深みを意味する「体験」「理解」概念を自己の教育思想の中核に据え、その後、ゲーテ研究、シュプランガー研究を経て、「日本的文化教育学の建設」という理想のもと、その理論実践モデルとしてシュタイナー教育思想に傾注していく。

当初は、「四海同胞主義に立つ国際協調主義」という主張に見られるように、かれのうちに排他性や闘争性は見いだせないが、一九三〇年代後半には、ナチス的全体主義に基づく教育を、反個人主義・反自由主義に基づく「国民本位主義」、反マルクス主義による「精神主義」、そして反主知主義に立つ「情意主義」をとる点で、支持・受容していくことになる。そして、ナチズム受容後に、入澤自身、「皇軍百万大陸にあって聖戦に邁進し」と語るように、従来主張されたかれの「四海同胞主義」は、「聖戦」の名のもとに反抗勢力を亡ぼしていく闘争的排他的全体主義にとって代わられ、その立場と同値化していくことになる。

当時、理性ある多くの学者たちが闘争的排他主義に舵を切る背景には、海外列強による日本への非合理な抑圧への義憤、ナチス的全体主義についての本質の見誤り、そして抗うことのできない国内情勢、等の事情が考えられるが、入澤論に限定して述べるならば、最後までナチス的全体主義の対極に立ち活動の閉鎖に追い込まれたシュタイナー派との理論上の落差を見いだすことができる。入澤に見られる、シュプランガー的メタモルフォーゼ論を背景とする人間の宗教的な究極の次元である「人間一般」や、ドイツ民族の枠において「均質化と異質な者の排除」を強要するナチス的全体主義の見方は、一貫して「個」の精神・自由を優先するシュタイナーの立場とは明瞭に一線を画する。シュタイナー的ホリズムの本質は、他者理解に際してエゴや偏見に基づくいっさいの前提を排し、自己尺度の純化と拡張の先に、特殊が特殊なまま具体的普遍を実現することにある。そうした世界観においては、多様性と共生と持続的な発展とが同時に成り立つとされる。

以上の比較考察を通じて、「個‐全体」観ならびに自己変容論の内実をふまえるならば、シュタイナー教育思想は、文化・精神・民族を尊重しつつも闘争的排他的なナショナリズムと同値化することのない、平和的な精神科学的教育学としての可能性を有するものといえるだろう。

註

■はじめに

（1）ドイツのマックス・プランク研究所は、総合学校（Gesamtschule）であるシュタイナー学校と、普通科進学コースであるギムナジウム学校とのアビトゥア試験の結果を比較している。それによれば、両学校群は、同等レベルか年度によってはシュタイナー派の学校が高い場合も見受けられる（Leber, Stefan, *Die Waldorfschule im gesellschaftlichen Umfeld*, Stuttgart, 1982, S. 40）。ドイツにおける学校数の変化率は、つぎの論文に依拠した。Schneider, P., "Erkenntnistheorie und anthroposophische Menschenkunde, Grundlage der Praxisder Rudolf Steiner-Pädagogik," In: Hansmann, O. (Hrsg.), *Pro und Contra Waldorf-Pädagogik: Akademische Pädagogik in der Auseinandersetzung mit der Rudolf-Steiner-Pädagogik*, Würzburg, 1987, S. 99.

（2）『朝日新聞』一九九三年四月十九日朝刊。筆者が調査したオーストラリアでも、州立学校のなかにシュタイナー教育のクラスが置かれている。

（3）Bund der Freien Wadorfschulen (ed.), *Waldorf World List 2015*, Dornach, 2014, p. 2.

（4）日本へのシュタイナー教育の広がりについても理論と実践の両面から概説しておく。わが国においても、このような世界的なシュタイナー学校要請の高まりと相まって、子安美知子『ミュンヘンの小学生』（一九七五）以後、一般に広く知られるようになり、高橋巌・弘子、新田義之・貴代、西川隆範、河西善治等の翻訳および著作活動、長尾十三二、西平直、今井重孝、吉田敦彦、広瀬俊雄、吉田武男、天野正治、池内耕作、足立望、広瀬綾子、柴山英樹等の思想・方法・制度・教師教育・教科に関する著作・論文により教育学上の研究も充実してきている。具体的にはつぎの著作・論文として著わされていく（筆者の論文は除く）。

　シュタイナーの思想が、戦後、わが国の西洋教育史の通史として載せられた最初のものとして、長尾十三二『西洋教育史』（東京大学出版会、一九七八年）をあげることができ、長尾は他に「滞独報告」『教育学研究』（第四三号、一九八一年)、「ペスタロッチとシュタイナー」『人智学研究』(第三号、人智学出版、一九八二年)、『新教育運動の生成と展開』(明治図書、一九八八年)のなかでシュタイナー教育を積極的に支持している。教育思想上の研究としては、西平直の『魂のライフサイクル――ユング・ウィルバー・シュタイナー』(東京大学出版会、一九九七年)、「知の枠組みとしての「精神世界」」『教育学研究』(第六六巻第四号、一九九九年)、『シュタイナー入門』(講談社、一九九九年)、「東洋思想と人間形成」『教育哲学研究』(第八四号、二〇〇一年)、「人間形成における垂直軸の問題」『近代教育フォーラム』(第一二号、二〇〇三年)、今井重孝「シュタイナー教育と日本の教育の違いを考える」(前編・後篇)『結び』(第四・五号、一九九五・九六年)、「ルドルフ・シュタイナーと倉橋惣三」『東京工芸大学紀要』(Vol. 18, No. 2、一九九五年)、「シュタイナー教育と創造性」『季刊ホリスティック教育』(第五号、一九九七年)、「シュタイナーの認識論の現代的射程」『ホリスティック教育研究』(第一号、一九九八年)、「学校と地域社会の関係――シュタイナー学校の場合」『中間報告書Ⅱ(学校と地域社会との連携に関する国際比較研究)』(国立教育研究所、平成6 - 10年度特別研究、一九九八年)、「ドイツ着実に普及拡大しているシュタイナー学校」佐藤三郎編『世界の教育改革――21世紀への架け橋』(東信堂、一九九九年)、「ホリスティックな学問論の試み――ルーマンからシュタイナーへ」青山学院大学文学部『紀要』(第四三号、二〇〇二年)、「悪の問題をどう考えるか――ルドルフ・シュタイナーを手がかりとして」『他者に臨む知』(世織書房、二〇〇四年)、『〝シュタイナー〟「自由の哲学」入門』(イザラ書房、二〇一二年)、神尾学・今井重孝・岩間浩・金田卓也『未来を開く教育者たち――シュタイナー・クリシュナムルティ・モンテッソーリ…』(コスモスライブラリー、二〇〇五年)、吉田敦彦・今井重孝編『日本のシュタイナー教育』(せせらぎ書房、二〇〇一年)、柴山英樹「シュタイナー教育における「身体」・「リズム」・「教育」の関係をめぐって――エミール・ジャック゠ダルクロースとの比較考察を通じて」『教育哲学研究』(第九一号、二〇〇五年)、『シュタイナーの教育思想――その人間観と芸術論』(勁草書房、二〇一一年)、井藤元『シュタイナー「自由」への遍歴、ゲーテ・シラー・ニーチェとの邂逅』(京都大学学術出版会、二〇一二年)等があげられる。シュタイナー教育を体系的にまとめた初の教育学的著作としては、広瀬俊雄の『シュタイナーの人間観と教育方法』(ミネルヴァ書房、一九八八年)があげられる。他に広瀬は、「自由ヴァルドルフ学校の教育方法の理論――文字学習の理論を中心に」『教育学研究』(第五一巻第二号、一九八四年)、『ウィーンの自由な教育――シュタイナー学校と幼稚園』(勁草書房、一九九四年)、『生きる力を育てる父親と教師のためのシュタイナー教育講座』(共同通信社、一九九九年）、『教育力としての原語――シュタイナー教育の原点』（勁草書房、二〇〇二年）等において主として教育方法学の立場からシュタイナー教育を読み解いている。また、同じく吉田武男も方法論の立場より、「シュタイナーにおける幼児期の教育方法論の特質」『教育方法学会紀要』（第一〇巻、一九八四年）、「シュタイナーの教育方法論の特質――発達観との関係を中心として」『教育学研究』（第五四巻第二号、一九八七年）、『シュタイナー教育を学びたい人のために　基礎』（協同出版、一九九七年）、「シュタイナー教育における道徳教育の方法の基本原理」日本道徳基礎教育学会編『道徳教育論集』（第二号、一九九九年）、「シュタイナー教育から「心の教育」を考える」日本道徳基礎教育学会編『道徳教育研究』（一九三号、一九九九年）、「シュタイナー教育の視点から見た説話法――我が国の小学校における道徳学習の指導法の再検討」筑波大学道徳教育研究会編『筑波大学道徳教育研究会』（第二号、一九九九年）、「シュタイナー学校における道徳教育――算数教材で道徳性」筑波大学道徳教育研究会編『筑波大学道徳教育研究』（第三号、二〇〇二年）を著わしている。また、天野正治は制度研究の中でシュタイナー学校を取りあげ、「自由な学校――西ドイツの私立の特色」『日本経済新聞』（一九七五年三月二十四日号）、「西ドイツの学校にみる教育と個性の問題《オーデンヴァルト校と自由ヴァルドルフ学校》」『学校運営研究』（明治図書出版、一九七九年五月号）に記述している。さらに、教師教育については、池内耕作が「ヴァルドルフ教育を支えるR・シュタイナーの教師観」『日本教師教育学会年報』（第六号、一九九七年）や、シュタイナー教育の各教科内容に踏み込んだ研究として、足立望の「シュタイナー学校における外国語教育――低学年の英語教育を中心にして」『日本児童英語教育学会研究紀要』（二二、二〇〇三年）や広瀬綾子の「自由ヴァルドルフ学校の演劇教育――ドイツの公立・私立学校の演劇教育の現状を踏まえて」『教育学研究』（第七二巻第三号、二〇〇五年）、『演劇教育の理論と実践の研究――自由ヴァルドルフ学校の演劇教育』（東信堂、二〇一一年）等があげられる。

つぎに、実践面での急速な拡がりについて紹介しておこう。幼児教育では、一九八三年に栃木県の那須みふじ幼稚園がシュタイナー幼稚園として開設されたのを始まりとして、二〇〇一年には日本シュタイナー幼児教育協会が発足し、現在では全国に五十を超えるシュタイナー思想に基づく幼稚園が設立されるに至っている。初等・中等教育においても、一九八七年に、まず東京シュタイナー・シューレ（新宿）が無認可の形で創設され、その後、シュタイナー教育への国内的な関心の高まりに呼応して、今日では北海道、栃木、東京、京都などの各地にＮＰＯ法人としての学校運営が公的に認可されるにおよんでいる。なかでも、二〇〇一年に開校した京田辺シュタイナー学校は、二〇一〇年にユネスコ・スクールとして認可されている。加えて、日本初の東京シュタイナー・シューレは、二〇〇四年三月に神奈川県の藤野町によって統合後の小学校跡地への誘致を受け、そこでの新たな取り組みは構造改革特別区域制度による「教育芸術」特区として認定を受けている。そして、その学校は、同年十一月にはシュタイナー学園と改称し、わが国ではじめて学校法人格を得ての学校運営が開始された。また、同じく二〇〇四年に発足した、シュタイナーの描く理想社会の実現をめざすNPO法人「あしたの国（モルゲンラント）」まちづくりの会が、千葉県に、「あしたの国シュタイナーこども園」（二〇〇五年）とフリースクール「あしたの国シュタイナー学園」（二〇〇七年）を開校した。そして、今日、自由ヴァルドルフ学校連盟による二〇一五年の“Waldorf World List”（Freunde der Erziehungskunst Rudolf Steiners, pp. 39–40）によれば、神奈川県の学校法人シュタイナー学園初等部・中等部・高等部（Fujino Waldorf School）が日本ヴァルドルフ学校連盟校として、ほかに、NPO法人愛知シュタイナー学校（Aichi Steiner School）、NPO法人福岡シュタイナー学園（Fukuoka Steiner School）、学校法人北海道シュタイナー学園いずみの学校（Hokkaido Steiner School Izumi no Gakko）、NPO法人京田辺シュタイナー学校（Kyotanabe Steiner School）、NPO法人東京賢治シュタイナー学校（Tokyo-Kenji Steiner School）、NPO法人横浜シュタイナー学園（Yokohama Steiner School）が認可校として掲載されている。

現在、シュタイナー教育が社会・共産主義国や発展途上国においても広がるなか、わが国でもやっと学校法人として公的に認可され、学校教育法のもとでの新たな展開が期待されている。

（5）矢野智司「シュタイナーへの道――宮澤賢治の心象スケッチという通路」教育思想史学会編『近代教育フォーラム』（一六号、二〇〇七年）一七一頁。

（6）本書とは別の「共通言語」的アプローチとして、西平直、今井重孝、矢野智司の以下の試みがある。筆者を含めた四名による、「シュタイナー教育思想の現代的意義を問う」（教育思想史学会第十六回大会コロキウム3、二〇〇六年九月十八日、日本女子大学目白キャンパス）の共同発表を受けた成果として、西平直「世阿弥の稽古論とシュタイナー教育の秘密――逆説の仕掛け」、今井重孝「現代科学の最先端とシュタイナー――「死せる学問」から「生ける学問へ」」、矢野智司「シュタイナーへの道――宮澤賢治の心象スケッチという通路」、衛藤吉則「「垂直軸」の人間形成モデルとしてのシュタイナー教育思想」が公刊されている。教育思想史学会編『近代教育フォーラム』（一六号、二〇〇七年）一六三－一七三頁。

（7）人智学的認識論とは、シュタイナーの独自の思想である人智学（Anthroposophie）に基づく認識論をさす。「人智学（Anrhroposophie）」とは、ギリシア語の anthoropos（人間）と sophia（叡智）を組み合わせた語で、「真の人間認識へと導く学」という意味をもち、かれが「真の認識科学」と呼ぶ「精神科学（Geisteswissenschaft）」によって基礎づけられる。

■第一章

（1）シュタイナーの自伝的経歴については、主として、Steiner, R., *Mein Lebensgang*, Dornach, 1990: Tb636［1925: GA28］（伊藤勉・中村康二訳『シュタイナー自伝Ⅰ』人智学出版社、一九八七年）を参照し、Linderberg, Christoph, "Steiner（1861-1925）," In: Scheuerl, Hans（Hrsg.）, *Klassiker der Pädagogik II Von Karl Marx bis Jean Piaget*, München, 1991［1979］, S. 170-182 で補った。

（2）Tb636, S. 17. 邦訳二二頁。

（3）Ebenda.

（4）a. a. O., S. 22. 邦訳二八頁。

（5）a. a. O., S. 31. 邦訳四〇－四一頁。

（6）GA38, S. 13.

（7）Tb636, S. 74. 邦訳九九頁。

（8）a. a. O., S. 47. 邦訳六二頁。

（9）a. a. O., S. 116. 邦訳一五六頁。

（10）a. a. O., S. 52. 邦訳六八頁。

（11）Ebenda.

（12）Ebenda.

(13) a. a. O., S. 53-54. 邦訳六九頁。
(14) a. a. O., S. 53. 邦訳六八頁。
(15) Ebenda.
(16) Ebenda. 邦訳六九頁。
(17) Ebenda.
(18) a. a. O., S. 46. 邦訳六〇頁。
(19) a. a. O., S. 119-120. 邦訳一五九－一六〇頁。
(20) a. a. O., S. 120. 邦訳一六〇頁。
(21) a. a. O., S. 34. 邦訳四四頁。
(22) a. a. O., S. 38. 邦訳四九頁。
(23) a. a. O., S. 78. 邦訳一〇五頁。
(24) Ebenda.
(25) a. a. O., S. 79. 邦訳一〇五頁。
(26) Ebenda.
(27) Tb628, S. 14.
(28) GA38, S. 80. 邦訳一〇六頁。
(29) Tb628, S. 14.
(30) クロス・ハインツ「人智学以外の社会三層化思想」ラインハルト・ギーゼ編『ルドルフ・シュタイナーの社会変革構想』（人智学出版社、一九八六年）八一－八七頁参照。Giese, Reinhard (Hrsg.), *Sozial handeln aus der Erkenntnis des sozial Ganzen: Soziale Dreigliederung heute*, Rabel, 1980.
(31) Natorp, Paul, *Sozialpädagogische Theorie*, Berlin, 1899, S. 157.（邦訳、同上書、八二頁）。
(32) クロス・ハインツ、前掲書、八一－八二頁。
(33) 拙論「大川周明の国家改造思想に見るシュタイナー思想とナショナリズムとの関係（2）」『下関市立大学論集』二

〇〇五年を参照のこと。

(34) ラインハルト・ギーゼ編『ルドルフ・シュタイナーの社会変革構想』によれば、「来るべき日」は、一九二二年三月には活動を制限され、一九二四年七月には運動を解消している。シュタイナーの社会三層化運動自体も、かれが亡くなった一九二五年十月にはすべての活動を停止することになる。その後、シュタイナーの意志を継ぐ仲間たちを中心に、一九七二年に「社会有機体の三層化のための研究共同体」がアッハベルク（Achberg）に創設され、アッハベルク国際文化センター（ＩＮＫＡ）として今日まで積極的にシュタイナーの社会有機体の三層化運動を展開している。しかも、このアッハベルクを中心としたシュタイナーの社会運動は、「第三の道運動（Aktion Dritter Weg）」や、自由・平等・友愛の原理に基づく「自由国際大学（Freie Internationale Universität）」に引き継がれ、これらの連合による政治活動として、「緑の党」がその思想を反映している。「緑の党」の綱領は、「三層化」という項目において、「政治分野の議会と並んで、経済と文化の評議会が設けられねばならない」と、シュタイナーの三層化構想を高らかに謳っている（ラインハルト・ギーゼ編、前掲書、二一七－二五四頁参照）。

(35) Linderberg, Christoph, "Steiner (1861-1925)," In: Scheuerl, Hans (Hrsg.), *Klassikerder Pädagogik II Von Karl Marx bis Jean Piaget*, München, 1979 [1991], S. 175.

(36) Howard, Susan の論稿 *The first Waldorf Kindergarden*（viewed 16 April 2014, http://www.iaswece.org/waldorf_education/articles_and_resources/The_First_Waldorf_Kindergarten.aspx）によれば、シュタイナーは一九一四年に、ボンで幼稚園の教職課程を終えていた十九歳のグルネリウスに出会ったとされる。その後、彼女はシュタイナーの『神智学』を読み、ゲーテアーヌムでの講義や実習に参加する。そして、一九一九年に、シュタイナーの要請でシュトゥットガルトのヴァルドルフ学校に呼ばれ、三歳から五歳の子どもたちの保育計画を立てるよう依頼され、翌一九二〇年には新政府の始業時期変更（イースターの時期から九月に）のための移行空白期間に学校を利用させてもらい、幼児教育を体験するため、九月までの間、二十人の幼児と午後の三時間をともに過ごした。その後も、彼女はシュタイナーの理論に基づく幼児教育を確立するため、オイリュトミー、スピーチ、粘土細工、絵画や人智学の研究を深めていった。そして、一九二四年には幼稚園建設が認められ、一九二六年にはシュタイナーの助言に基づき、子どもの成長を配慮した色に覆われた幼稚舎が完成し、実践が開始される。グルネリウスに関する文献としては、Lang, Peter, *Waldorf*

Kindergartens Today, Floris Books, 2013や、Berger, Manfredの著作、*Frauen in der Geschichte des Kindergartens*, Brandes & Apsel Verlag, 1995ならびに論文“Grunelius Elisabeth,” In: *Kindergarten heute*, 2013/H. 6-7, S. 30-35等がある。

（37）Linderberg, a. a. O., S. 176.

（38）シュタイナーは、伝統的な見方であった、体（Leib）・魂（Seele）・霊（Geist）の三概念が、八六九年にコンスタンチノープルの公会議で否定されたことを、「教会のドグマ的定立（kirchliche dogmatische Feststellung）」と語る（Tb617, S. 46. 邦訳四七頁）。こうしたシュタイナーの原意ならびに、今日のキリスト教学上の理解や日本の霊学等の概念規定を考慮するならば、Seeleは魂、Geistは霊と訳することが妥当であるように思われる。しかし、本書は、シュタイナー的領域を一般に可能な言語で構築することをねらっており、語使用ゆえに議論を受け付けない読者を想定し、あえてそれぞれに、「心」と「精神」という語をあてた。ただし、本文の考察からもわかるように、シュタイナー的領域は通常の心や精神の概念を拡張したものとして語られていく。

この節における人間の心的基本構成についてはつぎの書物を参照とした。GA9, S. 24-60（邦訳二九－六七頁）。詳細には、シュタイナーは、全人der ganze Menschの構造を、①物質身体Physischer Körper（Leib）、②エーテル体Ätherleib（Lebensleib）、③心体Seelenleib、④感覚心Empfindungsseele、⑤悟性心Verstandesseele、⑥意識心Bewußtseinsseele、⑦精神我Geistesselbst（als verwandelter Astralleib）、⑧生命精神Lebensgeist（als verwandelter Lebensleib）、⑨精神人Geistesmensch（als verwandelter phisische Lleib）とした。③④はまとめてDer empfindende Seelenleibともいう。また、③④⑤⑥を、アストラル体Astralleib、心の核としての自我Ich als Seelenkern、とに分ける見方もある。

（39）ここでのシュタイナーの見解は、Tb617, S. 62-90、邦訳六九－一一一頁を参照した。

（40）こうした見方をふまえるとき、今日のように幼少期から「区切り」の世界にさらされつづける教育（論理・分析を重視する早期の認知・ディベート教育など）は、懐疑・批判といった「反感作用」や他者を排斥視する「自意識」を心に根づかせ、最終的にめざされる高次の非二元的な存在体験の妨げになることが理解される。「表象的な知」に偏った学習の在り方を、あるべき発達に即して再構成し、思考・感情・意志を分断させることなく、「よりよき存在」という統合へ向けて協同的に変容させていくことが重要となる。

(41) Tb617, S. 81. 邦訳九七頁。

(42) a. a. O., S. 68. 邦訳七八頁。

(43) a. a. O., S. 72. 邦訳八五頁。

(44) a. a. O., S. 86. 邦訳一〇五頁。

(45) a. a. O., S. 84. 邦訳一〇二頁。

(46) a. a. O., S. 86. 邦訳一〇四頁。

(47) ここでは、GA307, S. 84-102、邦訳一一一–一三六頁も参照した。

(48) a. a. a O., S. 88. 邦訳一一七頁。

(49) Tb617, S. 62. 邦訳六九頁。

(50) Tb628, S. 13.

(51) Tb628, S. 159. 邦訳二〇八頁。

(52) a. a. O., S. 75-76. 邦訳八九–九〇頁。

(53) Ebenda.

(54) a. a. O., S. 144. 邦訳一九〇頁。

(55) a. a. O., S. 75. 邦訳八九–九〇頁。

(56) このプロセスについては、シュタイナー教育をモデルとして、拙論「モラル教育と「生きる力」はどのような関係にあるのか」越智貢編『岩波応用倫理学講義6 教育』（岩波書店、二〇〇五年）二五七–二五九頁、拙論「倫理学と自由主義の倫理」『教育と倫理』（ナカニシヤ出版、二〇〇八年）一四一–一六八頁に著わした。

(57) Lindenberg, 1979, S. 172.

(58) Hoffmann, K., *Die Anthroposophie Rudolf Steiners und "Moderne Geisteswissenschaft"*, Gießen 1928, S. 11.

(59) Lindenberg, 1979, S. 179. ここでの言葉は、学校創設の際のシュタイナーによる講演からの引用である（Steiner, 1956, 58）。

■第二章

（1）テノルトによれば、ノール学派が改革教育運動の解釈において精神科学派内部の微妙な理論的差異よりも、固有の「ドイツ改革教育運動」という「現象」の「創築（Konstruktion）」を優先させたと指摘される。しかも、かれによれば、実験学校を中心とした改革教育運動にドイツ精神を見ていこうとする精神科学派の思考は、現実を支配した公的政策やアメリカをはじめとする他の新教育における世界的な傾向を無視した「創築」であるとも指摘される。本章では、こうしたテノルト的見解をふまえて考察を進めるが、かれが踏み込むことのできなかった、民族特有の精神を評価していくロマン主義的な立場について、個別な解釈を超えて、根本的な人間・歴史理解の問題として、その特殊性を構造的に理解することは必要であるように思われる。Tenorth, H. -E., "Reformpädagogik, Erneuter Versuch, ein erstaunliches Phänomen zu Verstehen," In: *Zeitschrift für Pädagogik*, 40) Jg. Nr. 3, 1994.

（2）小笠原道雄「ドイツ」長尾十三二編『新教育運動の理論』（明治図書、一九八八年）四六－六四頁。坂越正樹「ノールの教育学構想」小笠原道雄編著『ドイツにおける教育学の発展』（学文社、一九八四年）一七五－二〇〇頁参照。また、カールゼンは、以下の著作において、「この時代の思想は究極的には、……イデオロギーとしてのロマン主義にいきつくことになる」と述べている。Karsen, F., *Deutsche Versuchschulen der Gegenwart und ihre Problem*, Leipzig, 1923, S. 58.

（3）Scheibe, W., *Die reformpädagogische Bewegung 1900-1932*, Weinheim/Basel, 1969, S. 300.

（4）a. a. O., S. 302.

（5）Wagenschein, M., *Erinnerungen für morgen: Eine pädagogische Autobiographie*, Weinheim/Basel, 1989, S. 24-25.

（6）Kemper, H. (Hrsg.), *Theorie und Geschichte der Bildungsreform*, Konigstein, 1984, S. 127-128.

（7）Müller-Blattau, J., "Neuere Literatur zur Musikerziehung," In: *Die Erziehung*, Leipzig, 1929.

（8）Tb631, *Sozial Zukunft*, Dornach, 2000 [1919], S. 31.

（9）一九二〇年九月十六日付の『デイリー・ニュース』において、ジャーナリストのウィルソン・ハリスはシュタイナーの出版した『社会問題の核心』（一九一九）の反響についてつぎのように記載している。「今年の春、ひとりの注目すべき人物が公にした一冊の目新しい本が大陸の多くの読書人の間で議論をよんでいる。外務大臣のシモンズ博士は、この本の内容から、生じてくるボルシェヴィズムに対抗できる唯一の防壁であるとみなしている。……チェコスロバキアの外務大臣ベネッシュ博士は、……机頭の書としていた」。

(10) Rosenbusch, H. S., *Die deutsche Jugendebewegung in ihren pädagogischen Formen und Wirkungen*, Frankfurt, 1973, S. 144.

(11) Zollinger, M., "Jugendbewebung und Jugendpflege in der Schweiz," In: *Die Erzeihung*, Leibzig, 1929, S. 200.

(12) Hautlaub, G. F., "Die Kunst und die neue Gnosis," In: *Das Kunstblatt*, 1917, S. 176.

(13) GA217, S. 78.

(14) Tb671, S. 207.

(15) Ullrich, H., *Waldorfpädagogik und okkulute Weltanschauung*, München, 1986, S. 39.

(16) Flitner, W., "Die zwei Systeme politischer Erziehung in Deutschland (1955)," In: *Theoretische Schriften: Abhandlungen zu normativen Aspekten und theoretischen Begründungen der Pädagogik*, In: Flitner, W. Gesammelte Schtiften, Band 3, Paderborn, 1980, S. 107.

(17) Lay, A. W., *Die Lebensgemeinschaftsschule*, Osterwieck/Leipzig, 1925, S. 147.

(18) Karzen, F., zit. n. Kemper, Herwart/Brenner, Dietrich (Hrsg.), *Theorie und Geschichte der Reformpädagogik*, Königstein, 1984, S. 127–128.

(19) Behschnitt, E., "Als die erste deutsche Einheitsschule," In: Deutschen Lehrervereins (Hrsg.), *Die Deutsche Schule*, 24 Jahregang, Leipzig/Berlin, 1920, S. 179. Flitner, W., 1987, S. 107–108.

(20) Ullrich, H., 1986: S. 39.

(21) Flitner, W., 1987, S. 107–108.

(22) Flitner, W., "Der Krieg und die Jugend (1927)," In: *Pädagogische Bewegung*. In: Wilhelm Flitner Gesammelte Schriften, Band 4, Paderborn, 1987, S. 138.

(23) a. a. O., S. 137.

(24) Staedke, I., "Schiller und Waldorfpädagogik," In: Deutschen Lehrervereins (Hrsg.), *Die Deutsche Schule*, 33,

Jahregang, Leipzig/Berlin, 1929, S. 11.

(25) Hartlieb, F., "Die freie Waldorfpädagogik in Stuttgart," In: *Württembergischen Lehrerzeitung*, 28, Oktober, 1926.

(26) 先に検討したシュタイナー学校をめぐる統一学校評にそうした賛否の相違が顕著に表われている。シュタイナー学校の統一学校的性質が、当時統一学校運動の推進的立場にいた民衆学校教員へ多大な影響を与えた一方、同じ精神科学派の内部の支持にもかかわらず、ドイツ改革教育運動の実質的指導者であったノールは、『ドイツにおける教育運動とその理論（*Die pädagogische Bewegung in Deutschland und ihre Theorie*）』（一九七〇）の「統一学校運動」の項において、ドイツ教員組合の活動やその雑誌『ドイツの学校』を援用し説明しているものの、シュタイナー学校についてひと言も言及していないのである。つまり、同じ精神科学派のなかでも、W・フリットナーやシャイベなどはシュタイナー教育思想を改革教育として積極的に評価するものの、ノール、リットをはじめとする精神科学派の中心メンバーはその評価を記述することさえなかったのである。

(27) Ullrich, H., 1986, S. 26.

(28) a. a. O., S. 43-44.

(29) Nohl, H., *Die pädagogische Bewegung in Deutschland und ihre Theorie*, 4. Aufl. Frankfurt am Main. 1957, S. 86.

(30) Litt, Th., *Führen oder Wachsenlassen. Eine Erörterung des pädagogischen Grundproblem's*, 12. Aufl. Stuttgart, 1965, S. 80.

(31) a. a. O., S. 25-26.

(32) Nohl, H., "Schuld und Aufgabe der Pädagogik," In: *Die Sammlung* 9, 1954, S. 446-448.

(33) 小笠原道雄『現代ドイツ教育学説史研究序説』（福村出版、一九七四年）一八‐二〇、二〇一‐二三五頁参照。

(34) Spranger, E., "Philosophie und Psychologie der Religion (1947)," In: Bahr, H. W. (Hrsg.), *Eduard Spranger Gesammelte Schriften*, Tübingen, 1974, S. 62.

(35) 解釈学と精神科学の基礎を築いたシュライエルマッハー（Schleiermacher, Friedrich Daniel Ernst）について、シュタイナーは、「スピノザ主義から借りてこられた思想の助けを借りて、宗教的意識と思考による世界考察を、すなわち神学と哲学を調停しようと試みた人物」と位置づけ、「自由は、シュライエルマッハーにとっては、完全に独立して自らの生の方向と目的を定める存在者の能力ではない。……自由は、したがって、生命すべてに及ぶ。……植物にも自由がある。シュライエルマッハーはこのような意味における自由しか知らなかったので、宗教の起源も、もっとも不自由な感情、すなわち「絶対的な従属（*schlechthinnige Abhängigkeit*）」の感情に求めることができた。人間は、自らの存在を別の存在者、すなわち神に帰せざるをえないと感じる」、と論評される。シュタイナー『哲学の謎』（Tb610, S. 231–232）。

（36） Ullrich, H., 1986, S. 26.

（37） Karzen, F., 1923, S. 100. 邦訳二一二頁。

（38） 拙論「ルドルフ・シュタイナーの人智学的認識論に関する一考察」教育哲学会編『教育哲学研究』（七七号、一九九八年）および、拙論「シュタイナー教育学をめぐる「科学性」問題の克服に向けて——人智学的認識論を手がかりとして」日本ペスタロッチー・フレーベル学会編『人間教育の探究』（第一〇号、一九九七年）を参照のこと。

（39） Ullrich, H., 1986, S. 74.

（40） 長尾十三二は、現代教育の危機を新教育運動理論の問い直しにおいて見ていこうと編纂された「世界新教育運動選書」（全三十巻、別巻三巻）の監修者として、『新教育運動の生起と展開』（明治図書、一九八八年）の「総説」のなかで、「国際的な広がりをもった新学校、新教育のなかで、私はモンテッソーリとシュタイナーのふたりに格別の注目を払っている。それは、このふたりの創設した学校がそれぞれ独自の教師教育のプログラムをもっているということ、つまりその実践を導き支える思想と、具体的な実践のための体系的な、しかしながらけっして固定的でない指針をもっているということへの注目である。……むろん私はシュタイナー学校やモンテッソーリ方式の幼稚園の思想や実践が最高の模範であるなどとはまったく考えていない。しかしこれらが現在期待できる比較的望ましい教育実践の具体例であることだけは間違いないと思う」（二四頁）と述べている。

■第三章

（1） Ullrich, H., "Anthroposophie zwischen Mythos und Wissenschaft. Eine Untersuchung zur Temperamentenlehre Rudolf Steiners." In: *Pädagogische Rundschau*, 38. Jg., 1984, S. 466.

（2） Schneider, P., "Erkenntnistheorie und anthroposophische Menschenkunde, Grundlage der Praxis der Rudolf Steiner-Pädagogik." In: Hansmann, O.,（Hrsg.）, *Pro und Contra Waldorf-Pädagogik: Akademische Pädagogik in der Auseinandersetzung mit der Rudolf-Steiner-Pädagogik*, Würzburg, 1987, S. 99.

（3） シュタイナーの人智学は、グノーシス、薔薇十字、フリーメーソン等の思想とのかかわりが指摘されるが、多くの基本概念は現代神智学の影響を受けているものと思われる。現代神智学とは、十九世紀半ば以降、多方面に影響をおよぼしたブラバツキー（Blavatsky, H.P.: 1831–1891）に始まる神智学（Theosophy）の立場をさす。シュタイナーは、第二代神智学協会会長のベサント（Besant, A.）の紹介で入会し、一九〇二年から一九一三年にかけて神智学協会ドイツ支部事務局長を務めることになる。しかし、シュタイナーは、キリスト解釈や真理認識の在り方をめぐって神智学協会と対立し、脱退後、独自の「人智学（Anthroposophie）」（この語の使用はフィヒテの息子であるイマニュエル・ヘルマン・フィヒテ（Fichte, Immanuel Hermann: 1797?–1879）や、シェリングに影響を与えたスイスの医師トロクスラー（Troxler, Ignaz Paul Vital: 1821–1902）に始まりを見る）を創設した。元来、この「神智学」という用語は、歴史的には、三世紀のアレキサンドリアで折衷神智学を創設したアンモニオス・サッカス（Sakkas, Ammonios: 175?–242）にまで遡るとされる（原理的なものは、古代ヘルメス哲学やプラトン、ピタゴラスなどに見られる）。この系譜の思想は、さまざまな宗教、宗派を調和させ、そのどれもが「智慧の宗教」という幹から出たものであることを説く。その原理は、多少の相違は見られるものの、「汎神論」「アレゴリー的な解釈法」「異質な教えを調停・融和する折衷主義」「直接体験によって真理に至るとする神秘主義」といった要素をもつ。サッカスの思想は、その後、オリゲネスやプロティヌスといった新プラトン派に引き継がれていく。こうした神智学的要素は、ヤコブ・ベーメの思想や、キリスト教の薔薇十字、ユダヤのカバラ、イスラムのスーフィズム、道教の仙道、インドのベーダ、ヨーロッパのフリーメーソン、グノーシス、チベット密教、日本の古神道、真言密教などに共通の世界観を見いだしうる（神尾学『秘教から科学へ——エネルギー・システムと進化』出帆新社、二〇〇〇年、五-二〇頁参照）。

（4） Tb617, S. 73. 邦訳八六頁。

（5） Tb606, S. 44. 邦訳四六頁。

（6） シュタイナーの教育は、戦前には、W・フリットナーやカールゼン等によって実験学校の一つにあげられ、戦後においても同じくW・フリットナーやウイルヘルムおよびシャイベ等によって「主知主義の否定」「実用・手工・芸術的活動」「統一学校制度」「男女共学」「合議制の自治」「子どもへの無償の愛」といった点で改革教育学の中に位置づけられている。Karsen, F., *Deutsche Versuchsschulen der Gegenwart und ihre Probleme*, Leipzig, 1923. Wilhelm, T., *Pädagogik der Gegenwart*, Stuttgart, 1959. Flitner, W./Kudritzki, G.（Hrsg.）, *Die deutsche Reformpädagogik*, Band II: Ausbau und Selbstkritik, Dusseldorf/München, 1962.

（7） カソリックの立場から、シュタイナーの輪廻・カルマや、ゴルゴタのできごと、イエス・キリストの宗教学的解釈等に対して、またそれに基づく教育やキリスト者共同体の意義についての批判がなされている。Katholische Akademie（Hrsg.）, Krämer, F.J./Scherer, G./Whenes, F.-J., *Anthroposophie und Waldorfpädagogik Information/Kritik*, Mülheim/Ruhr, 1987. また、近年でもっとも激しい批判書としては、Grandt, Guido/Grandt, Michael, *Schwarzbuch Anthroposophie Rudolf Steiners okkult-rassistische Weltanschauung*, Wien, 1997 をあげることができる。そこにおいて、著者のグラント兄弟は、一九九七年以前に公開された人智学共同体やシュタイナー学校の記録文献（ゲーテアーヌムでの「ホロコーストとリインカネーション」と題する講演、ヒトラーに宛てた人智学共同体の公的書簡など）を根拠に、シュタイナーを、人種差別主義者でドイツ国粋主義者とし、かれの思想をオカルトであると断罪する。とりわけ、その批判は、シュタイナーの人智学思想がもつ輪廻思想や指導霊としての天使の存在、「ドイツ精神」の支持や、人間の根源種の規定（黒人蔑視の記述やアトランティス神話やアーリア人種の転生など）や、ヒエラルキー的な人間発達説等に向けられた。しかし、これらの解釈の多くは、シュタイナーによる神智学・人智学思想の本質をパラダイムに添って吟味したものではなく、一面的独善的なものといえる。この本の発刊後、人智学の側から、ナチ－ファシズムと人智学との親和性等を否定する材料をもとに訴訟が起こされ、第二審の高等裁判所によって、当書の記述の誤りとその修正を要求する判決が出された。その後、著者と出版社は当書の出版を中止することになった（本書の存在と発刊中止の情報は広瀬俊雄氏による助言によるものである）。また、人智学をめぐる公開討論を受け、同様の人種差別的視点を、秘教的なダーウィニズムや自由の哲学の構造から言及した著作として、Martins, Ansgar, *Rassismus und Geschichtsmetaphysik: Esoterischer Darwinismus und Freiheitsphilosophie bei Rudolf Steiner*, Frankfurt/Main, 2012 があげられる。さらに、非人智学徒としてシュタイナー学校に勤め、両親や生徒との対立を通して、内部からその教育のイデオロギー的性格を批判した著作として、Kayser Martina/Wagemann, Paul-Albert, *Wie frei ist die Waldorfschule*, Heyne Verlag, 1996 がある。

（8） Hansmann, O., "Kooperation und Perspektiven: Zwischenbilanz und Schluß anmerkungen," In: Hansmann, O.（Hrsg.）, *Pro und Contra Waldorfpädagogik: Akademische Pädagogik in der Auseinandersetzung mit der Rudolf Stierner Pädagogik*, Würzburg, 1987, S. 261.

（9） Schneider, P., 1987, S. 103.

（10） Hansmann, O., 1987, S. 261.

（11） Ullrich, H., *Wissenschaft als rationalisierte Mystik. Eine problemgeschichtliche Untersuchung der erkenntnistheoretischen Grundlagen der Anthroposophie*, In: *Neue Sammlung*, 28. Jg., 1988, S. 176.

（12） Ullrich, H., 1988, S. 182.

（13） Schneider, W., *Das Menschenbild der Waldorfpädagogik*, Freiburg, 1991. ただし、シュタイナーによれば、「輪廻転生（die wiederholten Erdenleben）」の理念は、ピタゴラス（Pythagoras）やその師ペレキュデス（Pherekydes）においては、概念的推論ではなく内的知覚として得られていた、とされる（Tb610, S. 48-49）。

（14） 以下の論文は、精神科学としての位置づけを科学概念の拡張を示唆しつつ認めている。Lindenberg, Ch., "Riskierte Schule — Die Waldorfschulen in Kreuzfeuer der Kritik," In: Bohnsack, F./Kranich, E. M.（Hrsg.）, *Erziehungsw. isseschaft und Waldorfpädagogik*, Weinheim/Basel, 1990.

（15） Hansmann, O., 1987, S. 261.

（16） Schneider, P., 1987, S. 100-101.

（17） Schneider, P., *Philosophisch-anthroposophische Grundlagen der Waldorfpädagogik*. In: *Pädagogische Rundschau*, 38. Jg., 1984, S. 414.

（18） Rittelmeyer, Ch., "Der fremde Blick; Über den Umgang mit Rudolf Steiners Vorträgen und Schriften," In: Bohnsack, Fritz/Kranich, Ernst-Michael（Hrsg.）, *Erziehungswisseschaft und Waldorfpädagogik*, Weinheim/Base, 11990, S. 64-74.

（19） Kranich, E-M./Ravagli, L.（Hrsg.）, *Waldorfpädagogik in der Diskussion: Eine Analyse erziehungswissenschaftlicher*

Kritik, Stuttgart, 1990, S. 65-81.

（20） Hansmann, O., 1987, S. 262.

（21） 長尾十三二「ペスタロッチとシュタイナー」『人智学研究』（第三号、人智学出版社、一九八二年）五〇頁。また、同様の視点として今井重孝は、二十世紀初頭の相対性理論や量子論の出現以降、科学自身が精神的領域に越境を開始し、いまや新たに「オートポイエーシス理論」を生みだすに至っているが、こうした動きはシュタイナー思想への接近を示すものであると以下の論文で指摘している。「ルドルフ・シュタイナーと倉橋惣三」『東京工芸大学紀要』（Vol. 18, No. 2、一九九五年）。「シュタイナー教育哲学のシステム論的解釈の試み」（教育哲学会第三十九回大会資料）（一九九六年、「ホリスティックな学問論の試み——ルーマンからシュタイナーへ」青山学院大学文学部『紀要』（第四三号、二〇〇二年）、等。

（22） シンポジウムでは、「人間形成における垂直軸の問題」をはじめに問題提起した西平直が、シュタイナー思想の今日的意義を、垂直軸のパラダイムの内部から、より私たちに身近な世阿弥の芸道論に依拠しつつ語り、シュタイナー思想をシステム論の観点から研究を進める今井重孝は、現代の先端科学という水平軸の視点からシュタイナー的な垂直軸の世界がいかなる妥当性をもつのかを述べ、筆者はシュタイナーの神秘主義思想がもつ哲学的意味を哲学自体の問題として、とりわけ脱（再）構築というきわめて現代的な哲学の問題としてとらえなおしうることを解説した。そして、学会でのこうした議論を、現実における人間の「変容・生成」のできごとを語る者として注目し、リードしてきた矢野智司がコメンテーターとして各論を総括した（論文では、矢野は宮沢賢治の心象スケッチの視点からシュタイナーの読み解きを試みた）。他に筆者は、シュタイナー思想を読み解くためのパラダイムを、論文「人間形成における垂直軸の問題——新たな発達論とカオスの開かれた弁証法として」教育思想史学会『近代教育フォーラム』（第一二号、二〇〇三年）においても示唆している。

（23） 以下の論文でも、精神科学としての位置づけを科学概念の拡張を示唆しつつ認めている。Lindenberg, Ch., "Riskierte Schule — Die Waldorfschulen in Kreuzfeuer der Kritik," In: Bohnsack, F./Kranich, E.M. (Hrsg.), *Erziehungswissenschaft und Waldorfpädagogik*, Weinheim/Basel, 1990.

■第四章

（1）シュタイナーは自らの霊的体験に基づき、人間が肉体から独立した精神として純粋な精神界に立っているのを内的に見ることができたとされる。Tb629, S. 9、邦訳一一頁。

（2）Tb636, S. 29-30. 邦訳三九－四〇頁。

（3）Tb628, S. 13.

（4）a. a. O., S. 14.

（5）シュタイナーの著作は、Die Rudolf Steiner Gesamtausgabe（ルドルフ・シュタイナー全集：Rudolf Steiner Nachlaßverwaltung 遺稿局、Dornach/Schweiz）として三五四冊あげられる。『自由の哲学』が刊行された以降のいくつかの著作を列挙してみよう。一八九〇年代後半には、個別の思想家の研究として、ニーチェやゲーテ思想の読み解き（『フリードリッヒ・ニーチェ反時代的闘士（*Friedrich Nietzsche, ein Kämpfer gegen seine Zeit*）』一八九五、『ゲーテの世界観（*Goethes Weltanschauung*）』一八九七）等が著わされ、一九〇〇年代初めには、神智学をはじめとする神秘主義の概念を用いた記述や教育に関する言及等が増し（『現代精神生活の黎明期における神秘主義と現代的世界観との関係（*Die Mystik im Aufgange des neuzeitlichen Geisteslebens und ihr Verhältnis zur modernen Weltanschauung*）』一九〇一、『神秘的事実としてのキリスト教と古代の密議（*Das Christentum als mystische Tatsache und die Mysterien des Altertums*）』一九〇二、『神智学——超感覚的世界の認識と人間の本質への導き（*Theosophie. Einführung in übersinnliche Welterkenntnis und Menschenbestimmung*）』一九〇四、『精神科学の観点からみた子どもの教育（*Die Erziehung des Kindes vom Gesichtspunkte der Geisteswissenschaft*）』一九〇六、『精神科学の観点からみた学校問題（*Schulfragen vom Standpunkt der Geisteswissenschaft*）』一九〇七）、一九一〇年代には、自らの世界観に照らした哲学史の解明や社会問題ならびに教育への論及が進められ（『哲学の謎——哲学史概説（*Die Räisel der Philosophie in ihrer Geschichte als Umriss dargestellt*）』一九一四、『人間の謎について——ドイツ・オーストリアの（観念論哲学の）系譜に連なる人物の思考、観照、沈思の中の語られたものと語られざるもの（*Vom Menschenrätsel. Ausgesprochenes und Unausgesprochenes im Denken, Schauen, Sinnen einer Reihe deutscher und österreichischer Persönlichkeiten*）』一九一六、『魂の謎について（*Vom Seelenrätsel*）』一九一七、『現代と将来の生活にとって急務な社会問題の核心（*Die*

Kernpunkte der sozialen Frage in den Lebensnotwendigkeiten der Gegenwart und Zukunft)』一九一九、『時代状況に応える社会有機体の三層化についての論集（*Aufsätze über die Dreigliederung des sozialen Organismus und zur Zeitlage*)』一九一九、『教育の基礎としての普遍人間学（*Allgemeine Menschenkunde als Grundlage der Pädgogik*)』一九一九、『教育術‐教授法（*Erziehungskunst, Methodisch-Didaktisches*)』一九一九、『教育術‐演習とカリキュラム（*Erziehungskunst, Seminarbesprechungen und Lehrplanvorträge*)』一九一九）、そして、最晩年の一九二〇年代には、人智学の原則、医療、自伝などが著わされた（『人智学指導原則――人智学の認識の道・ミカエルの秘儀（*Anthroposophie Leitsätze. Der Erkenntnisweg der Anthroposophie-Das Michael-Mysterium*)』一九二五、『精神科学的な認識に基づく医術の拡張のための基礎づけ（イタ・ヴェークマンとの共著）（*Grundlegendes für eine Erweiterung der Heilkunst nach geisteswissenschaftlichen Erkenntnissen*)』（mit Ita Wegman）一九二五、『わが生涯（*Mien Lebensgang*)』一九二五）。

（6） GA9, S. 12. 邦訳一一頁。

（7） Tb617, S. 89. 邦訳一〇九‐一一〇頁。

（8） Tb628, S. 28.

（9） 認識を表象の範囲内とする見解は、シュタイナーによれば、一七九二年のシュルツ（Schulze, G. E., *Aenesidemus*）の主張や、ショーペンハウアー（Schopenhauer）、ハルトマン（Hartmann, E. v.）、フォルケルト（Volkelt, J.）にも見られるという。とりわけ、フォルケルトは、そうした見方を「実証主義的認識原理（das positivistische Erkenntnisprinzip）」と呼び、「批判哲学」に位置づくとした。他にも、認識論の開始点を、思考と存在の関係に見るべきとするドーナー（Dorner）、存在者を知ることとするレームケ（Rehmke）、実在の知に置くべきというフィッシャー（Fischer, E. L.）等をあげるが、それらは認識そのものの成り立ちを前提なしに理論化することをせずすでに認識領域の内部に立った見解であると否定される。a. a. O., S. 37-39.

（10） このシュタイナーによる引用は、フォルケルトの『イマヌエル・カントの認識論』（*Immanuel Kants Erkenntnistheorie nach ihren Grundprinzipien Analysiert: ein Beitrag zur Grundlegung der Erkenntnistheorie*. Leopold Voss, 1879）の冒頭に書かれた言葉からである。GA4, S. 56. 邦訳八七頁。

（11）Kant. E, *Kritik der reinen Vernunft*, 1787, S. 132-134.（篠田英雄訳『純粋理性批判』岩波書店、二〇〇六年、一七五－一七九頁）。「対象が認識を構成する」とした従来の見方から、「認識が客観的存在を規定する」としたカントの認識論的発想はこの意味で「コペルニクス的転回（Kopernikanische Wende）」と称された。

（12）a. a. O., S. 52-55. 邦訳六五－七三頁。

（13）カントによれば、「経験」は、わたしたちに何かあるものが事実としてしかじかであるということを教えはするが、必然性や真実や厳密な普遍性を与えるものではない、とされた。それは、帰納によって想定された相対的な普遍性を与えるにすぎないと考えられた。a. a. O., S. 47-48. 邦訳五九－六〇頁。

（14）Döring, A. "Über den Begriff des naiven Realismus," In: *Philosophische Monatshefte*, Bd. XXVI, Heidelberg, 1890, S. 390. また、この「素朴実在論」という言葉には、カントが、事物が意識の働きかけにかかわりなく素朴に存在すると考えていることも含意されている。

（15）Tb628, S. 29.

（16）Kant. I, 1787, S. 21. 邦訳第二版序文X、二七頁。

（17）Tb628, S. 29. Kant. 1787, S. 12-13. 邦訳第一版序文V、一五頁。

（18）Kant. 1787, S. 58. 邦訳緒言V、七二－七三頁。

（19）Tb623, S. 68.

（20）Tb628, S. 26.

（21）a. a. O., S. 31.

（22）Tb623, S. 27.

（23）a. a. O., S. 30.

（24）Tb610, S. 73-74. 邦訳七二頁。vgl. Aristoteles, *Physik*, A 187 a, S. 18-19.

（25）a. a. O., S. 248-249.

（26）カントは形而上学に根拠を置く合理論的見方の独断的誤謬をヒューム論によって気づかされることになる。ヒュームは、*An enquiry concerning human understanding*（1748: Chapteron Causeand Effect, Hackett Publication Co.,

1993）の中で、推論 reason の対象には、Relation of Idea（観念の関係）と Matters of fact（事実の問題）があると規定する。前者は、直観的であれ論証的であれ確かであるような主張であり、たんなる思考操作によって確実なものを発見する数学（幾何・代数・算術）が例としてあげられる。後者の推論は、原因と結果の関連に基づきア・ポステリオリな観察・類比によって見いだされるものであるとされた。ただし、カントの物自体同様、一般的な原因の原因（究極の源泉）には到達できず、わたしたちの好奇心や探究から閉め出されるとした。

（27）Tb628, S. 30.

（28）Tb623, S. 27.

（29）Tb628, S. 9.

（30）a. a. O., S. 12.

（31）Ebenda.

（32）第一章でも述べたが、シュタイナーは、意志が、本能（Instinkt）、衝動（Trieb）、欲望（Begierde）、動機（Motiv）へと高まり、道徳的萌芽である希望（Wunsh）、意図・決心（Vorsatz）を経て、高次の意志である決意（Entschluß）に至るとする。

（33）Tb628, S. 12.

（34）a. a. O., S. 51. Hartmann, *Das Grundproblem der Erkenntnistheorie*, 1889, S. 1.

（35）a. a. O., S. 49

（36）シュタイナー派の教育学者P・シュナイダーと反シュタイナー派に立つ教育科学者H・ウルリヒとの論争点であった「無前提な認識論」の内実は、この「認識前提の否定」や「思考の無制約性」といった物の見方に依拠する。ただし、シュタイナー論を擁護するP・シュナイダーは、これらの論拠について認識の問題とは別であると主張している。しかし、本論での考察に従うならば、シュタイナーの認識論はまさにこの「開かれた認識」という見方を承認することによって成立するものであることが理解される。

（37）a. a. O., S. 51.

（38）a. a. O., S. 57.

(39) a. a. O., S. 59.

(40) a. a. O., S. 55.

(41) a. a. O., S. 56-57.

(42) a. a. O., S. 60.

(43) カント哲学においては、die intellektuelle Anschauung は人間認識を超えた神的な「知的直観」を意味するが、シュタイナーにおいてはゲーテ的な理念認識としての高次の人間認識を意味するため、ここではシュタイナーの文脈に基づき、「知的観照（直観）」と訳すことにする。また、Intution は、通常、推論を超えた本質直観をさす「直覚」という訳語が用いられるが、シュタイナーの場合、思考の連続的な質的深まりの先に達せられる高次の内観作用を意味するので、ここでは「直観」あるいはそのまま「イントゥイツィオン」と訳すことにする。

(44) シュタイナーは、概念（Begriff）を、それに従って知覚のかかわりを欠いた諸要素がある統一へと結びつけられるような規則（Regel）と定義づけている。その見方に基づけば、因果関係（Kausalität）は概念となる。一方、理念（Idee）は、より包括的な内容をともなった概念と規定される。有機体（Organismus）は抽象的に把握された理念の一例とされる。a. a. O., S. 60.

(45) a. a. O., S. 62.

(46) Ebenda.

(47) GA4, S. 180. 邦訳二〇一頁。

(48) Tb628, S. 67.

(49) シュタイナーは、ウィーン工業高等専門学校に進学後、シュレーア（Schröer, K. J.）教授との出会いによって、ゲーテ的認識論の研究に向かい、のち、ゲーテ研究者としての才能を開花させる。それは、二十一歳のとき書かれた、キュルシュナー（Kürschner, J.）篇『ドイツ国民文学叢書』中の、ゲーテ『自然科学論集』への序文（Einleiungen zu Goethes Naturwissenschaftlichen Schriften, In: Unter der Leitung von Kürschner, J.: *Deutschen Nationalliteratur*. 1883-1897）や、自著『ゲーテ的世界観の認識論要綱（*Grundlinien einer Erkenntnistheorie der Goetheschen Weltanschauung*）』（一八八六）として結実し、ゲーテ研究者として高い評価を得ることになる。

哲学者・中村雄二郎もまた、シュタイナーによるゲーテ自然科学研究を高く評価し、今後もシュタイナーの視点からのゲーテ研究を発展させるべきであると主張している（中村雄二郎「ゲーテ自然学の豊かさ――「かたちのオディッセイ」を書き終えて」『モルフォロギア――ゲーテと自然科学』第一二号、ナカニシヤ出版、一九九〇年）。

（50） GM, S. 113.

（51） Tb625, S. 205–209.

（52） Goethe, J. W., Naturwissenschaftliche Schriften, Band I, 1882, S. 108–113. In: unter der Leitung von Joseph Kürschner, J., *Deutschen Nationalliteratur.*

（53） GA4, S. 197. 邦訳二七六頁。

（54） Goethe, J. W., Naturwissenschaftliche Schriften, Band III, 1890, S. 275f. In: unter der Leitung von Joseph Kürschner, J., *Deutschen Nationalliteratur.*

（55） Goethe, J. W., Naturwissenschaftliche Schriften, Band II, 1887, S. 32. In: unter der Leitung von Joseph Kürschner, J., *Deutschen Nationalliteratur.*

（56） Ebenda.

（57） Tb625, S. 85.

（58） シュタイナーは、本論で述べたように、ゲーテが理論化できなかった人間の「自己認識」のうちにこそ「最高のメタモルフォーゼ」があり、その内に、自由獲得のプロセスを見ていくべきだと主張する。しかし、同時に、シュタイナーは、ゲーテが自然認識の枠を超えて自己認識へと至る自由へのプロセスを、『メールヒェン』や『ファウスト』といった文学の内に象徴的イメージでもって描き出している、とも指摘している。そこには、具体的に、①感覚世界からの離反と再結合、②感覚世界を超えて超感覚的世界へとつながる必要、③低次の自己の死滅、④感覚的世界との一時的離反(Strib und Werde!)、⑤学識、⑥自然認識から超感覚的世界への道、⑦思考・感情・意志の独立的総合へと高進する人間形成の図式が描出されているという。これらの分析については、井藤元『シュタイナー「自由」への遍歴――ゲーテ・シラー・ニーチェとの邂逅』（京都大学学術出版会、二〇一二年）が詳しく、その書評としての拙論が教育哲学会『教育哲学研究』（第一〇七号、二〇一三年、二三三－二三九頁）に書かれているので参照されたい。

(59) Tb629, S. 83. 邦訳八二頁。

(60) K・ホフマンもまた、シュタイナーの人智学と当時のシュプランガーに代表される精神科学的教育学との比較から、シュタイナーが高次の認識領域に置いたものを精神科学派は宗教原理としていると指摘している。Hoffmann, K., *Die Anhroposophie Rudolf Steiners und "Moderne Geisteswissenschaft,"* Gießen, 1928, S. 11.
また、シュプランガー自身の論文「宗教の哲学と心理学」(一九四七)においても、シュタイナーの人智学は二十世紀における新ロマン主義の展開の一つとしてとらえられ、その立場がオカルト的な力を内面世界において表わそうとしたとして、その思想の宗教的道徳的側面の不備が指摘され、そこに同じくゲーテ研究者を自認する両者のずれが見てとれる。Spranger, E., "Philosophie und Psychologie der Religion," In: Bähr, H. W. (Hrsg.), *Eduard Spranger Gesamelte Schriften,* Tübingen, 1974, S. 62.

(61) GA4, S. 60-61. 邦訳七六－七七頁。

(62) GA4, S. 246. 邦訳二七五頁。

■第五章

(1) シュタイナーは『自由の哲学』において、素朴実在論に立つ認識のありようについて、「樹木を見るとき、その樹木が見える通りの姿で、それぞれの部分が示す通りの色彩で、今見ているその場所に立っている、と信じている」と述べている(GA4, S. 62-63. 邦訳七九頁)。つまり、世界は見えているようにありのままにあるとのみ考え、主体の側における実在との積極的な存在論的連関を想定しない立場に対して素朴実在論との呼称が付されたのである。とりわけ、外物の実在性を疑いあるいは否定して認識を実質的観点から主観の所産とする経験的(質料的)観念論に対してカントは疑義を示し、空間中に認識される事物の経験的実在性を疑わなかった。ただし、それらの事物は、物自体として認識されるのではなく、現象と知られるにすぎず、わたしたちの経験の形式的制約のうちに構成され、究極において数学や自然科学の思考操作に見られるように、ア・プリオリに把握されると考えられた(通常、この立場を超越論的観念論と呼ぶ)。一般には、以上の意味に加え、感覚与件は意識の内の何かであって実在ではないとするカント的観点も、「批判性」を意味すると見られている。

（2）わが国では、井上哲次郎とハルトマンとの関係が知られている。井上がハルトマンに依頼して、ハルトマンの推薦でケーベル（Raphael von Koeber: 1848–1923）が、明治二十六年（一八九三）以降、東京帝国大学で、西洋哲学、美学、ギリシア語、ラテン語、ドイツ文学等を教えたことは有名である。また、シュタイナー思想との関係では、シュタイナーが影響を受けた神智学徒でもあるロシアの哲学者W・ソロヴィヨフがハルトマンの哲学をとりあげていることや、森鷗外がドイツ留学時にハルトマンの哲学を経由してシュタイナー思想にふれたことがわかっている。

（3）GA4, S. 274.

（4）Hartmann, E. v., *Das Grundproblem der Erkenntnistheorie.: eine phanomenologische Durchwanderung der möglichen erkenntnistheoretischen Standpunkte*, Leipzig, 1914, S. 16–40.

（5）Tb628, S. 40f.

（6）Hartmann, E., a. a. O., S. 41.

（7）a. a. O., S. 37. ハルトマンは、こうしたシュタイナーの見解に対して、自身の思想と、一般にいわれる「超越論的観念論」とは立場を異にする、と反論する。なぜならば、「超越論的観念論」においては、「経験的な規定を超えた」認識形式を観念作用の内に見いださねばならず、現実の人間意識と物自体との連続性が絶たれると考えたからである。シュタイナーは、こうしたハルトマン自身のリプライを受け、実際に、『自由の哲学』の改訂版に、かれの認識論的立場を「超越論的実在論」と修正することになる。

（8）Hartmann, E. v., Die letzten Fragen der Erkenntnistheorie und Metaphysik. In: *Der Zeitschrift für Philosophie und philosophische Kritik*, Bd. 108, 1837, S. 55–57. 高橋巖訳『自由の哲学』（一九一八年の改訂版の補遺）（一九八七年、二九三頁）。

（9）vgl. Hartmann, E. v., *Philosophie des Unbewussten*, 1842–1906. 12. Aufl. Leipzig, 1923.

（10）GA4, S. 75. 邦訳九二頁。

（11）a. a. O., S. 76. 邦訳九三頁。

（12）Hartmann, E., a. a. O., S. 55–71. こうした両者の見解の相違点は、論文上に公表された互いの批評から、さらに論点を整理することができる。具体的には、そうした議論の応酬は、シュタイナーがハルトマン哲学を意識して著わした

『真理と学問』（一八九二）ならびに『自由の哲学』（一八九四）に対するハルトマンの反論（「認識論と形而上学の究極的諸問題」『哲学と哲学批判誌』第一〇八巻）としてまず表わされ、それを受けた、シュタイナーによる反駁（一九一八年の『自由の哲学』改訂版の補遺）として見ることができる。

（13） a. a. O., S. 71.

（14） GA4, S. 263-264. 邦訳九四 - 九五頁。

（15） a. a. O., S. 123. 邦訳一四三頁。

（16） a. a. O., S. 266. 邦訳二九七頁。

（17） a. a. O., S. 180. 邦訳二〇一頁。

（18） Tb628, S. 72-73.

（19） a. a. O., S.. 82.

（20） Fichte, J. G., *Über den Begriff der Wissenschaftslehre*, In: *J. G. Fichte Gesamtausgabe, Werke Band 2*, Reinhard Lauth/Hans Jacob（Hrsg.）, Friedlich Formmann Verlag, 1965, S. 118.（隈元忠敬他訳『初期知識学』〈フィヒテ全集第四巻〉哲書房、一九九七年、二九頁）。

（21） Fichte, J. G., *Grundlage der gesammten Wissenschaftslehre*: als Handschrift für seine Zuhörer, Leipzig: Bei Christian Ernst Gabler, 1794, S. 98.

（22） a. a. O., S. 104.

（23） a. a. O., S. 110.

（24） Tb628, S. 79-80. Fichte, J. G., *Erste Einleitung in die Wissenschaftslehre*, Stuttgart, 1797, S. 186.

（25） Fichte, 1794, S331.

（26） a. a. O., S. 349.

（27） Ebenda. ただし、フィヒテの場合、この事行を支える「知的直観」は主客が分化する以前の主客未分の前反省的意識であり、具体的な認識現実においては第一義的な意味を有さないものとされた。

（28） Ebenda.

(29) Tb628, S. 78.
(30) a. a. O., S. 85.
(31) Ebenda.
(32) a. a. O., S. 80.
(33) GA4, S. 31-32. 邦訳四四 - 四五頁。
(34) Tb628, S. 73.
(35) a. a. O., S. 78.
(36) Ebenda.
(37) a. a. O., S. 79.
(38) a. a. O., S. 75.
(39) a. a. O., S. 79.
(40) a. a. O., S. 79-80.
(41) Tb623, S. 18. 邦訳一三頁。
(42) Tb628, S. 81.
(43) Ebenda. In: Fichte, J. G., *Einleitungsvorlesungen in die Wissenschaftslehre, die transcendentale Logik und die Tatsachen des Bewußtseins*, Vorgetragen an der Universität zu Berlin in den Jahren, 1812 u. 13. Aus dem Nachlaß herausgegeben von Fichte, I. H. Bonn, 1843, S. 4.
(44) Tb623, S. 17.
(45) ハーバーマスもまた、ヘーゲルが、カントの超越論的統覚としての自己意識を自らの理論の出発点としながらも、自己意識を自我の孤独な自己反省としてではなく、はじめから、特殊（個）と普遍（全体）との弁証法的な統一のプロセスのうちに理解していたことを指摘している。Jürgen Habermas, "Arbeit und Interaktion: Bemerkungen zu Hegels Jenenser Philosohie des Geistes," In: *Technik und Wissenschaft als Ideologie*, Suhrkamp, 1969, S. 14-15.
(46) シュタイナーのカント理解については拙論「シュタイナー教育思想の哲学的基盤（1）――「哲学的考察の原点」

としてのカント的認識論」『HABITUS』（第一七巻、二〇一四年）ならびに拙論「シュタイナー教育思想の哲学的基盤（2）――「哲学的考察の原点」としてのカント的認識論」『HABITUS』（第一八巻、二〇一五年）を、シュタイナーによるゲーテとハルトマンの理解については拙論「シュタイナー教育思想の哲学的基盤――ゲーテとE・ハルトマンの認識論」『倫理学研究』（第二四号、二〇一四年）を、また、シュタイナーのフィヒテ理解については拙論「シュタイナー教育思想の哲学的基盤（3）――フィヒテの自我論の受容と克服」『HABITUS』（第一九巻、二〇一六年）を参照のこと。

（47） Tb610, S. 254-255. 邦訳二四八頁。In: Hegel, G. W. F., *Vorlesungen über Nturphilosophie*, Michelet, C. L. (Hrsg.), Bd. 7, Berlin, 1847. A. 2. Aufl. Zusartz zu §376, S. 696-697.

（48） Hegel, G. W. F., *Griechische Philosophie, II, Plato bis Proklos*. Teil 3. In: Garniron, Pierre/Jaeschke Walter (Hrsg.), *Vorlesungen über die Geschichte der Philosophie*, Felix Meiner Verlag, Hamburg, 1996.（G・W・F・ヘーゲル『哲学史講義』第三部「ギリシア哲学Ⅱプラトンからプロクロスまで」P・ガルニロン／W・ヤシュケ編、フェリックス・マイナー出版、ハンブルク、一九九六年。山口誠一・伊藤功『ヘーゲル「新プラトン主義哲学」註解新版『哲学史講義』より』知泉書館、二〇〇五年）

（49） Tb623, S. 15. 邦訳二〇頁。In: Hegel, G. W. F., *Vorlesungen über die Geschichte der Philosophie*. Michelet, C. L. (Hrsg.), Werke, 15. Bd3, Berlin, 1844, S. 95f.

（50） Tb610, S. 252-253. 邦訳二四六頁。In: §552 von Hegels《*Enzyklopädie der philosophischen Wissenschaften*》.

（51） Tb610, S. 64. シュタイナーによれば、こうした思考は、遡れば、すでに古代ギリシア哲学のなかに見いだすことができるとされ、この精神を、哲学の歴史においてはじめて高度な完成の域に到達させた人物としてソクラテスの名があげられる（S. 66）。邦訳六五〇頁。

（52） a. a. O., S. 23. 邦訳二九‐三〇頁。

（53） Tb623, S. 18. 邦訳二三頁。

（54） Tb610, S. 238. 邦訳二三三頁。

（55） Tb610, S. 235-236. 邦訳二三〇頁。Hegel, *Enzyklopädie der philosophischen Wissenschaften im Grundrisse*, 1 teil,

L. Henning (Hrsg.), *Die Wissenschaft der Logik*, Berlin, 1843. In: Hegel Werke, vollständigs Ausgabe in 21, Bänden, 6. Bd., 2. Aufl., §50, S. 107.

（56） Tb623, S. 252. 邦訳二二八－二二九頁。

（57） a. a. O., S. 252. 邦訳二四五頁。

（58） a. a. O., S. 37. 邦訳五〇－五一頁。

（59） ここでの見方は、教育思想史学会フォーラム（二〇〇三年）における西平直の発表「人間形成における垂直軸の問題――覚者はいかに子どもの教育にかかわることができるか」と、そこで示された井筒俊彦による「東洋的無の思想」に負うところが大きい。

（60） Tb610, S. 244–246. 邦訳二三九頁。

（61） Tb623, S. 248–249. 邦訳二四二頁。

（62） Tb625, S. 205–209.

■第六章

（1） Tb623, S. 27. 邦訳三六頁。

（2） Tb610, S. 73–74. 邦訳七二頁。Vgl. Aristoteles, *Physik*, A 187a18–19.

（3） Tb623, S. 248–249. 邦訳二四二頁。

（4） a. a. O., S. 27. 邦訳三六頁。

（5） GA4, S. 180. 邦訳二〇一頁。

（6） Tb628, S. 9–13.

（7） Bernhard Kallert, *Die Erkenntnistheorie Rudolf Steiners*, Stuttgart, 1971, S. 10.

シュタイナーは、教育の真諦に大人自身の「自己認識」「自己教育」を据える。かれは、そうした認識を、「実践的な思考」と呼び、いくつかの講演で紹介している（カールスルーエ講演 Die Beantwortung von Welt- und Lebensfragen durch Anthroposophie. (GA108)、ベルリン講演版 Wo und wie findet man den Geist? (GA57)、一九九八年版はそれらにニュルンベルグ講演を含めた論集)。これらには、シュタイナーが自らの教育思想の根幹に据え、垂直軸的な主体変容を促進させるものと考えた「自己認識」の具体的な実践方法が示される(PD, S.18-83.)。以下に、その要点を示してみよう。

一、つぎつぎと生じる出来事のうちに詳細なイメージを形成すること
二、時々刻々と起こるできごとに対して、安易に速断・推測することを避け、できるかぎり精確な表象像を描き自己のうちで熟慮すること
三、恣意的な活動する「思考」を断念すること
四、自身が選び出したものについて、熟考するための時間をもつこと
五、わたしたちを取り囲む生活の事物や事実に対して、興味をもつよう努めること
六、わたしたち自身の活動を意欲と愛で支配すること
七、黙考における満ち足りた気分を見いだすこと

こうした自己トレーニングを継続するなかで、わたしたちは、事象をめぐる表層的な事実連関としての明証性とは別の、事象を貫くより深い因果連関を内的な確からしさとして次第に実感することができるようになるとされる。しかも、このような自己認識を通したホリスティックな因果洞察は、自己‐他者関係の深化と必然的に連動する。というのは、このプロセスを通じて、他者理解についても認識視点の変化が確実に体験されることになるからである。はじめは、他者との軋轢に際して分断的・排他的な思考や感情が心を占めるが、「縁起」的な因果理解が徐々に進むにつれて、自己と他者との間の不調和はいまだ完全に目覚めていない自らの問題であることが自知されるようになる。そうすると、他者とのズレやそこからもたらされる苦しみは、自らの不十分な思慮や不完全さを知る契機として、自己尺度の更新を促すことで、より深い因果洞察へと内省的思考を導いていくことになる。そうした外部との関係で自己に生じる苦悩や葛藤を克服しようとするあくなき内省こそが、思考の本質であり自由の内実とされる。このように、知の主体自身の変革を通して、知は無知に至り、いっそう深い自知の認識体験を得ることになるのである(拙論「シュタイナー教育における「教師の自己教育」について——文部省在外研究報告I」『新見公立短期大学紀要』第二一巻、二〇〇〇年を参照)。

しかし、変成意識や無意識についての研究が進む今日においてすら、このようなシュタイナー的自己認識とそれに基

づく世界観に対して、日常意識を逸脱しており、そうした高みからの啓蒙理論にはついていけない、という批判がしばしばなされる（今日、認知心理学・精神医学の領域では、意志とは無関係に無意識下で生じる侵入思考（Intrusive Thoughts：雑念）が心理的病理現象にかかわることが実証されている。Clark, David A. (ed.), *Intrusive Thoughts in Clinical Disorders*, New York/London, 2005）。だが、シュタイナーによれば、人智学的精神科学に基づく叡智は、自己認識としての思考を介して歩みつづけることで追体験可能であり、人智学的な特殊用語で語られる世界観の記述もまたその論理性と確からしさを内的に実感できるようになるとされる。シュタイナー研究者である西平直もまた、この自己認識体験の有効性を謙虚に示唆している。

「シュタイナーについて語ることには、はじめからためらいがあった。……その思想の核心である「秘教的（エゾテリック）な部分」に目が届いていない。……私には、シュタイナーの語る「超感覚的次元」が十分納得できていない。……そうした私ではあるが、……訓練を続けてゆくと異なる意識状態が訪れることまでは、体験的に知っている。そして、異なる意識状態には、世界が異なる仕方で姿を現すであろうことも、充分予感している。だから、シュタイナーの話が、どんなに日常意識の常識と違っていても……専門的な訓練を続けてゆけば、世界が異なる姿を現してくることは間違いないと思っている」（西平直『シュタイナー入門』講談社現代新書、一九九九年、一九三−一九六頁）。

（8） Tb623, S. 28-31. 邦訳三七−四二頁。

（9） 二〇〇三年の教育思想史学会フォーラムにおいて西平直は、「人間形成における垂直軸の問題——覚者はいかに子どもの教育にかかわることができるか」というテーマでこの問題をとりあげた。議論の軸とされたパラダイムは、禅の実在体験（存在論的浄化過程）を理論モデル化した井筒俊彦による「東洋的無の思想」であった。ここでは、神秘主義的な「個と普遍の合一過程」が「垂直軸」の発達視点（未分節→分節→無分節［ゼロ・ポイント］→二重見）のもとに構造的に語られ、今日的な妥当性が議論された。筆者が、二〇〇六年の学会コロキュウム「シュタイナー教育思想の現代的意義を問う」（今井重孝・西平直・衛藤吉則・矢野智司）で伏線に置いたものもまさにこの視点であり、「垂直軸」的な人間形成モデルとして、「シュタイナー思想の現代的な意義」を問うことが主眼であった。成果論文として、「「垂直軸」の人間形成モデルとしてのシュタイナー教育思想」教育思想史学会編『近代教育フォーラム』（一六巻、二〇〇七年、一六五−一六八頁）がある。

（10）神秘主義とは、井筒に従えば、「プロティヌスの言うように、「ただ独りなる神の前に、人間がただ独り」立つことによってはじまる。そして「ただ独りなる神」は人間を無限に超越するところの遠き神であると同時に、人間にとって彼自身の心の奥処よりもさらに内密な近き神である。……この両極の間に張り渡された恐るべき緊張の上に、いわゆる人間の神秘主義的実存が成立する」（井筒俊彦『井筒俊彦著作集1　神秘主義哲学』中央公論社、一九九一年）、と説明される。

（11）Tb137, S. 66-85.

（12）中沢新一も、「存在の解体」のこうしたリアリティの内観的で創造的な探究方向を脱構築哲学に寄与するポストモダンの一つの見方であることを指摘している。中沢新一「創造の出発点」『井筒俊彦著作集1　神秘主義哲学』付録（中央公論社、一九九一年）五－八頁。

（13）Wilber, K. (ed.), *The Holographic Paradigm and Other Paradoxes: Exploring the Leading Edge of Science*, Boston/London, 1985, p. 4.（K・ウィルバー編、井上忠他訳『空像としての世界』青土社、一九九二年、一五頁）。

（14）F・カプラ（Capra, Fritjof）による『タオ自然学（*The Tao of Physics: An Exploration of the Parallels Between Modern Physics and Eastern Mysticism*）』（一九七五）のパラダイム転換理論ならびにケン・ウィルバー（Wilber, Ken）による意識の進化論に基づくトナランスパーソナル心理学もまたこうした理論を根拠としている。Wilber, K., *The Spectrum of Consciousness*, Quest Books, 1977.（吉福伸逸・菅靖彦訳『意識のスペクトル1・2』春秋社、一九八五年）。

（15）ここでは、バティスタが生気論、機械論との比較から示したホリズムのパラダイム（存在論＝一元論、認識論＝相互作用、方法論＝類比的、因果性＝確率論的、分析性＝構造的、動力学＝負エントロピー）をあげた。Battista, John R., "The Holographic Model, Holistic Paradigm, Information Theory and Consciousness," In: Wilber, K. (ed.), *The Holographic Paradigm and Other Paradoxes: Exploring the Leading Edge of Science*, Boston/London, 1985, p. 144.（K・ウィルバー編、井上忠他訳『空像としての世界』青土社、一九九二年、二六六頁）。

（16）Ebenda.（Battista, J. R.）邦訳二六七頁。

（17）a. a. O., p. 145. 邦訳二六七－二六八頁。

(18) a. a. O., p. 3. 邦訳一三頁。
(19) シュタイナーに見るホリスティック教育の意義として、わが国では、今井重孝が、今日の知育偏重教育の弊害(「死せる学問」)を克服するものとして、心身や知情意、自然(宇宙)と人間などの「つながり」「バランス」「包括性」を重視するホリスティック教育の観点(「生ける学問」)で、シュタイナー教育の有効性を説き、吉田篤彦が、オルタナティブ教育制度を研究し、シュタイナー教育をホリスティック教育の最善のモデルとして実証研究を進め、公立学校での全人的・総合的な教育の促進を考え、西平直が、人間形成の問題として、東洋思想を視野に入れ、垂直軸的な変容の一つの範型をシュタイナー教育に見、矢野智司が、現実における人間の「変容・生成」のできごととして、宮沢賢治の心象スケッチの視点からシュタイナー思想を読み解いている。これらの研究についてはつぎの文献を参照のこと。教育思想史学会編『近代教育フォーラム』(一六号、二〇〇七年)、吉田敦彦・今井重孝編『日本のシュタイナー教育』(せせらぎ書房、二〇〇一年)、吉田敦彦「NPO法人立のシュタイナー学校づくりは競争社会への対抗的オルタナティヴたりえるか」『教育新世界』(二〇〇九年)、吉田敦彦「多様性に開かれたシュタイナー学校/カナダの四校の事例調査を中心に」科学研究費研究成果最終報告書『オルタナティブな教育実践と行政の在り方に関する国際比較研究』(二〇〇三年、神尾学編『未来を開く教育者たち――シュタイナー・クリシュナムルティ・モンテッソーリ』(コスモス・ライブラリー、二〇〇五年)。
(20) Tb629, S. 9. 邦訳一一頁。
(21) Tb636, S. 134. 邦訳一八一頁。
(22) James, W., *The Varieties of Religious Experience*, New York, 1902, pp. 380-381. ここにおいてジェイムズは、認識的性質の他に、高次の意識状態には、言い表わしようがないこと(Ineffability)、暫時性(Transiency)、受動性(Passivity)が特徴として見いだされると語る。
(23) Tb629, S132. 邦訳一三〇頁。
(24) Tb629, S133. 邦訳一三一頁。
(25) Tb629, S9. 邦訳一一頁。
(26) Tb629, S. 131-132. 邦訳一二九頁。加えて、このような"Wissenschaft"としての知は、シュタイナー教育思想がもつ人間の全体観的な把握とかかわることになる。かれの人間観は、身体（体）・心（魂）・精神（霊）という古代から伝わる神秘主義的な構成概念を基盤とし、さらに詳細な発展的な七段階区分（物質身体 Physischer Leib、エーテル体 Ätherleib、アストラル体 Astralleib、自我体 Ich-Leib、精神我 Geistselbst、生命精神 Lebensgeist、精神人 Geistesmensch）において語られる。ここでは、前半に、心身とモラルの純化に向けた発達がヘクシス的な形成態概念 Leib のもとに示され、後半には高次の存在へ向けた変容が精神（Geist）の血肉化プロセスとして表わされる。このことから、シュタイナーの人間観が、人間を、「変容の主体」として考えていることがわかる。それゆえ、かれの "Wissenschaft" もまた、ホリスティックな「主体変容の知」として構想されているといえる。こうしたとらえ方においては、たんなる感覚的観察にとどまることのない全人格的な認識態度が重要となる。エゴを排した対象への自己没入と深い集中を通した内観的な「気づき」によって、感覚的なドクサは止揚され、見るものと見られるものとの間の存在論的なシンクロニシティ（対象への溶解体験）がもたらされると考えられた。そのような内観に基づく自己尺度の不断の更新を通して自己純化が進み、主体は具体的普遍へと上昇するのである。

■**おわりに**

（1）シュタイナーは、『真理と科学』において、「認識問題の定式化とは、認識論の特性を、完全に前提のない学問として、厳密に正当に評価することである」（Tb628, S. 27）と述べている。

（2）本研究の今後の課題について述べてみたい。本書では、不毛な論争にさらされるシュタイナー教育思想について、読み解きの鍵となる学理論的地平を示すことで、分断された理論と実践を架橋する新視角を提供することに幾分かでも貢献できたものと考える。ただし、本書の基本的なアプローチは、シュタイナーの神秘主義的記述を通さず、神秘主義のもつ哲学的意味を哲学自身の問題として考究するものであった。それゆえ、考察対象をシュタイナーによる「認識論哲学の構築期」に限定し、かれの神秘主義的著作や中・後期の哲学著作については、必要に応じて参照・引用したものの、詳細な検討を加えることができなかった。より厳密に、時系列的なシュタイナー認識論の変容と多面的な構造を把握するためには、さらに、『哲学の謎（*Die Rätsel der Philosophie*）』（一九一四）の分析（シュタイナーは、『ゲーテ的世界観の認識論要綱』の再版に際して、新版の序文に、「ゲーテ的世界観の認識論として、この著作で以前概略を述べたことは、四十年前であるにもかかわらず、同様の仕方で、今日に語ることは私には必要であるように思われる」(Tb629, S. 12)と述べているが、この内容は、『哲学の謎』において発展的に記述されているとも記されている)や、シュタイナーがとりわけ注目したマックス・シュティルナー(Stirner, Max)、ニーチェ(Nietzsche, Friedrich Wilhelm)、ヘッケル(Haeckel, Ernst Heinrich Philipp August)、ベルクソン(Bergson, Henri-Louis)、プロティノス(Plotinus)、トマス・アクィナス(Aquinas, Thomas)、さらには、ヘルバルト(Herbart, Johann Friedrich)、シラー(Schiller, Johann Christoph Friedrich)、ブレンターノ(Brentano, Franz Clemens Honoratus Hermann)、シェーラー(Scheler, Max)、そして中江藤樹、等の個人思想の研究が必要となるものと思われる。加えて、こうした認識論哲学の研究の深化と同時に、今回、詳細には言及できなかった神秘主義的な記述との理論的な整合性への論及についても、シュタイナー教育思想の総合理解のために、今後、必要な研究課題となるものと思われる。

(3) Personliches. In: Deutschen Lehrervereins (Hrsg.), *Die Deutsche Schule*, 29 Jahrgang. Leipzig/Berlin, 1925.

■補論1

(1) シュタイナー教育思想の日本への移入に関する最初の指摘は、広瀬俊雄『シュタイナーの人間観と教育方法』(一九八八年)、ならびに新田貴代「R・シュタイナー――ヴァルドルフ教育の創始者」天野正治編『現代における教育思想5 ドイツ(Ⅱ)』(一九八二年)の二著において見られる。広瀬は著作のあとがきにおいて、シュタイナー教育思想に関する戦前の先行研究として、谷本富『宗教々育の理論と実際』(明治図書、一九二九年)、入澤宗壽『現代教育思潮大観』(同文書院、一九三一年)、新教育協会編『新教育汎論』(同文館、一九三一年)、入澤宗壽・大志万準治『哲学的人間学による教育の理論と実際』(モナス、一九三四年)をあげている。新田も、広瀬があげた入澤の一九三一年と一九三四年の著作をあげている。その後、両紹介を皮切りに、二〇〇〇年以降、拙論「シュタイナー」教育思想史学会編『教育思想事典』(勁草書房、二〇〇〇年)、拙著『松本清張氏は「哲学館事件」に何をみたのか?』(北九州市立松本清張記念館、二〇〇〇年)、拙論「隈本有尚とシュタイナー思想との関係について」『日本仏教教育学研究』(第八号、二〇〇〇年)、河西善治『『坊ちゃん』とシュタイナー――隈本有尚とその時代』(ぱる出版、二〇〇〇年)、拙論「谷本富とシュタイナー教育学」『日本仏教教育学研究』(第九号、二〇〇一年)、西川隆範「シュタイナー教育の日本的展開」吉田敦彦・今井重孝編『いのちに根ざす日本のシュタイナー教育』（せせらぎ出版、二〇〇一年）、拙論「1920・30年代におけるシュタイナー教育思想とナショナリズムとの関係――入澤宗壽の文化教育学理解を中心に（1）（2）（3）」『下関市立大学論集』（第四五巻第二号・三号、第四六巻第一号、二〇〇一－二〇〇二年）、拙論「大川周明の国家改造思想にみるシュタイナー思想とナショナリズムとの関係（1）（2）」『下関市立大学論集』（第四九巻第一号・第二号、二〇〇五年）、拙著『1920・30年代におけるわが国の文化教育学理解とナショナリズムとの関係』（平成十四年度～平成十六年度科学研究費補助金（基盤研究（C））研究成果報告書、二〇〇五年）、拙著『松本清張にみるノンフィクションとフィクションのはざま――「哲学館事件」（『小説東京帝国大学』）を読み解く』（御茶の水書房、二〇一五年）、といった多角的な研究が今日まで進められている。

（2）　井上円了創設の哲学館（東洋大学の前身）は多くの私立学校に先駆け、一八八九年に文部省から中学校・師範学校教員の無試験検定の認可を得ていた。そして、一九〇二年におこなわれた認可第一回目にあたる学生の卒業試験に際し、認可にふさわしい教育内容であったか否かを調査すべく規定に従って文部省視学官隈本有尚らによる臨監がおこなわれた。その際、桑木厳翼補訳・ミュアヘッド『倫理学（*The Element of Ethics*）』によって講義した中島徳蔵講師（倫理科）が課した試験問題の一つ「動機善にして悪なる行為有りや」の答案中に、動機が善であれば君主の弑逆も認められるかのごとき記述が発見されたのである。この事実が、文部省によって国体上問題ありとされ、同年十二月十三日付で哲学館は無試験検定の認可資格を剥奪されたのである。これが、世にいう「哲学館事件」であり、当時は学問・教育の自由の問題を中心に学界、マスコミを巻き込んで社会問題にまで発展した。

（3）　隈本有尚『書斎』（第三巻三号、一九四〇年）五頁。

（4）　一九〇六年の講演版と一九〇七年の論文版の構成はほぼ同じであるが、内容の厳密さや引用例においてかなりの相違が見られる。とりわけ、隈本の論文で引用されている霊魂と肉体との関係を例示する「蝶と蛹の譬え」は論文版のみに記述されている。本研究では、講演版を Rudolf Steiner Verlag, Dornach, 1983, tb684 において、また、論文版を Philosophisch-anthroposophischer Verlag, Berlin, 1921 において比較検討した。

（5）　隈本『丁酉』（第二四一輯）一一七－一一九頁。

（6）　浮田和民編、坂本義雄訳「三重組織の国家」『三重組織の国家と責任国家論』（大日本文明協会、一九二二年）序文。

（7）東京帝国大学図書館への寄贈図書として、『社会問題の核心』の英訳本（ロンドン版 *The Threefold State* とデトロイト版 *Triorganic social organism*）がE・W・グッダール夫人から一九二二年一月三十日付で納本された事実や、同じく英訳本『神秘学概論』（*An outline of occult science*, N. Y., 1914）が一九二三年十月八日に、『いかにして高次の世界の認識を獲得するか』（*How to attain knowledge of the higher worlds*, N. Y. 1910）と『西洋の光に照らされた東洋』（*The East in the light of the West*, Lond. 1922）が一九二四年二月二十四日にアメリカのフレッチャー女史（E. A. Fetcher）から寄贈された事実、さらにはシュタイナーによって設立された三層化のモデル経済事業体コメンデ・ターク社から一九二四年七月十四日に一括して『社会問題の核心』をはじめとするシュタイナー関係の著作十一冊が帝国図書館に寄贈された事実等を報告している（河西、一六四－一六六頁）。また、河西によれば、隈本に先立ちこの時代にシュタイナーの名前を知っていた人物として森鷗外がいるとされる。つまり、鷗外が一八八四年から一八八八年にかけておこなったドイツ留学に際して、哲学者エドゥアルト・フォン・ハルトマンへの関心を通じてシュタイナーの著『十九世紀の世界観と人生観』（*Welt -und Lebensanschauungen im 19. Jahrhundert*, 1902）、のちの『哲学の謎』（*Die Rätsel der Philosophie*, 1914 と改題）を読んだとされる。
（8）河西、二〇〇〇年、一六三頁。
（9）隈本『丁酉』（第一二九輯）二四頁。
（10）隈本『丁酉』（第一五九輯）七六頁。隈本は、かつて自らの考星学的天文学を『丁酉』（第一四七輯）誌上で「考星学は現今の星学とは別物なり」「その科学的と称さるる意義を疑う」と批判され、その批判に応えたのがこの論文である。
（11）吉田、一九二三年、五三三頁。
（12）同上書、五四〇頁。
（13）吉田、一九二四年、増補第六版の序二頁。
（14）吉田、一九二三年、五三〇頁。
（15）Hoffmann. K., *Die Anthroposophie Rudolf Steiners und Moderne Geisteswissenschaft*, Giesen, 1928.
（16）吉田、一九二三年、五四二頁。
（17）吉田、一九二七年、三七二頁。

(18) これに関しては、谷本富『宗教教育の理論と実践』(明治図書、一九二九年、一三五‐一三六頁)、「谷本博士の教育学」『日本現代教育学大系』(第二巻、モナス、一九二四年)、「自伝と教育学説」『教育』(第二巻第一号、一九三四年、四三頁)、堀松武一「谷本富における教育思想の変遷」『東京学芸大学紀要』(第二一集第一部門、一九七〇年、二六‐三六頁)等を参照のこと。

(19) このような見方は、谷本富「時局と教育家」『教育学術界』(第七五巻第二号、一九三五年)二七頁においてなされている。

(20) 谷本『教育学術界』(第七六巻第五号、一九三七年)八頁。

(21) 谷本、一九二九年、一三九頁。

(22) 同上書、三四頁。

(23) 同上書、一六一頁。

(24) 谷本富「宗教教育の本義」『宇宙』(宇宙社、一九二七年)。

(25) オルコットの講演は、森本大八郎編『オルコット氏仏教演説集』一八八九年等に収められている。

(26) 谷本、一九二九年。

(27) 谷本、一九二九年、一六二頁。

(28) 同上書、四九頁。

(29) 同上書、一六二頁。

(30) 同上書、四一頁。

(31) 同上書、一六一頁。

(32) 同上書、二〇一頁

(33) 同上書、三三頁。

(34) 同上。

(35) 同上書、一六八頁。

(36) 同上書、一六六頁。

(37) 同上書、三四〇頁。
(38) 同上書、一七〇－一七一頁。
(39) シュタイナーの哲学上の基礎づけに関しては、今井重孝「シュタイナーの認識論の現代的射程」『日本ホリスティック教育研究』（第一号、一九九八年）、西平直『魂のライフサイクル――ユング・ウィルバー・シュタイナー』（東京大学出版会、一九九七年）、同『シュタイナー入門』（講談社現代新書、一九九九年）、拙論「シュタイナー教育学の「科学性」問題の克服にむけて」『人間教育の探究』（第一〇号、一九九七年）、拙論「ルドルフ・シュタイナーの人智学認識論に関する一考察」『教育哲学研究』（第七七号、一九九八年）の研究がある。ドイツにおけるシュタイナー教育思想の教育学上の位置づけについては、拙論「シュタイナーと教育改革運動」小笠原道雄監修、林忠幸・森川直編『近代教育思想の展開』（福村出版、二〇〇〇年）二八四－三〇一頁参照。
(40) 谷本富『宗教教育原論』（一九一七年）二〇五頁。
(41) 入澤宗壽「私と私の教育学の生い立ち」『教育』（第二巻第一号、一九三四年）九二頁。
(42) 入澤宗壽「『体験教育』の主張」『教育の世紀』（第四巻第五号、一九二六年）一一－一三頁。
(43) こうした見方については、入澤の「新心理学と教育学」『哲学雑誌』（第三八巻第四四〇号、一九二三年）七九五－八〇八頁、「エーリッヒ・シュテルンの教育学説」『教育論叢』（第一一巻第一号、一九二四年）三三－四〇頁、「『体験教育』の主張」『教育の世紀』（第四巻第五号、一九二六年）一〇－一九頁、等の論文を参照されたい。
(44) 入澤宗壽「欧米学校視察談」『教育思潮研究』（第五巻第一・二輯、一九三五年）四六四－四七二頁。
(45) 入澤宗壽『新郷土教育原論』（明治図書、一九三二年）四二七－四二八頁。
(46) 同上書、四三〇頁。
(47) 入澤宗壽・大志万準治『哲学的人間学による教育の理論と実際』（モナス、一九三四年）六四頁。山崎博が一九三二年七月に同校を訪問したときには、二十六学級、教員六十人、児童一一〇〇人であったと記されてある。
(48) 入澤宗壽『世界に於ける新教育の趨勢』（同文館、一九三五年）一六〇頁。また、『最近教育の思潮と実際』（明治図書、一九三一年）において、新独逸の教育として、田園家塾、作業学校、実験学校、共同体学校とならべてシュタイナー派の学校をあげている。

（49）入澤宗壽・大志万準治、一九三四年、緒言。
（50）入澤宗壽『現代教育思潮大観』（同文書院、一九三一年）二五〇頁。
（51）『教育思潮研究』においては、「合科教授の実際を見て」（第四巻第二輯、一九二七年）二六‐三二頁や、「欧米視察談」（第五巻一・二輯、一九三一年）、「新教育の原理と其の展開」（第五巻第四輯、一九三一年）六八‐七五頁や、「新郷土教育原論」（第六巻第四輯、一九三二年）三二一頁等に見られる。
（52）東京大学史史料研究会編『東京大学史』一一七七頁、一九九三‐一九九四年。
（53）新日本海新聞社鳥取県大百科事典編纂委員会『鳥取県大百科事典』（一九八四年）。
（54）『東京大学史』一一八二頁。
（55）伏見猛弥『大東亜教育政策』（国民精神文化研究所、一九四二年）六九頁。
（56）同上書、七〇頁。
（57）同上書、七一頁。
（58）高橋は、当時注目されていた西田哲学の克服をめざし、西田哲学のように、主体の側における徹底した内省瞑想による客体への合一といった超越的完成を見るのではなく、あくまでも有限な人間存在において限界性をつねに認めつつ「愛」という原理に基づいて主体と客体がぎりぎりのところへと「包越」できると考えた（『認識論』岩波書店、一九三八年、「時間論」『岩波講座哲学体系的研究――知識の問題』岩波書店、一九三三年、『高橋里美――人と思想』日本化研出版部、一九七九年参照）。
（59）日田が文化教育学について述べたものに、『教育研究』二九八号、三〇〇号、三一〇号、三一三号、『教育学術界』第五〇巻五号、第五三巻三号、『教育論叢』第一七巻四号・五号、第一八巻一号があるが、そのどこにもシュタイナー教育思想について論じたものはない。
（60）『教育年報』G2頁。
（61）近藤唯一・大志万準治『集会と会議の開き方・進め方』文教書院、一九六一年増補版、初版は一九五九年。
（62）東亜教育協会編『興亜教育』（第一巻第一号、第三号）参照。
（63）『川崎教育史』上巻、四七七‐四七八頁。

(64) 同上書、四七七頁。

(65) 入澤宗壽『欧米の印象』(教育研究会、一九三〇年)。さらに、入澤はこのヘルシンゲールでパーカスト女史にも会見している(『日本教育の伝統と建設』目黒書店、一九三七年、二四八頁)。

(66) 入澤・大志万『哲学的人間学による教育の理論と実際』(一九三四年)六四頁。第六回の行程については、山崎『最近新教育の諸相』(明治図書、一九三三年)を参照。

(67) 入澤は、この本の末尾に、文化科教育と郷土教育とのドイツにおける理論的関係については前年に出された自らの著作『現代教育思潮大観』(同文書院、一九三一年)の「郷土教育」の章を参照されたいと記述しているが、この入澤の一九三一年の著作の数箇所にシュタイナー教育思想が解説され、芸術教育、合科教育のモデルとしてシュタイナー教育が紹介されている。

(68) カルシュについて筆者が知ったのは神智学・田中文庫の宮本道代女史からの示唆に負うところが大きい。かれの著作には、ハルトマンの哲学を解説した『ハルトマンの哲学』(東大教授・長屋喜一訳述[日本・松江訪問もこの長屋とのマールブルクでの出会いによる]、中文館、一九三六年)、「新形而上学」、「對象論及び意識論の哲學新形而上學」松元竹二編『哲学講座』(第一二巻、誠文堂、一九三一年)がある。カルシュの伝記に詳しい若松秀俊(東京医科歯科大学教授、工学博士)は、『四ツ手網の記憶』(ワン・ライン、二〇〇七年)で、カルシュ博士について、「彼は、人の認識の発展過程を考究する人智学を提唱したシュタイナーを日本に紹介した人物である」(同前、七頁)とされる(ただ、筆者の調査によれば、カルシュ博士による直接的なシュタイナーの理論・実践への言及は見いだせず、かれからの学びを受けて日本において論述した人物としては高橋敬視しか見いだせていない)。ほかに若松の前著には、「1923年に哲学博士の学位を取得、以後人智学の研究組織に加わった」(同前、九頁)、「人智学的にみた東洋哲学史の膨大な未刊行原稿を残した。現在米国に住む長女らが整理中である。内容は、哲学史と有史以来の人の意識の進化に関すること、また学問や内的修練により、シュタイナーの思考に如何に到達可能か、についてである。彼は行動的人智学者としてこれを広めようとしたが、戦時中のドイツではこの関連学会は禁じられた」(同前、一〇頁)、「フリッツは自らを称して行動的人智学者であり、シュタイナーの〝精神科学〟を世に広める教師であると言っていた……長女メヒテルトは人智学とシュタイナーの哲学的洞察法のいわば、一人の〝生徒〟であった……現在のメヒテルトの主な仕事は人智学のドイツ語のテキストや文献を英訳することである」（同前、六五頁）と記述されている。また、若松の『忘れ得ぬ偉人カルシュ博士と旧制松江高校』（二〇〇二年、私家版）にもカルシュ博士の事跡が紹介され、「スイスのドルナッハの「ゲーテアヌム」に収録されたかれの未刊行原稿は後に家族の許に戻されている。……古代のインド、中国、ギリシャの哲学から始まる一冊約四百頁余のファイル三十七冊を整理中である。……彼が大きな興味をいだいていた禅と西田哲学への入り口がやがて明らかにできるはずである」（同前、二三頁）、「昭和三十六年には病気のため年金生活に入った彼はキリスト共同体の古巣のカッセルに移住し、ライフワークである人智学からみた東洋哲学史の研究に専念した」（同前、二三頁）、とシュタイナー思想との関係を記している。また、娘のメヒテルトは、シュタイナーの認識方法や行動原理などの指導を受け、帰国後、マールブルク大学で学位を取得し、自由ヴァルドルフ学校の教師になっている。カルシュ博士の姉フリーデルもまたマールブルクの自由ヴァルドルフ学校の教師であった（『四ツ手網の記憶』五一頁）

(69) 若松秀俊編『忘れ得ぬ偉人カルシュ博士と旧制松江高校』（二〇〇二年、私家版）一四二頁。

(70) カルシュ博士と高橋教授との交流は旧制松江高等学校のできごとを記録した次の校史においても記されている。校史「嵩のふもとに」編集刊行委員会編『嵩のふもとに：旧制松江高等学校史』（旧制松江高等学校同窓会、一九九〇年）。

(71) 高橋敬視『西洋倫理学史』（宝文館、一九六〇年）六頁。若松秀俊編『忘れ得ぬ偉人カルシュ博士と旧制松江高校』（二〇〇二年、私家版）二六頁、九二頁。

(72) 松江高等学校編『松江高等学校一覧』、五七、五九頁。

(73) 高橋敬視『肉体自体の哲学』（光の書房、一九四八年）二二五、二二三-二二八頁。

(74) 高橋敬視『心と生命の哲学的研究』（山口書店、一九四八年）一七〇、一七七、一九一、二二七頁。

(75) 勝部真長「新版の序にかえて」高橋敬視『西洋倫理学史』（宝文館、一九六〇年）。

(76) 当時のシュタイナー建築の概要を知るには、*The Goetheanum: Rudolf Steiner's architectural impuls* Hagen Biesantz, Arne Klingborg; with contributions by Åke Fant, Rex Raab, Nikolaus Ruff; translated by Jean Schmid, Rudolf Steiner Press, 1979 が有効である。

（1）大日本学術協会編『日本現代教育学概説』（日本図書センター復刻版一九八九年）解題六頁。原典モナス、一九二七・二八年。
（2）同上書、解題六‐七頁。
（3）井上哲次郎「明治哲学界の回顧」『岩波講座哲学』（岩波書店、一九三二年）七頁。
（4）大日本学術協会編『日本現代教育学大系』（モナス、一九二七・二八年）三九‐四五頁。
（5）藤原喜代蔵『明治、大正、昭和教育思想学説人物史』（第四巻、昭和前期編、一九五九年）三〇四頁。
（6）入澤宗壽「私と私の教育学の生い立ち」『教育』（二巻一号、一九三四年）ならびに「入澤宗壽氏教育学」『日本現代教育学大系』第四巻参照。
（7）入澤宗壽『現今の教育』（弘道館、一九一五年）二八八‐三〇五頁。
（8）大日本学術協会編「日本現代の教育学者」『日本現代教育学大系』（モナス、一九二七・二八年）九一頁。
（9）入澤宗壽『教育新思潮批判』（隆文館、一九二一年）五一‐五二頁。
（10）入澤宗壽『新教授法原論』〈最新教育学叢書第五巻〉（教育研究会、一九二二年）三七一頁。
（11）同上書、三六八頁。
（12）入澤宗壽「私の教育」『世界に於ける新教育の趨勢』（同文館、一九三五年）一〇九頁。
（13）「私と私の教育学の生い立ち」『教育』（第二巻第一号、一九三四年）九二頁。
（14）篠村昭二『鳥取教育百年史余話』（学兎社、一九八〇年）五七‐六三頁。永田忠道「大正自由教育期における「文化科」の開発――鳥取県成徳小学校の総合的特設教科の実践」『日本教科教育学会誌』（第二三巻第一号、二〇〇〇年）。
（15）川崎教育史編集委員会編『川崎教育史』（上巻、川崎市教育研究所、一九五八年）四一六頁。
（16）大日本学術協会編『日本現代教育学大系』（モナス、一九二七・二八年）七五‐七六頁。
（17）入澤宗壽『世界に於ける新教育の趨勢』（同文館、一九三五年）一〇九頁。
（18）大日本学術協会編『日本現代教育学大系』（モナス、一九二七・二八年）七三‐七四頁。
（19）川崎教育史編集委員会編『川崎教育史』（上巻、川崎市教育研究所、一九五八年）四一九頁。
（20）入澤宗壽「文化教育学と体験教育」『日本現代教育学大系』（モナス、一九二七・二八年）一八九‐一九〇頁。

(21) 入澤宗壽「現代教育哲学問題」『哲学講座』(誠文堂、一九三一年)一‐二頁。
(22) 入澤宗壽『教育思想問題講話』(右文書院、一九二六年)一〇三‐一〇四頁。
(23) 入澤宗壽「現代教育哲学問題」『哲学講座』(誠文堂、一九三一年)二頁。
(24) 入澤宗壽「「体験教育」の主張」『教育の世紀』(第四巻第五号、一九二六年)一一‐一三頁。
(25) 入澤宗壽『教育思想問題講話』(右文書院、一九二六年)一〇七‐一〇八頁。
(26) 入澤宗壽「文化教育学と体験教育」『日本現代教育大系』(モナス、一九二七・二八年)九八頁。
(27) 同上書、九九頁。
(28) 同上書、九八頁。
(29) 入澤宗壽『現代教育思潮大観』(同文書院、一九三一年)三三九頁。
(30) 同上書、三三〇頁。
(31) 同上。
(32) 入澤宗壽「文化教育学と体験教育」『日本現代教育大系』(モナス、一九二七・二八年)八二頁。
(33) 入澤宗壽『新教育の哲学的基礎』(内外出版、一九二三年)七四頁。
(34) 山崎博『最近新教育の諸相』(明治図書、一九三三年)一〇四‐一〇五頁。
(35) 入澤宗壽『最近教育思潮と実際』(明治図書、一九三一年)一八二頁。
(36) 入澤宗壽『現代教育思潮大観』(同文書院、一九三一年)二五〇頁。
(37) 入澤宗壽・大志万準治『哲学的人間学による教育の理論と実際』(モナス、一九三四年)六四頁。
(38) 入澤宗壽『新郷土教育原論』(明治図書、一九三二年)四三〇頁。
(39) 入澤宗壽・大志万準治『哲学的人間学による教育の理論と実際』(モナス、一九三四年)緒言。
(40) 入澤宗壽『世界に於ける新教育の趨勢』(同文館、一九三五年)一六〇頁。
(41) 入澤宗壽『哲学的人間学による教育の理論と実際』(モナス、一九三四年)序。
(42) 同上書、二一一‐二一二頁。
(43) 同上書、一〇一頁。

(44) 同上書、一〇一‐一四三頁。
(45) 同上書、一四二頁。
(46) 金子光男「B・ラッセル教育哲学の今日的課題――ナショナリズムと教育の問題を中心として」『教育哲学会』(第一八号、一九六八年)一五‐一六頁を参照とした。原典は、Russell, B., *Principule of Social Reconstruction*, N. Y., 1997, p. 62.
(47) 同上書、原典 p. 161.
(48) 後藤嘉也「人間の社会性」木田元・須田朗監修『哲学の探究』(中央大学出版部、一九九三年)二四〇頁。
(49) 同上書、二四七頁。また、後藤は、キルケゴールを参照し、戦後民主主義においても、個人が大衆に埋没し、個性を失って、誰でもないようないわば無名の人物になる「水平化」「平均化」現象を指摘している。
(50) こうした理解には、坂越正樹『ヘルマン・ノール教育学の研究』(風間書房、二〇〇一年)や、林量淑「教育〈均制化〉政策の展開過程」『世界教育史大系12 ドイツ教育史』(講談社、一九七七年)一一三頁以下を参考にしている。
(51) 中野光・平原春好『教育学』(有斐閣、一九九七年)九七頁。
(52) 入澤宗壽『教育思想問題講話』(右文書院、一九二六年)一頁。
(53) 同上書、五‐二四頁。
(54) 同上書、三七‐三八頁。
(55) 同上書、三九頁。
(56) 同上書、二七頁。
(57) 入澤宗壽『欧米の印象』(教育研究会、一九二七年)一七六頁。
(58) 野口援太郎「序」新教育協会編『日本精神と新教育』(明治図書、一九三四年)一‐二頁。
(59) 同上。
(60) 入澤宗壽「新教育と日本精神」新教育協会編『日本精神と新教育』(明治図書、一九三四年)四九頁。
(61) 入澤、一九三四年、六五頁。
(62) 同上書、序ならびに三九‐四六頁。

（63）同上書、八一頁。
（64）入澤宗壽『世界に於ける新教育の趨勢』（同文館、一九三五年）一六三頁。
（65）同上。
（66）入澤『全体観の教育』（同文書院、一九三六年）一七頁。
（67）同上書、一七七頁。
（68）同上書、五五頁。ここにおいて、入澤は、「結束と云ふ言葉はファッショでありますが、……其結束をしなければ外的に亡ぼされると云ふことになりますから結束しなければならぬ」と述べている。
（69）同上書、九六頁。
（70）入澤『国民教育の思潮』（教育研究会、一九二三年）緒言。
（71）「ふるさと先人群〈9〉教育運動を支えた学者」『日本海新聞』平成十年七月三十日。
（72）GA4, S. 241. 邦訳二六五－二七〇頁。
（73）Ebenda. 邦訳二七〇頁。

謝辞

広島大学大学院教育学研究科・教育哲学研究室において、シュタイナー研究を始めて二十五年近くが経過し、ここに、不十分ながらもこれまでの成果をまとめることができた（本書は、主として筆者の学位論文と論稿「戦前シュタイナー教育の研究者たち」広瀬俊雄・秦理絵子編著『未来を拓くシュタイナー教育』ミネルヴァ書房とで構成される）。

当時の学術界では、神秘主義的な色彩のあるシュタイナー思想について教育哲学的に論証することは困難であるとみなされる傾向があった。それにもかかわらず、シュタイナー教育思想研究の可能性を認め、その弱点である科学性や理論的な妥当性を考究することを見守ってもらえたのは本研究室の柔軟で開かれた真理追究的な研究風土のゆえであった。しかも、シュタイナー教育に対する時代的な研究関心と解明の要請もこの研究を後押しした。本研究は、二〇〇二年度から二〇一七年度まで四期連続して、文部科学省科学研究費補助金を獲得することができ、その補助金に基づく成果が本書である（「1920・30年代におけるわが国の文化教育学理解とナショナリズムとの関係」二〇〇二～二〇〇四年度、「わが国の新教育・文化教育学における神智学的思想の影響とナショナリズムとの関係」二〇〇五～二〇〇七年度、「R・シュタイナーとM・モンテッソーリの教育思想にみるホリズム的パラダイムの研究」二〇〇八～二〇一二年度、「シュタイナー教育の今日的意義――能力概念に基づく国際調査」二〇一三～二〇一七年度）。このことは、今日的課題としてシュタイナー教育思想が解明されることを、日本および世界の学術界が期待していることを意味している。

加えて、本書は、同じ志をもち、今日的意義をもってシュタイナー教育思想に光を当てようと努めた多くの人々に支えられ完成することができた。具体的には、広瀬俊雄、今井重孝、西平直、吉田敦彦、矢野智司、長尾十三二、永田佳之、西川隆範、仲正雄、諏訪耕志、西井美穂、鈴木一博、米山尚子（The University of Adelaide）、鶴田緑（Mount Barker Waldorf School）、トム・ステリック（Tom Stehlik: The University of South Australia）、故ピーター・グラスビー（Peter Glasby: Mount Barker Waldorf School）、バーバラ・ボールドウィン（Barbara Baldwin: Speech Therapist（Sprachgestaltung von Rudolf Steiner/Speech Formation））、キャサリン・バナー（Catherine Banner: Steiner Coordinator at Trinity Gardens School）、ローレライ・タン（Lorelie Tan: Manila Waldorf School）、トニー・モンテマヨール（Tony Montemayor: Manila Waldorf School）、シュテファン・レーバー（Stefan Leber: Freie Waldolf Schule）の各先生方ならびに神智学・田中文庫の宮本道代女史との学縁と研究・教育交流に負うところが大きい。また、小笠原道雄、坂越正樹、丸山恭司、越智貢、深澤広明、松井富美男、後藤弘志、弘睦夫、杉山精一、木内陽一、鈴木幹雄、渡邉満、斎藤昭俊、村澤昌崇、伊藤俊、呉書雅、岩間浩、有川淳一、原田博幸、クリスティン・サリヴァン（Kristen Sullivan）の各先生方からは、シュタイナー教育の理論・実践の考究を学術的にサポートしてもらった。加えて、本書の編集・校正にあたり、ナカニシヤ出版第二編集部の石崎雄高氏には丁寧で的確な助言をいただいた。以上の皆様の助力がなければ、本研究を十全に進め、本書を出版することはできなかった。皆様の有益な示唆に心から謝意を表したい。

最後に、長い研究生活を陰になり日向になり支えてくれ、私の在外研究にあわせてともにオーストラリアのシュタイナー学校での生活を選択してくれた家族、衛藤優子・祈・創士・一道や、ふるさとからいつも温かく見守ってくれた両親、衛藤重光・弘子、五藤一志・美智子に心から感謝の気持ちを表したい。

篠村昭二『鳥取教育百年史余話』（学兎社，1980年）
新日本海新聞社鳥取県大百科事典編纂委員会『鳥取県大百科事典』（1984年）
大日本学術協会編『日本現代教育学大系』（モナス，1927・28年）
大日本学術協会編『日本現代教育学概説』（日本図書センター復刻版1989年）（原典の出版はモナス，1927・28年）。
高橋敬視『心と生命の哲学的研究』（山口書店，1948年）
高橋里美『認識論』（岩波書店，1938年）
高橋里美「時間論」『岩波講座哲学体系的研究――知識の問題』（岩波書店，1933年）
東京大学史史料研究会編『東京大学史』（1993-1994年）
中沢新一「創造の出発点」『井筒俊彦著作集1　神秘主義哲学』付録（中央公論社，1991年）
永田忠道「大正自由教育期における「文化科」の開発――鳥取県成徳小学校の総合的特設教科の実践」『日本教科教育学会誌』（第23巻第1号，2000年）
中野光・平原春好『教育学』（有斐閣，1997年）
日本海新聞「ふるさと先人群〈9〉　教育運動を支えた学者」『日本海新聞』（1998年7月30日）
日本化研出版部『高橋里美――人と思想』（1979年）
野口援太郎「序」新教育協会編『日本精神と新教育』（明治図書，1934年）
林量淑「教育〈均制化〉政策の展開過程」『世界教育史大系12　ドイツ教育史』（講談社，1977年）
藤原喜代蔵著『明治，大正，昭和教育思想学説人物史』（第4巻，昭和前期編，1959年）
堀松武一「谷本富における教育思想の変遷」『東京学芸大学紀要』（第21集第1部門，1970年）
森本大八郎編『オルコット氏仏教演説集』（1889年）

今井兼次「海外に於ける建築界の趨勢」『新興芸術』（2・3月合併号，1930年）
今井兼次「感動した建築」『日本短波放送』（11月放送，1963年）
今井兼次「ルドルフ・シュタイナーと其の作品探究——ゲーテアヌムの建築」『日本建築学会論文報告集』（1963年）
今井兼次「ルドルフ・シュタイナーとその作品——ゲーテアヌムについて」『近代建築』（5月号，1964年）
今井兼次『建築公論』（7・8月号，1965年）
今井兼次「『世界観としての建築——ルドルフ・シュタイナー論』序のことば」上松祐二『世界観としての建築——ルドルフ・シュタイナー論』（相模書房，1974年）
今井兼次「私の建築遍歴」『建築雑誌』（1977年8月号）。
今井兼次『作家論Ⅰ——私の建築遍歴』（中央公論美術出版，1993年）
入澤宗壽「新教育と日本精神」新教育協会編『日本精神と新教育』（明治図書，1934年）
入澤宗壽「私と私の教育学の生い立ち」『教育』（第2巻第1号，1934年）
入澤宗壽「現代教育哲学問題」『哲学講座』（誠文堂，1931年）
入澤宗壽「『体験教育』の主張」『教育の世紀』（第4巻第5号，1926年）
入澤宗壽「文化教育学と体験教育」『日本現代教育学大系』（モナス，1927・28年）
入澤宗壽「『体験教育』の主張」『教育の世紀』（第4巻第5号，1926年）
入澤宗壽『教育思想問題講話』（右文書院，1926年）
入澤宗壽「エーリッヒ・シュテルンの教育学説」『教育論叢』（第11巻第1号，1924年）
入澤宗壽「新心理学と教育学」『哲学雑誌』（第38巻第440号，1923年）
入澤宗壽『国民教育の思潮』（教育研究会，1923年）
入澤宗壽『新教育の哲学的基礎』（内外出版，1923年）
入澤宗壽『新教授法原論』最新教育学叢書第5巻，教育研究会，1922年。
入澤宗壽『教育新思潮批判』（隆文館，1921年）
小笠原道雄「ドイツ」長尾十三二編『新教育運動の理論』（明治図書，1988年）
小笠原道雄『現代ドイツ教育学説史研究序説』（福村出版，1974年）
金子光男「B・ラッセル教育哲学の今日的課題——ナショナリズムと教育の問題を中心として」『教育哲学会』（第18号，1968年）
神尾学『秘教から科学へ——エネルギー・システムと進化』（出帆新社，2000年）
川崎教育史編集委員会編『川崎教育史』上巻（川崎市教育研究所，1958年）
隈本有尚『書斎』（第3巻3号，1940年）
後藤嘉也「人間の社会性」木田元・須田朗監修『哲学の探究』（中央大学出版部，1993年）
近藤唯一，大志万準治『集会と会議の開き方・進め方』（文教書院，1961年）
坂越正樹『ヘルマン・ノール教育学の研究』（風間書房，2001年）
坂越正樹「ノールの教育学構想」小笠原道雄編著『ドイツにおける教育学の発展』（学文社，1984年）

Goethe, J. W., *Naturwissenschaftliche Schriften, Band I*, 1882, In: unter der Leitung von Joseph Kürschner, J., *Deutschen Nationalliteratur.*

Habermas, Ürgen, “Arbeit und Interaktion. Bemerkungen zu Hegels Jenenser Philosohie des Geistes,” In: *Technik und Wissenschaft als Ideologie*, Suhrkamp, 1969.

Hartmann, E. v., *Das Grundproblem der Erkenntnistheorie. Eine phänomenologische Durchwanderung der möglichen erkenntnistheoretischen Standpunkte*, Leipzig, 1914 [1889].

Hartmann, E. v., *Philosophie des Unbewussten*, Berlin, 1869.

Hartlieb, F., “Die freie Waldorfpädagogik in Stuttgart,” In: *Württembergischen Lehrerzeitung*, 28. Oktober 1926.

Hautlaub, G. F., “Die Kunst und die neue Gnosis,” In: *Das Kunstblatt*, 1917.

Hegel, G. W. F., Griechische Philosophie. II, Plato bis Proklos, Teil 3, In: Garniron, Pierre/Jaeschke, Walter (Hrsg.), *Vorlesungen über die Geschichteder Philosophie*, Felix Meiner Verlag, Hamburg, 1996.

Hegel, G. W. F., *Vorlesungen über Nturphilosophie*, Michelet, C. L. (Hrsg.), Bd. 7, 1847.

Hegel, G. W. F., *Enzyklopädie der philosophischen Wissenschaften im Grundrisse*, 1 teil, L. Henning (Hrsg.), *Die Wissenschaft der Logik*, Berlin, 1843.

Hume, D., *An Enquiry Concerning Human Understanding*, Chapter on Cause and Effect, Hackett Publication Co., 1993 [1748].

James, W., *The Varieties of Religious Experience*, New York, 1902.

Kant, E., *Kritik der reinen Vernunft*, 1787.（篠田英雄訳『純粋理性批判』岩波書店, 2006 年）

Litt, Th., *Führen oder Wachsenlassen. Eine Erörterung des pädagogischen Grundproblems*, 12. Aufl., Stuttgart, 1965 [Leipzig/Berlin, 1927].

Nohl, H., *Die pädagogische Bewegung in Deutschland und ihre Theorie*, 4. Aufl., Frankfurt am Main, 1957.

Nohl, H., Schuld und Aufgabe der Pädagogik, In: *Die Sammlung*, 9, 1954.

Tenorth, H. -E., Reformpädagogik, Erneuter Versuch, ein erstaunliches Phänomen zu Verstehen, In: *Zeitschrift für Pädagogik*, 40, Jg., Nr. 3, 1994.

Wilber, K. (ed.), *The Holographic Paradigm and Other Paradoxes: Exploring the Leading Edge of Science*, Boston/London, 1985.（K. ウィルバー編, 井上忠他訳『空像としての世界』青土社, 1992 年）

Wilber, K., *The Spectrum of Consciousness*, Quest Books, 1977.（吉福伸逸・菅靖彦訳『意識のスペクトル 1・2』春秋社, 1985 年）

井筒俊彦『井筒俊彦著作集 1　神秘主義哲学』（中央公論社, 1991 年）

井上哲次郎「明治哲学界の回顧」『岩波講座哲学』（岩波書店, 1932 年）

会編『道徳教育論集』（第 2 号，1999 年）
吉田武男「シュタイナー教育から「心の教育」を考える」日本道徳基礎教育学会編『道徳教育研究』（193 号，1999 年）
吉田武男「シュタイナー教育の視点から見た説話法――我が国の小学校における道徳学習の指導法の再検討」筑波大学道徳教育研究会編『筑波大学道徳教育研究会』（第 2 号，1999 年）
吉田武男「シュタイナーの教育方法論の特質――発達観との関係を中心として」『教育学研究』（第 54 巻第 2 号，1987 年）
吉田武男「シュタイナーにおける幼児期の教育方法論の特質」『教育方法学会紀要』（第 10 巻，1984 年）

③その他の引用文献（出版年は使用したテキストの発行年を記載）

Battista, John. R., “The Holographic Model, Holistic Paradigm, Information Theory and Consciousness,” In: Wilber, K. (ed.), *The Holographic Paradigm and Other Paradoxes. Exploring the Leading Edge of Science*, Boston/London, 1985.（K. ウィルバー編，井上忠他訳『空像としての世界』青土社，1992 年）
Capra, F., *The Tao of Physics: An Exploration of the Parallels Between Modern Physics and Eastern Mysticism*, California, 1975.（吉福伸逸訳『タオ自然学――現代物理学の先端から「東洋の世紀」がはじまる』工作舎，1979 年）
Clark, David A. (ed.), *Intrusive Thoughts in Clinical Disorders*, New York/London, 2005.
Döring, A., “Über den Begriff des naiven Realismus,” In: *Philosophische Monatshefte*, Bd. XXVI, Heidelberg, 1890.
Fichte, J. G., *Einleitungsvorlesungen in die Wissenschaftslehre, die transcendentale Logik und die Tatsachen des Bewußtseins*, Vorgetragen an der Universität zu Berlin in den Jahren 1812 u. 13. Aus dem Nachlaß herausgegeben von Fichte, I. H. Bonn, 1843.
Fichte, J. G., *Grundlage der gesammten Wissenschaftslehre: als Handschrift für seine Zuhörer*, Leipzig: Bei Christian Ernst Gabler, 1794.
Fichte, J. G., *Über den Begriff der Wissenschaftslehre*, In: Reinhard Lauth/ Hans Jacob (Hrsg.), *J. G. Fichte Gesamtausgabe, Werke Band 2*, Friedlich Formmann Verlag, 1965.
Goethe, J. W., *Naturwissenschaftliche Schriften, Band III*, 1890, In: unter der Leitung von Joseph Kürschner, J., *Deutschen Nationalliteratur*.
Goethe, J. W., *Naturwissenschaftliche Schriften, Band II*, 1887, In: unter der Leitung von Joseph Kürschner, J., *Deutschen Nationalliteratur*.

長尾十三二「ペスタロッチとシュタイナー」『人智学研究』(第3号, 人智学出版, 1982年)
長尾十三二「滞独報告」『教育学研究』(第43号, 1981年)
中村雄二郎「ゲーテ自然学の豊かさ——「かたちのオディッセイ」を書き終えて」『モルフォロギア——ゲーテと自然科学』(第12号, ナカニシヤ出版, 1990年)
西井美穂「ルドルフ・シュタイナーのキリスト観」『宗教研究』(第86巻, 日本宗教学会, 2013年)
西井美穂「ルドルフ・シュタイナーの霊性論における「自己認識」——鈴木大拙の「日本的霊性」との共通性を軸に」広島大学倫理学研究会『倫理学研究』(2014年)
西川隆範「シュタイナー教育の日本的展開」吉田敦彦・今井重孝編『いのちに根ざす日本のシュタイナー教育』(せせらぎ出版, 2001年)
西平直「世阿弥の稽古論とシュタイナー教育の秘密——逆説の仕掛け」教育思想史学会編『近代教育フォーラム』(16号, 2007年)
西平直「人間形成における垂直軸の問題」『近代教育フォーラム』(第12号, 2003年)
西平直「東洋思想と人間形成」『教育哲学研究』(第84号, 2001年)
西平直「知の枠組みとしての『精神世界』」『教育学研究』(第66巻第4号, 1999年)
新田貴代「R・シュタイナー——ヴァルドルフ教育の創始者」天野正治編『現代における教育思想5ドイツ(Ⅱ)』(ぎょうせい, 1982年)
樋口聡「「美と教育」再論へのコメント：なぜ, あえてシュタイナーなのか」教育思想史学会編『近代教育フォーラム』(第21巻, 2012年)
広瀬綾子「自由ヴァルドルフ学校の演劇教育——ドイツの公立・私立学校の演劇教育の現状を踏まえて」『教育学研究』(第72巻第3号, 2005年)
広瀬俊雄「自由ヴァルドルフ学校の教育方法の理論——文字学習の理論を中心に」『教育学研究』(第51巻第2号, 1984年)
矢野智司「シュタイナーへの道——宮澤賢治の心象スケッチという通路」教育思想史学会編『近代教育フォーラム』(16号, 2007年)
吉田敦彦「NPO法人立のシュタイナー学校づくりは競争社会への対抗的オルタナティヴたりえるか」『教育新世界』(2009年)
吉田敦彦「多様性に開かれたシュタイナー学校／カナダの4校の事例調査を中心に」科学研究費研究成果最終報告書『オルタナティブな教育実践と行政の在り方に関する国際比較研究』(2003年)
吉田熊次『教育学原論』(教育研究会, 1927年)
吉田熊次「精神に関する哲学的見解の新傾向」『増補最近教育思潮』(1924年)
吉田熊次「精神に関する哲学的見解の新傾向」『哲学雑誌』(第437号, 1923年)
吉田武男「シュタイナー学校における道徳教育——算数教材で道徳性」筑波大学道徳教育研究会編『筑波大学道徳教育研究』(第3号, 2002年)
吉田武男「シュタイナー教育における道徳教育の方法の基本原理」日本道徳基礎教育学

衛藤吉則「隈本有尚とシュタイナー思想との関係について」日本仏教教育学会編『日本仏教教育学研究』（第 8 号，2000 年）
衛藤吉則「ルドルフ・シュタイナー」『新見公立短期大学紀要』（第 20 巻，1999 年）
衛藤吉則「ルドルフ・シュタイナーの人智学的認識論に関する一考察」教育哲学会編『教育哲学研究』（第 77 号，1998 年）
衛藤吉則「シュタイナー教育学をめぐる「科学性」問題の克服に向けて――人智学的認識論を手がかりとして」日本ペスタロッチー・フレーベル学会編『人間教育の探究』（第 10 号，1998 年）
衛藤吉則「ドイツ改革教育運動におけるシュタイナー教育学」『新見女子短期大学紀要』（第 19 巻，1998 年）
衛藤吉則「オルターナティブとしてのシュタイナー教育」『学校運営研究』（5 月号，明治図書出版，1998 年）
衛藤吉則「新たなる知の枠組みとしての「神話の知」――R. シュタイナーの人智学的人間理解に向けて」中国四国教育学会編『教育学研究紀要』（第 38 巻，第 1 部，1993 年）
衛藤吉則「R・シュタイナーの教育思想に関する研究――人智学的心身論の今日的意義」『広島大学大学院教育学研究科修士論文抄』（平成 4 年度版）（1992 年）
河西善治『「坊ちゃん」とシュタイナー――隈本有尚とその時代』（ぱる出版，2000 年）
河野桃子「前後期シュタイナーを貫く「世界自己」としての「私」という観点――シュタイナーのシュティルナー解釈に見られる倫理観に着目して」教育哲学会編『教育哲学研究』（第 104 号，2011 年）
河野桃子「シュタイナー教育における「個性」概念――二重の個性と気質の関係」日本ホリスティック教育協会編『ホリスティック教育研究』（第 13 号，2010 年）
隈本有尚「スタイネルの人格観」『丁酉倫理会倫理講演集』（286 輯，1926 年）
隈本有尚「瑜伽の修練と其の結果（一）」『丁酉倫理会倫理講演集』（270 輯，1925 年）
隈本有尚「宗教的，道徳的情操上見神派の心理学の応用」『丁酉倫理会倫理講演集』115 輯，1912 年。隈本に関しては，『丁酉倫理会倫理講演集』において関連の記述をみる（129，147，159，241，269，271，291，294，301，337 輯），他に『密教研究』（第 19 号，1925 年）。
柴山英樹「シュタイナー教育における「身体」・「リズム」・「教育」の関係をめぐって――エミール・ジャック＝ダルクローズとの比較考察を通じて」『教育哲学研究』（第 91 号，2005 年）
谷本富『教育学術界』（第 76 巻第 5 号，1937 年）
谷本富「時局と教育家」『教育学術界』（第 75 巻第 2 号，1935 年）
谷本富「自伝と教育学説」『教育』（第 2 巻第 1 号，1934 年）
谷本富「宗教教育の本義」『宇宙』（宇宙社，1927 年）
谷本富「谷本博士の教育学」『日本現代教育学大系』（第 2 巻，モナス，1924 年）

広がる教育の夢』(ミネルヴァ書房，2006年)
衛藤吉則「モラル教育と「生きる力」はどのような関係にあるのか」越智貢編『岩波応用倫理学講義6　教育』(岩波書店，2005年)
衛藤吉則「大川周明の国家改造思想にみるシュタイナー思想とナショナリズムとの関係(1)(2)」『下関市立大学論集』(第49巻第1号・第2号，2005年)
衛藤吉則『1920・30年代におけるわが国の文化教育学理解とナショナリズムとの関係』(平成14年度〜平成16年度科学研究費補助金(基盤研究(C))研究成果報告書)(2005年)
衛藤吉則「モラルの形成と発達はどのようにかかわるのか」「東洋的なモラル教育の可能性」「モラル教育と「生きる力」はどのような関係にあるのか」他，越智貢編『岩波応用倫理学講義6　教育』(岩波書店，2005年)
衛藤吉則『1920・30年代におけるわが国の文化教育学理解とナショナリズムとの関係――入澤宗壽のシュタイナー教育思想理解を中心に』(平成14年度〜平成16年度科学研究費補助金(基盤研究(C)研究成果報告書［課題番号］14510304)(2005年)
衛藤吉則「大川周明の国家改造思想にみるシュタイナー思想とナショナリズムとの関係(1)(2)」『下関市立大学論集』(第49巻第1号・2号，2005年)
衛藤吉則「人間形成における垂直軸の問題――新たな発達論とカオスの開かれた弁証法として」教育思想史学会『近代教育フォーラム』(第12号，2003年)
衛藤吉則「日田権一の文化教育学(2)」『下関市立大学論集』(第46巻第3号，2003年)
衛藤吉則「シュタイナー教育」『教育用語辞典』(ミネルヴァ書房，2003年)
衛藤吉則「日田権一の文化教育学」下関市立大学産業文化研究所編『産業文化研究所所報』(第12号，2002年)
衛藤吉則「1920・30年代におけるシュタイナー教育思想とナショナリズムとの関係――入澤宗壽の文化教育学理解を中心に(1)(2)(3)」『下関市立大学論集』(第45巻第2号・3号，第46巻第1号，2001-2002年)
衛藤吉則「谷本富におけるシュタイナー教育学の受容過程――谷本の「宗教教育」観を基軸として」『仏教教育学研究』(第9号，2000年)
衛藤吉則「シュタイナーと改革教育運動」小笠原道雄監修『近代教育思想の展開』(福村出版，2000年)
衛藤吉則「シュタイナー」教育思想史学会編『教育思想事典』(勁草書房，2000年)
衛藤吉則『松本清張氏は「哲学館事件」に何をみたのか？』(北九州市立松本清張記念館，2000年)(北九州市「松本清張研究奨励事業賞」受賞)。
衛藤吉則「シュタイナーと教育改革運動」小笠原道雄監修，林忠幸・森川直編『近代教育思想の展開』(福村出版，2000年)
衛藤吉則「シュタイナー教育における「教師の自己教育」について――文部省在外研究報告Ｉ」『新見公立短期大学紀要』(第21巻，2000年)

『倫理学研究』（第 26 号，2016 年）
衛藤吉則「シュタイナー教育思想の哲学的基盤（4）――「精神」と「自由」の獲得に向けたヘーゲルの認識論（前半）」『HABITUS』（第 20 巻，2016 年）
衛藤吉則「シュタイナー教育思想の哲学的基盤（3）――フィヒテの自我論の受容と克服」『HABITUS』（第 19 巻，2015 年）
衛藤吉則「シュタイナー教育思想の哲学的基盤（2）――「哲学的考察の原点」としてのカント的認識論」『HABITUS』（第 18 巻，2014 年）
衛藤吉則「シュタイナー教育思想の哲学的基盤――ゲーテと E. ハルトマンの認識論」広島大学倫理学研究会編『倫理学研究』（第 25 号，2014 年）
衛藤吉則（書評）「井藤元著『シュタイナー「自由」への遍歴ゲーテ・シラー・ニーチェとの邂逅』」教育哲学会編『教育哲学研究』（第 107 号，2013 年）
衛藤吉則「シュタイナー教育思想の哲学的基盤（1）――「哲学的考察の原点」としてのカント的認識論」『HABITUS』（第 17 巻，2013 年）
ETO Yoshinori, "Holistic Paradigm Common to Educational Thought of R. Steiner and M. Montessori.: Questionnaire for School Investigation," 広島大学倫理学研究会編『倫理学研究』（第 24 号，2013 年）
衛藤吉則／孫月馨「中国に灯されたシュタイナー教育の炎――移入のプロセスと展望」広島大学倫理学研究会編『倫理学研究』（第 24 号，2013 年）
衛藤吉則『R. シュタイナーと M. モンテッソーリの教育思想にみるホリズム的パラダイムの研究』（平成 20 年度～平成 24 年度科学研究費補助金（基盤研究（C）研究成果報告書［課題番号］20530694）（2013 年）
衛藤吉則「近代の肖像谷本富」『中外日報』（① 2012 年 2 月 28 日 12 面，② 3 月 1 日 16 面，③ 3 月 3 日 7 面）（2012 年）
ETO Yoshinori, "A Theosophical Paradigm in Montessori Educational Thought: A Point of Contact with Steiner Educational Thought," In: *PRAXIS*, Vol. 12, 2011.
衛藤吉則「入澤宗壽」『Bulletin 新教育運動研究』（No. 6，2010 年）
衛藤吉則「倫理学と自由主義の倫理」『教育と倫理』（ナカニシヤ出版，2008 年）
越智貢・衛藤吉則他『教育と倫理』ナカニシヤ出版，2008 年。
衛藤吉則『わが国の新教育・文化教育学における神智学的思想の影響とナショナリズムとの関係』（平成 17 年度～平成 19 年度科学研究費補助金（基盤研究（C）研究成果報告書［課題番号］17530583）（2008 年）
衛藤吉則「モンテッソーリ教育思想にみる神智学的パラダイム――シュタイナー教育思想との接点」モンテッソーリ教育協会編『モンテッソーリ教育』（第 39 号，2007 年）
衛藤吉則「「垂直軸」の人間形成モデルとしてのシュタイナー教育思想」教育思想史学会編『近代教育フォーラム』（16 号，2007 年）
衛藤吉則「日本のシュタイナー教育」広瀬俊雄編『未来を拓くシュタイナー教育世界に

Leibzig, 1929.
足立望「シュタイナー学校における外国語教育――低学年の英語教育を中心にして」『日本児童英語教育学会研究紀要』(22, 2003年)
天野正治「西ドイツの学校にみる教育と個性の問題《オーデンヴァルト校と自由ヴァルドルフ学校》」『学校運営研究』(明治図書出版, 1979年5月号)
天野正治「自由な学校――西ドイツの私立の特色」『日本経済新聞』(1974年3月24日号)
池内耕作「ヴァルドルフ教育を支えるR.シュタイナーの教師観」『日本教師教育学会年報』(第6号, 1997年)
今井重孝「現代科学の最先端とシュタイナー――「死せる学問」から「生ける学問へ」」教育思想史学会編『近代教育フォーラム』(16号, 2007年)
今井重孝「悪の問題をどう考えるか――ルドルフ・シュタイナーを手がかりとして」『他者に臨む知』(世織書房, 2004年)
今井重孝「ホリスティックな学問論の試み――ルーマンからシュタイナーへ」青山学院大学文学部『紀要』(第43号, 2002年)
今井重孝「ドイツ着実に普及拡大しているシュタイナー学校」佐藤三郎編『世界の教育改革――21世紀への架け橋』(東信堂, 1999年)
今井重孝「シュタイナーの認識論の現代的射程」『ホリスティック教育研究』(第1号, 1998年)
今井重孝「学校と地域社会の関係――シュタイナー学校の場合」『中間報告書Ⅱ(学校と地域社会との連携に関する国際比較研究)』(国立教育研究所, 平成6-10年度特別研究, 1998年)
今井重孝「シュタイナー教育と創造性」『季刊ホリスティック教育』(第5号, 1997年)
今井重孝「シュタイナー教育と日本の教育の違いを考える」(前編・後篇)『結び』(第4・5号, 1995・96年)
今井重孝「ルドルフ・シュタイナーと倉橋惣三」『東京工芸大学紀要』(Vol. 18, No. 2, 1995年)
入澤宗壽「新郷土教育原論」『教育思潮研究』(第6巻第4輯, 1932年)
入澤宗壽「欧米視察談」『教育思潮研究』(第5巻第1・2輯, 1931年)
入澤宗壽「新教育の原理と其の展開」(第5巻第4輯, 1931年)
入澤宗壽「ルードルフ・シュタイナーとその派の学校」『教育論叢』(第24巻第5号, 1930年)
入澤宗壽「合科教授の実際を見て」(第4巻第2輯, 1927年)
浮田和民編, 坂本義雄訳「三重組織の国家」『三重組織の国家と責任国家論』(大日本文明協会, 1922年)
衛藤吉則「シュタイナー教育思想の成立背景と実践的特徴」広島大学倫理学研究会編

Paderborn, 1989.
Grunelius, Elisabeth, In: *Kindergarten heute*, 2013/H. 6-7.
Hansmann, O., Kooperation und Perspektiven. Zwischenbilanz und Schluß anmerkungen, In: Hansmann, O. (Hrsg.), *Pro und Contra Waldorfpädagogik. Akademische Pädagogik in der Auseinandersetzung mit der Rudolf Steiner Pädagogik*, Würzburg, 1987.
Howard, Susan, *The first Waldorf Kindergarden*, viewed 16 April 2014, http://www.iaswece.org/waldorf_education/articles_and_resources/The_First_Waldorf_Kindergarten.aspx.
Linderberg, Christoph, Steiner (1861-1925), In: Scheuerl, Hans (Hrsg.), *Klassiker der Pädagogik II Von Karl Marx bis Jean Piaget*, München, 1991 [1979].
Lindenberg, Ch., Riskierte Schule — Die Waldorfschulen in Kreuzfeuer der Kritik, In: Bohnsack, F. /Kranich, E.-M. (Hrsg.), *Erziehungswisseschaft und Waldorfpädagogik*, Weinheim/Basel, 1990.
Müller-Blattau, J., Neuere Literatur zur Musikerziehung, In: *Die Erziehung*, Leipzig, 1929.
Rittelmeyer, Ch., Der fremde Blick: über den Umgang mit Rudolf Steiners Vorträgen und Schriften, In: Fritz Bohnsack/Ernst-Michael Kranich (Hrsg.), *Erziehungswisseschaft und Waldorfpädagogik*, Weinheim/Basel, 1990.
Schneider, P., Erkenntnistheorie und anthroposophische Menschenkunde, Grundlage der Praxis der Rudolf Steiner-Pädagogik, In: Hansmann, O. (Hrsg.), *Pro und Contra Waldorfpädagogik. Akademische Pädagogik in der Auseinandersetzung mit der Rudolf-Steiner-Pädagogik*, Würzburg 1987.
Schneider, P., Philosophisch-anthroposophische Grundlagen der Waldorfpädagogik, In: *Pädagogische Rundschau*, 38. Jg., 1984.
Spranger, E., Philosophie und Psychologie der Religion (1947), In: Bahr, H. W. (Hrsg.), *Eduard Spranger Gesammelte Schriften*, Tübingen, 1974.
Staedke, I., Schiller und Waldorfpädagogik, In: Deutschen Lehrervereins (Hrsg.), *Die Deutsche Schule*, 33 Jahregang, Leipzig/Berlin, 1929.
Ullrich, H., Wissenschaft als rationalisierte Mystik. Eine problemgeschichtliche Untersuchung der erkenntnistheoretischen Grundlagen der Anthroposophie, In: *Neue Sammlung*, 28. Jg., 1988.
Ullrich, H., Anthroposophie zwischen Mythos und Wissenschaft. Eine Untersuchung zur Temperamentenlehre Rudolf Steiners, In: *Pädagogische Rundschau*, 38. Jg., 1984.
Zollinger, M., Jugendbewebung und Jugendpflege in der Schweiz, In: *Die Erzeihung*,

入澤宗壽『欧米の印象』（教育研究会，1930年）
衛藤吉則『松本清張にみるノンフィクションとフィクションのはざま「哲学館事件」（『小説東京帝国大学』）を読み解く』（御茶の水書房，2015年）（日本で最初にシュタイナー思想を紹介した隈本有尚の思想的立場を論証）。
神尾学・今井重孝・岩間浩・金田卓也『未来を開く教育者たち――シュタイナー・クリシュナムルティ・モンテッソーリ…』（コスモスライブラリー，2005年）
柴山英樹『シュタイナーの教育思想――その人間観と芸術論』（勁草書房，2011年）
谷本富，新教育協会編『新教育汎論』（同文館，1931年）
谷本富『宗教々育の理論と実際』（明治図書，1929年）
長尾十三二『新教育運動の生成と展開』（明治図書，1988年）
長尾十三二『西洋教育史』（東京大学出版会，1978年）
西平直『シュタイナー入門』（講談社，1999年）
西平直『魂のライフサイクル――ユング・ウィルバー・シュタイナー』（東京大学出版会，1997年）
広瀬綾子『演劇教育の理論と実践の研究――自由ヴァルドルフ学校の演劇教育』（東信堂，2011年）
広瀬俊雄『教育力としての原語シュタイナー教育の原点』（勁草書房，2002年）
広瀬俊雄『生きる力を育てる父親と教師のためのシュタイナー教育講座』（共同通信社，1999年）
広瀬俊雄『ウィーンの自由な教育――シュタイナー学校と幼稚園』（勁草書房，1994年）
広瀬俊雄『シュタイナーの人間観と教育方法』（ミネルヴァ書房，1988年）
伏見猛弥『大東亜教育政策』（国民精神文化研究所，1942年）
山崎博『最近新教育の諸相』（明治図書，1933年）
吉田敦彦『ホリスティック教育学の観点による日本のシュタイナー学校の実践事例に関する研究』（平成20年度～23年度科学研究費補助金基盤研究（C）報告書）（2012年）
吉田敦彦・今井重孝編『日本のシュタイナー教育』（せせらぎ書房，2001年）
吉田武男『シュタイナー教育を学びたい人のため基礎』（協同出版，1997年）

② Rudolf Steinerに関する論文・報告書等（出版年は使用したテキストの発行年を記載）

Behschnitt, E., “Als die erste deutsche Einheitsschule,” In: Deutschen Lehrervereins (Hrsg.): *Die Deutsche Schule*, 24 Jahregang, Leipzig/Berlin, 1920.
Deutschen Lehrervereins (Hrsg.), *Die Deutsche Schule*. 29 Jahrgang, Leipzig/Berlin 1925.
Flitner, W., Die zwei Systeme politischer Erziehung in Deutschland (1955), In: *Theoretische Schriften Abhandlungen zu normativen Aspekten und theoretischen Begürundungen der Pädagogik*, In: *Flitner, W. Gesammelte Schtiften, Band* 3,

1923.（小峰総一郎訳，長尾十三二監修『現代ドイツの実験学校』明治図書出版，1986年）
Kemper, Herwart/Brenner, Dietrich（Hrsg.）, *Theorie und Geschichte der Reformpädagogik,* Königstein, 1984.
Kranich, E-M./Ravagli, L.（Hrsg.）, *Waldorfpädagogik in der Diskussion: Eine Analyse erziehungswissenschaftlicher Kritik*, Stuttgart, 1990.
Lang, Peter, *Waldorf Kindergartens Today*, Floris Books, 2013.
Lay, A. W., *Die Lebensgemeinschaftsschule*, Osterwieck/Leipzig, 1925.
Leber Stefan, *Die Waldorfschule im gesellschaftlichen Umfeld*, Stuttgart, 1982.
Kayser, Martina/Wagemann, Paul-Albert, *Wie frei ist die Waldorfschule*, Heyne Verlag, 1996.
Martins, Ansgar, *Rassismus und Geschichtsmetaphysik: Esoterischer Darwinismus und Freiheitsphilosophie bei Rudolf Steiner*, Frankfurt/Main, 2012.
Natorp, P., *Sozialpädagogische Theorie*, Berlin, 1899.
Giese, Reinhard（Hrsg.）, *Sozial handeln aus der Erkenntnis des sozial Ganzen: Soziale Dreigliederung heute*, Rabel, 1980.
Rosenbusch, H. S., *Die deutsche Jugendebewegung in ihren pädagogischen Formen und Wirkungen*, Frankfurt, 1973.
Scheibe, W., *Die reformpädagogische Bewegung 1900-1932*, Weinheim/Basel, 1969.
Schneider, W., *Das Menschenbild der Waldorfpädagogik*, Freiburg, 1991.
Soesman, A., *Die Zwölf Sinne*, Stuttgart, 2009.
Ullrich, H., *Waldorfpädagogik und okkulute Weltanschauung*, München, 1986.
Wagenschhein, M., *Erinnerungen für morgen: Eine pädagogische Autobiographie*, Weinheim/Basel, 1989.
Wilhelm, T., *Pädagogik der Gegenwart*, Stuttgart, 1959.
井藤元著『シュタイナー「自由」への遍歴，ゲーテ・シラー・ニーチェとの邂逅』（京都大学学術出版会，2012年）
今井重孝『“シュタイナー”「自由の哲学」入門』（イザラ書房，2012年）
入澤宗壽『新教育の二十五年』（明治図書，1937年）
入澤宗壽『日本教育の伝統と建設』（目黒書店，1937年）
入澤宗壽『全体観の教育』（同文書院，1936年）
入澤宗壽『世界に於ける新教育の趨勢』（同文館，1935年）
入澤宗壽／大志万準治『哲学的人間学による教育の理論と実際』（モナス，1934年）
入澤宗壽『新郷土教育原論』（明治図書，1932年）
入澤宗壽『最近教育の思潮と実際』（明治図書，1931年）
入澤宗壽『現代教育思潮大観』（同文書院，1931年）

ラ書房，1991年［1985年］）

②それ以外の原文著作（略号をそれぞれ「GM」「NM」「PD」とする）
GM: "Goethe und Medizin," In: *Arbeitsfelder der Anthroposophie Medizin und Pädagogik*, Dornach, 1985.
NM: "Organische Naturwissenschaften und Medizin," In: *Arbeitsfelder der Anthroposophie Medizin und Pädagogik*, Dornach, 1985.
PD: *Die Praktische Ausbildung des Denkens: Drei Vorträge*, Stuttgart, 1998.

Ⅱ　二次文献（出版年は使用したテキストの発行年を記載）

① Rudolf Steinerに関する研究書

Berger, Manfred, *Frauen in der Geschichte des Kindergartens*, Brandes & Apsel Verlag, 1995.
Bund der Freien Wadorfschulen（ed.）, *Waldorf World List 2015*, Dornach, 2014.
Flitner, W., "Der Krieg und die Jugend（1927）", In: *Pädagogische Bewegung*, In: *Wilhelm Flitner Gesammelte Schriften, Band 4*, Paderborn, 1987.
Flitner, W., "Die zwei Systeme politischer Erziehung in Deutschland（1955）", In: *Theoretische Schriften: Abhandlungen zu normativen Aspekten und theoretischen Begründungen der Pädagogik*. In: *Flitner, W. Gesammelte Schtiften, Band 3*, Paderborn, 1989.
Flitner, W. /Kudritzki, G.（Hrsg.）, *Die deutsche Reformpädagogik, Band II: Ausbau und Selbstkritik*, Dusseldorf/München, 1962.
Bohnsack, Fritz/Kranich, Ernst-Michael（Hrsg.）, *Erziehungswisseschaft und Waldorfpädagogik*, Weinheim/Basel, 1990.
Grandt, Guido/Grandt, Michael, *Schwarzbuch Anthroposophie Rudolf Steiners okkult-rassistische Weltanschauung*, Wien, 1997.
Hansmann, O.（Hrsg.）, *Pro und Contra Waldolf-Pädagogik: Akademische Pädagogik in der Auseinandersetzung mit der Rudolf-Sterner-Pädagogik*, Würzburg, 1987.
Hartmann, E. v., "Die letzten Fragen der Erkenntnistheorie und Metaphysik," In: *Der Zeitschrift für Philosophie und philosophische Kritik*, Bd. 108, 1837.
Hoffmann, K., *Die Anthroposophie Rudolf Steiners und "Moderne Geisteswissenschaft"*, Gießen, 1928.
Katholische Akademie（Hrsg.）, Krämer, F. J./Scherer, G./Whenes, F.-J., *Anthroposophie und Waldorfpädagogik Information/Kritik*, Mülheim/Ruhr, 1987.
Karsen, F., *Deutsche Versuchsschulen der Gegenwart und ihre Probleme*, Leipzig,

Michael-Mysterium, Dornach, 1989［1924/1925］.（西川隆範訳『人智学指導原則』水声社，1992 年）
GA27（Tb701）: *Grundlegendes für eine Erweiterung der Heilkunst nach geisteswissenschaftlichen Erkenntnissen*, Von Dr. Rudolf Steiner und Dr. Ita Wegman, Dornach, 1991［1925］.（『精神科学的な認識に基づく治療術の拡張のための基礎づけ』）
GA28（Tb636）: *Mein Lebensgang: Eine nicht vollendete Autobiographie, mit einem Nachwort herausgegeben von Marie Steiner*, Dornach, 1990［1925］.（伊藤勉・中村康二訳『シュタイナー自伝Ⅰ』人智学出版社，1987 年［1982 年］,『シュタイナー自伝Ⅱ』ぱる出版，2001 年）
GA38: *Briefe, Bd. I: 1881-1890*, Dornach, 1985［1890］.（『書簡　1881-1890　第一巻』）
GA39: *Briefe, Bd. II: 1890-1925*, Dornach, 1985［1890］.（『書簡　1890-1925　第二巻』）
GA108: *Die Beantwortung von Welt-und Lebensfragen durch Anthroposophie*, Dornach, 1998［1908-1909］.
GA115: *Anthroposophie-Psychosophie-Pneumatosophie*, Dornach, 1931［1909-1911］.（高橋巖訳『人智学・心智学・霊智学』筑摩書房，2007 年）
GA137: *Der Mensch im Lichte von Okkultismus, Theosophie und Philosophie: Zehen Vorträge, gehaltenin Kristiania（Oslo）vom 2.　bis 12. 4. Auflage Gesamtausgabe*, Dornach, 1973［1912］.（『オカルティズムの光に立つ人間』）
GA217a: *Die Erkenntnis-Aufgabe der Jugend*, Dornach, 1981［1922］.（『青年期の認識課題』）
GA293（Tb617）: *Allgemeine Menshenkunde als Grundlage der Pädagogik*, Dornach, 1993［1919］.（新田義之訳『教育の基礎としての一般人間学』人智学出版社，1989 年［1980 年］）
GA294（Tb618）: *Erziehungskunst. Methodisch-Didaktisches（II）*, Dornach, 1990［1919］.（坂野雄二・落合幸子訳『教育術』みすず書房，1990 年［1986 年］）
GA295（Tb639）: *Erziehungskunst, Seminarbesprechungen und Lehrplanvoträge（III）*, Dornach, 1985［1919］（高橋巖訳『教育芸術 2 ――演習とカリキュラム』筑摩書房，1993 年［1989 年］）
GA298（Tb671）: *Rudolf Steiner in der Waldorfschule*, Dornach, 1980［1919-1924］.（『ヴァルドルフ学校におけるルドルフ・シュタイナー』）
GA307: *Gegenwärtiges Geistesleben und Erziehung*, Dornach, 1986［1923］.（佐々木正昭訳『現代の教育はどうあるべきか』人智学出版社，1985 年）
GA332a（Tb631）: *Sozial Zukunft*, Dornach, 2000［1919］.（『社会の未来』）
Tb658: *Die Erziehung des Kindes vom Gesichtspukte der Geisteswissenschaft*, Dornach, 1988［1924］.（Aus GA34: *Lucifer-Gnosis* und GA36: *Die Goetheanumgedanke inmitten der Kulturkrisis der Gegenwart*.）（高橋巖『精神科学の観点からの子供の教育』イザ

GA6（Tb625）: *Goethes Weltanschauung*, 1990［1897］.（溝井高志訳『ゲーテの世界観』晃洋書房，1995年）

GA7（Tb623）: *Die Mystik im Aufgange des neuzeitlichen Geisteslebens und ihr Verhältnis zur modernen Weltanschauung*, Dornach, 1993［1901］.（『新たな時代の精神生活における黎明期の神秘主義と現代的世界観とその関係』）

GA8（Tb619）: *Das Christentum als mystische Tatsache und die Mysterien des Altertums*, Dornach, 1989［1902］.（西川隆範訳『神秘的な事実としてのキリスト教と古代の秘儀』アルテ星雲社，2003年）

GA9（Tb602）: *Theosophie: Einführung in übersinnliche Welterkenntnis und Menschenbestimmung*, Dornach, 1904［1987］.（高橋巖訳『神智学』イザラ書房，1990年［1988年］）

GA10（Tb600）: *Wie erlangt man Erkenntnisse der höheren Welten?*, Dornach, 1982［1904］.（高橋巖訳『いかにして超感覚的世界の認識を獲得するか』イザラ書房，1990年［1988年］）

GA13（Tb601）: *Die Geheimwissenschaft in Umriß*, Dornach, 1989［1909］.（高橋巖訳『神秘学概論』筑摩書房，1998年／石井良・樋口純明訳『神秘学概論』人智学出版社，1990年［1982年］）

GA16（Tb602）: *Ein Weg zur Selbsterkenntnis des Menschen: In acht Meditaiton*, Dornach, 1982［1912］.（『人間の自己認識への道　八つのメディテーション』）

GA17（Tb602）: *Die Schwelle der geistigen Welt*, Dornach, 1987［1913］.（西川隆範訳『霊界の境域』水声社，1985年）

GA18（Tb610）: *Die Rätsel der Philosophie in ihrer Geschichte als Umriß dargestellt*, Dornach, 1985［1914］.（山田明紀訳『哲学の謎』水声社，2004年）

GA20（Tb638）: *Vom Menschenrätsel: Ausgesprochenes und Unausgesprochenes im Denken, Schauen, Sinnen einer Reihe deutscher und österreichischer Persönlichkeiten*, Dornach, 1984［1916］.（『人間の謎について』）

GA21（Tb637）: *Von Seelenrätseln: Anthropologie und Anthroposophie, Max Dessoir über Anthroposophie, Franz Brentano（Ein Nachruf）. Skizzenhafte Erweiterungen*, Dornach, 1983［1917］.（『魂の謎について』）

GA23（Tb606）: *Die Kernpunkte der sozialen Frage in den Lebensnotwendigkeiten der Gegenwart und Zukunft*, Dornach, 1976［1919］.（高橋巖訳『現代と未来を生きるのに必要な社会問題の核心』イザラ書房，1991年）

GA24（Tb667）: *Aufsätze über die Dreigliederung des sozialen Organismus und zur Zeitlage 1915-1921*, Dornach, 1982［1921］.（『時代状況に応える社会有機体の三層化についての論集』）

GA26: *Anthroposophische Leitsätze: Der Erkenntnisweg der Anthroposophie-Das*

参考・引用文献

I　Rudolf Steinerの著作

①シュタイナー全集（*Rudolf Steiner Gesamtausgabe*）に収められているシュタイナーの原文著作

シュタイナー全集単行版（*Rudolf Steiner Gesamtausgabe*）からの引用をGA，シュタイナー全集文庫版（*Rudolf Steiner Taschenbücher aus dem Gesamtwerk*）からの引用をTbの略号で示し，そのあとに全集の巻数を示す文献番号を用いて出典を示す。

シュタイナーの原著作については，出版年については，はじめに使用した版の年号を，つぎに［　］内には初版の年号を記載した（使用した版が初版の場合はその年号のみ示す）。

註においては，著者名，使用した版の出版年，引用頁を示す。

GA … *Rudolf Steiner Gesamtausgabe*, 1956～, Rudolf Steiner Verlag, Herausgegeben von der Rudolf Steiner-Nachlaßverwaltung, Dornach/Schweiz.

Tb … *Rudolf Steiner Taschenbücher aus dem Gesamtwerk*, 1961～, Herausgegeben von der Rudolf Steiner-Nachlaßverwaltung, Dornach/Schweiz.

GA1（Tb649）: *Einleitungen zu Goethes Naturwissenschaftlichen Schriften Zugleich eine Grundlegung der Geisteswissenschaft*（*Anthroposophie*）, Dornach, 1987［1884-1897］.（『ゲーテの自然科学論文集への序文』）

GA2（Tb629）: *Grundlinien einer Erkenntnistheorie der Goetheschen Weltanschauung, mit besonderer Rücksicht auf Schiller*, Zugleich eine Zugabe zu Goethes "*Naturwissenschaftlichen Schriften*" in Kürschners "*Deutsche National-Litteratur*", Dornach, 1979［1886］.（浅田豊訳『ゲーテ的世界観の認識論要綱』筑摩書房，1991年）

GA3（Tb628）: *Wahrheit und Wissenschaft: Vorspiel einer "Philosophie der Freiheit"*, Dornach, 1989［1892］.（『真実と科学』）

GA4（Tb727）: *Die Philosophie der Freiheit: Grundzüge einer modernen Weltanschauung. Seelische Beobachtungsresultate nach naturwissenschaftlicher Methode*, Dornach, 1987［1894］.（高橋巖訳『自由の哲学』イザラ書房，1987年）

GA5（Tb621）: *Friedrich Nietzsche: ein Kämpfer gegen seine Zeit*, Dornach, 1963［1895］.（西川隆範訳『ニーチェ――同時代への闘争者』アルテ星雲社，2008年）

タ　行

ナ　行

ハ　行

マ　行

ラ　行

事項索引

A-Z

ア　行

カ　行

サ　行

高橋里美　199
谷本富　186-193, 197, 234
ディルタイ(Wilhelm Christian Ludwig Dilthey)　187, 190, 193, 195, 213-216, 218-221, 231, 232, 235
テノルト(Hein-Elnar Tenorth)　39, 40
デューイ(John Dewey)　214
ドリーシュ，ハンス(Hans Driesch)　19, 185

ナ　行

ナトルプ(Paul Gerhard Natorp)　18
ニーチェ(Friedrich Wilhelm Nietzsche)　15, 16
ノール(Herman Nohl)　39, 40, 51-53, 56-59

ハ　行

バティスタ(John R. Battista)　164, 170
ハルトマン，エドゥアルト・フォン(Karl Robert Eduard von Hartmann)　7, 8, 77, 78, 94, 112-125, 147-149, 206
ハンスマン(Otto Hansmann)　66, 70, 74
日田権一　199
ヒューム(David Hume)　120
フィッシャー(Aloys Fischer)　52
フィヒテ(Johann Gottlieb Fichte)　7, 8, 19, 44, 47, 77, 124-135, 138, 141, 142, 148-151
伏見猛弥　197-199
プラトン(Plato)　90, 91, 122
ブラバツキー(Helena Petrowana Blavatsky)　12
フリットナー(Wlihelm Flittner)　47-50, 53, 54, 56, 57, 59
ブレンターノ(Franz Clemens Honoratus Hermann Brentano)　9, 16, 28
ヘーゲル(Georg Wilhelm Friedrich Hegel)　7, 8, 113, 117, 120, 135-139, 141-147, 150, 151, 156
ベサント(Annie Besant)　13
ペーターゼン(Peter Petersen)　47, 49
ヘッケル(Ernst Heinrich Philipp August Haeckel)　6, 16
ヘッセ(Hermann Hesse)　19, 44
ベルグソン(Henri-Louis Bergson)　156, 187
ヘルバルト(Johann Friedrich Herbart)　8
ホフマン(Karl Hoffmann)　35

マ・ヤ　行

マイレーダー，ローザ(Rosa Mayreder)　10, 11
モルト，エミール(Emil Molt)　20, 21
山崎博　201, 202, 215, 217, 221
吉田熊次　180, 184-186, 189, 190, 193, 194, 197, 212, 223, 234

ラ　行

ライ(Augst Wilhelm Lay)　47, 227
ライトリンガー(Edmund Reitlinger)　5, 14
ラッセル，バートランド(Bertrand Arthur William Russel)　224
ラバグリィ(Lorenzo Ravagli)　69, 73, 166, 171
ラング，マリー(Marie Lang)　11
リッテルマイヤー(Christian Rittelmeyer)　67, 68, 73, 191
リット(Theodor Litt)　51-53, 56, 57, 59, 194, 195, 213, 215, 221
リンデンベルク(Christoph Lindenberg)　34, 35, 66, 73
レールス(Hermann Röhrs)　51, 58

人名索引

ア　行

アリストテレス(Aristotle)　90, 91, 155, 157
伊佐田甚蔵　204, 217, 221
今井兼次　207, 208
入澤宗壽　186, 189, 193-204, 209-213, 215-236
ヴァーゲンシャイン(Martin Wagenschein)　41
ウィルバー，ケン(Ken Wilber)　163
浮田和民　182, 183
ウルリヒ(Heiner Ullrich)　47, 48, 51, 55, 60, 64-67, 71-73, 160
エストライヒ(Paul Oestreich)　46
大川周明　18, 182
大志万準治　193, 197, 200-204
オットー(Berthold Otto)　47, 185
オルコット(Henry Steele Olcott)　12, 189

カ　行

ガウディヒ(Hugo Gaudig)　46, 185
カルシュ，フリッツ(Fritz Karsch)　204-207
カールゼン(Fritz Karsen)　42, 43, 47-49, 56, 185
カンディンスキー(Wassily Kandinsky)　16, 46, 58
カント(Immanuel Kant)　5, 7, 55, 56, 65, 66, 68, 69, 72, 76, 77, 79-90, 92, 94, 97, 99-101, 106, 107, 109, 113, 114, 116-118, 125-127, 129, 136, 147-149, 151, 219
キュルシュナー(Joseph Kürschner)　10, 77
キールシュ(Jonannes Kiersch)　66, 73
隈本有尚　180-184, 188, 189, 234
グルネリウス(Elisabeth Grunelius)　22
クレー，パウル(Paul Klee)　46
クロス，ハインツ(Heinz Kloss)　17
ゲーテ(Johann Wolfgang Goethe)　6, 7, 10, 11, 36, 53, 54, 56, 59, 66, 68, 71, 76-78, 100-112, 124, 125, 130, 134, 136, 137, 142, 148, 151, 153, 207, 235
コグツキー(Felix Koguzki)　10, 11

サ　行

ジェームズ，ウイリアム(William James)　168
シェーラー(Max Scheler)　16
ジクワルト(Christoph Sigwart)　28
シャイベ(Wolfgang Scheibe)　41, 50, 56, 57
シュタイナー，マリー(Marie Steiner)　17
シュナイダー，P(Peter Schneider)　61, 64, 73
シュナイダー，W(Wolfgang Schneider)　66-68, 71
シュバイツァー(Albert Shweitzer)　16
シュプランガー(Eduard Sprannger)　52-57, 59, 106, 107, 199, 213, 214, 216, 220, 232, 235, 236
シュペヒト，パウリーネ(Pauline Specht)　14
シュライエルマッハー(Friedrich Schleiermacher)　214
シュレーア(Karl Julius Schröer)　6, 7, 77, 101
ショーペンハウアー(Arthur Schopenhauer)　78, 113, 116, 117, 147
シラー(Johann Christoph Friedrich von Schiller)　8-10, 102
ソクラテス(Socrates)　138
ソロヴィヨフ，W(Wladimir Solovjeff)　18, 19

タ　行

高橋敬視　204-207

■著者紹介

衛藤吉則（えとう・よしのり）

1961年　福岡県生まれ。
1985年　広島大学文学部哲学科倫理学専攻卒業。
1994年　広島大学大学院教育学研究科博士後期課程単位取得退学。
現　在　広島大学大学院文学研究科教授（教育学博士）。
著　書　『松本清張にみるノンフィクションとフィクションのはざま――「哲学館事件」（『小説東京帝国大学』）を読み解く』（御茶の水書房，2015年），『西晋一郎の思想――広島から「平和・和解」を問う』（広島大学出版会，2017年），『教育と倫理』〈人間論の21世紀的課題 6〉〔共著〕（ナカニシヤ出版，2008年），『教育』〈岩波応用倫理学講義 6〉〔共著〕（岩波書店，2005年），『仙厓』〔共著〕（西日本新聞社，1998年），他。

シュタイナー教育思想の再構築
――その学問としての妥当性を問う――

2018年 1 月 22 日　初版第 1 刷発行

著　者　衛　藤　吉　則
発行者　中　西　　　良

発行所　株式会社　ナカニシヤ出版
〒606 - 8161　京都市左京区一乗寺木ノ本町 15
TEL　(075)723 - 0111
FAX　(075)723 - 0095
http://www.nakanishiya.co.jp/

印刷・製本／創栄図書印刷
＊乱丁本・落丁本はお取り替え致します。
ISBN978-4-7795-1198-1　Printed in Japan.

存在肯定の倫理Ⅰ
ニヒリズムからの問い

後藤雄太

なぜ私たちはこんなにも、「生きることの意味」を求めるのか？　社会に浸透した虚無主義が持つ真実を受けとめた先に、新たな倫理への道を拓く。現代を苦しみつつ生きる全ての人にとって必読の倫理論。二六〇〇円＋税

〈他者〉の逆説
—レヴィナスとデリダの狭き道—

吉永和加

徹底された他者論は、宗教もしくは形而上学へ回帰せざるを得ないのか。あるいは、哲学、宗教、倫理の間に〝狭き道〟を見出すことは可能か。他者、神、言語の境界を問う著者渾身の力作。四二〇〇円＋税

無神論と国家
—コジェーヴの政治哲学に向けて—

坂井礼文

哲学者は〝神〟となりうるのか？　現代思想に多大な影響を与えた哲学者にして、官僚としてヨーロッパ共同体創設への道を切り開いたA・コジェーヴ。その政治哲学を解明する本邦初の本格的研究書。四四〇〇円＋税

マックス・シェーラーの哲学的人間学
—生命と精神の二元論的人間観をめぐって—

畠中和生

哲学的人間学の基礎を作ったシェーラーの二元論的人間観とはいかなるものか。著作や遺稿の読解から、未完に終わったシェーラー後期思想を再構築。「人間とは何か」を問い続けた思考の到達点を探る。四八〇〇円＋税

表示は二〇一八年一月現在の価格です。